AF531697

गर्भ संस्कार

Amazing Journey of Pregnancy

ज्ञान, विज्ञान व आधुनिक समझ के आइने में

A Happy Thoughts Initiative

गर्भ संस्कार – AMAZING JOURNEY OF PREGNANCY

Wow Publishings Pvt. Ltd.

प्रकाशक : **प्रभात प्रकाशन**
4/19 आसफ अली रोड,
नई दिल्ली – 110002

संस्करण : फरवरी, 2022

रीप्रिंट : सितंबर 2022, मई 2024, अप्रैल 2024, जून 2025, जून 2026

मूल्य : पाँच सौ रुपए

मुद्रक : पार्कसंस ग्राफिक्स प्राइवेट लिमिटेड

Garbha Sanskar - Amazing Journey of Pregnancy

by Wow Publishing Pvt. Ltd. Rs. .500.00

Published by Prabhat Prakashan, 4/19 Asaf Ali Road, New Delhi-2

e-mail: prabhatbooks@gmail.com ISBN 978-93-90132-58-4

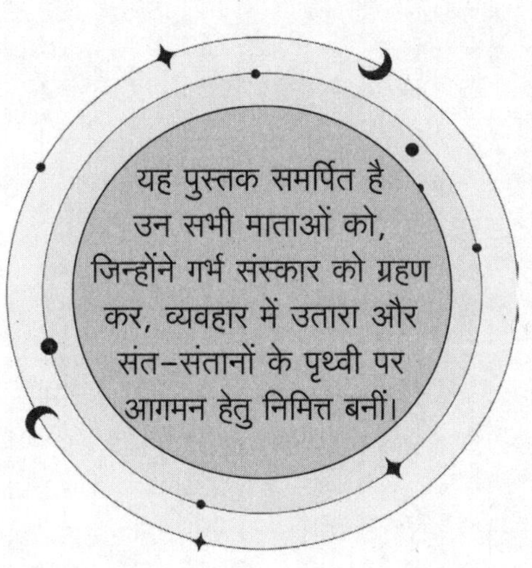
यह पुस्तक समर्पित है
उन सभी माताओं को,
जिन्होंने गर्भ संस्कार को ग्रहण
कर, व्यवहार में उतारा और
संत-संतानों के पृथ्वी पर
आगमन हेतु निमित्त बनीं।

विषय सूची

सूचना (Disclaimer)

* यह पुस्तक मानसिक, वैचारिक और आध्यात्मिक तौर पर गर्भसंस्कार की समझ देने और इस विषय पर जागृति लाने हेतु प्रकाशित की गई है। इसलिए सर्व प्रथम इसे पूर्णतः पढ़कर समझ लें।

* यह पुस्तक किसी भी शारीरिक बीमारी को ठीक करने का दावा नहीं करती। यदि आप इस वक्त किसी व्याधि (बीमारी) से गुजर रहे हैं तो इस पुस्तक का सहारा ले सकते हैं मगर अपने डॉक्टर से संपर्क अवश्य करें, उसके बाद उचित सलाह अनुसार उपचार शुरू करें।

* इस पुस्तक में यह कतई नहीं कहा गया है कि आप सिर्फ प्रस्तुत पुस्तक में दिए गए उपचारों का ही शत-प्रतिशत लाभ लें बल्कि आप नियमित रूप से जो भी दवाइयाँ ले रहे हैं, उनकी मात्रा कम-ज़्यादा या पूर्णतः बंद करने के लिए डॉक्टर से सलाह ज़रूर लें।

* इस पुस्तक में मुद्रित जानकारी सही व शुद्ध रूप में प्रकाशित करने हेतु प्रकाशक द्वारा हर संभव प्रयास किए गए हैं। फिर भी संपादन कार्य या प्रिंटिंग संबंधित त्रुटी, चूक या लापरवाही के लिए लेखक या प्रकाशक उत्तरदाई नहीं हैं।

यह कहानी सब कुछ कहती है

एक किसान था। पिछले कुछ सालों से उसकी फसल अच्छी नहीं हो रही थी। उसके आस-पास के खेतवाले सभी किसानों की फसल बहुत अच्छी होती थी। हर साल की तरह इस साल भी वह अपने साथी किसानों के साथ शहर के बाज़ार गया था। वहाँ से खेती के लिए बीज खरीदकर लाया था। बीज बोनेवाले दिन उसके सभी साथी किसान हँसी-खुशी अपने खेतों में बीज बो रहे थे। वह भी अपने बीज बोने के लिए लाया था मगर उसका चेहरा उतरा हुआ था। चेहरे पर घबराहट थी, चिंता और अविश्वास था।

वहाँ से एक महात्मा गुज़र रहे थे, जो कुछ देर रुककर किसानों के आनंद को देखने लगे। उन्होंने देखा बाकी किसान ज़मीन में बीज डालने की क्रिया बड़ी खुशी और उमंग से, किसी उत्सव की तरह कर रहे हैं मगर एक किसान बड़ा दुःखी नज़र आ रहा है। महात्मा ने उस किसान से पूछा, 'क्यों भाई क्या बात है, तुम भी आज अन्य किसानों की तरह बीज क्यों नहीं बो रहे हो? यह दिन तो तुम्हारे लिए भी उत्सव का होना चाहिए, फिर तुम इतने दुःखी क्यों नज़र आते हो?'

इस पर वह किसान बोला, 'साधु महाराज, पता नहीं क्यों, मुझे भीतर से खुशी महसूस नहीं हो रही। पिछले तीन साल से मेरी फसल अच्छी नहीं हुई। हालाँकि मैंने बीज की खरीददारी तो अपने बाकी साथियों के साथ ही की है, फिर भी मन में डर बैठ गया है कि पता नहीं मेरे बीज अच्छे भी हैं या नहीं, इससे फसल अच्छी होगी या पिछले साल की तरह बेकार होगी... जब मन में इतनी चिंता हो तो उत्सव कैसे मनाऊँ?'

महात्मा ने पूछा, 'तुम्हें इसका क्या कारण लगता है?' किसान बोला, 'वही तो समझ नहीं आ रहा महाराज। मेरी ज़मीन भी बाकी किसानों की तरह उपजाऊ है। उतनी ही धूप आती है, जितना बाकी खेतों पर, उतना ही अच्छा पानी मिलता है, जितना बाकी खेतों को। मेरे परिश्रम में भी कोई कमी नहीं है। मैं पूरी मेहनत करता हूँ, फिर भी पता नहीं फसल क्यों अच्छी नहीं आती? मुझे तो लगता है वह दुकानदार ही मुझसे कुछ दुश्मनी निकाल रहा है, बीजों में ही कुछ गड़बड़ है, जो वे मेरे खेत में अच्छे से फलित नहीं होते। एक बार तो मैंने बीज दूसरी जगह से भी खरीदे तब भी यही हाल हुआ। ऐसा लगता है, जैसे किसी का श्राप लग गया है मुझ पर।'

महात्मा ने कुछ देर आँखें बंद कीं, कुछ ध्यान किया, फिर आँखें खोलकर कहा, 'कोई श्राप नहीं है, सब कुछ ठीक है। तुम चिंता मत करो मैं तुम्हें 'बीजगर्भ संस्कार' की तकनीक सिखाऊँगा। अगर तुमने उन सभी बीजगर्भ संस्कारों का भली-भाँति पालन किया तो तुम्हारे बीजों को दिव्य शक्ति प्राप्त होगी। फिर तुम देखना तुम्हारी फसल बाकी किसानों से भी अच्छी होगी। बस! तुम्हें उन सभी संस्कारों का पूरे विश्वास से पालन करना है।'

'कैसे संस्कार महाराज? मुझे क्या करना होगा?' किसान की बातों में थोड़ी उत्सुकता झलकने लगी।

महात्मा बोले, 'कुछ ज़्यादा नहीं, जो कुछ मैं बताता जाऊँगा बस वह करते जाना। कुछ नियम हैं जो अपनाने हैं, कुछ मंत्र हैं जिनका जाप करना है और कुछ विधियाँ हैं, जिन्हें पूरा करना है।'

किसान ने चिंतित होकर कहा, 'मगर महाराज, मेरे पास अब कोई धन शेष नहीं है, मैं ये सब कैसे निभाऊँगा?'

सुनकर महात्मा हँसते हुए बोले, 'बीजगर्भ संस्कार को ग्रहण करने के लिए

धन की नहीं, तुम्हारी बुद्धि, विश्वास, प्रेम और श्रम की ज़रूरत है। साथ ही इसकी एक शर्त यह है कि आज तुम्हें उतनी ही खुशी, आनंद और विश्वास के साथ, अपने खेत में बीज बोने हैं, जैसे बाकी किसान बो रहे हैं।'

किसान महात्मा की बात सुनकर तैयार हो गया। उसने हँसी-खुशी बीज बो दिए। अगले तीन महीने तक महात्मा उस किसान को जो-जो कहते रहे, वह पूरी श्रद्धा से उनका पालन करता रहा। धीरे-धीरे बीज अंकुरित हुए, बढ़ने लगे और एक दिन लहराती फसल में बदल गए। किसान खुशी से झूम उठा। महात्मा के चरणों में लेट गया, यह कहते हुए कि 'आपने मुझे बचा लिया महाराज, आपके कारण मेरे बीजों को दिव्य शक्ति प्राप्त हुई और देखो उन्होंने क्या चमत्कार किया... इस साल तो मेरे खेतों ने सोना उगला है।'

सुनकर महात्मा ज़ोर से हँसने लगे और बोले, 'अरे बच्चा! बीज तो वे ही थे जो तुम लाए थे, बिलकुल वैसे ही जैसे बाकी किसानों के पास थे। बीज तो शुरू से ही दिव्य शक्तियों के भंडार होते हैं, उनमें अभूतपूर्व जीवन छिपा होता है। बीजगर्भ संस्कार का असर तो वास्तव में तुम्हारे ऊपर पड़ा है। जो भी बदलाव हुए हैं, बीजों में नहीं, तुममें हुए हैं, तुम्हारी सोच में, भावनाओं में, वाणी में, क्रिया में... जो-जो मैंने तुमसे करने को कहा था, उसे करते-करते तुम बदले हो, जिसका असर तुम्हारी खेती पर पड़ा। ज़रा बीजगर्भ संस्कार लेने से पूर्व का अपना जीवन देखो और आज का जीवन देखो... क्या तुम्हें खुद में और अपने आस-पास की बातों में कोई फर्क नहीं लगता?'

जब किसान ने अपनी वर्तमान स्थिति पर मनन करना आरंभ किया तो वह आश्चर्य से भर उठा। इन तीन महीनों में उसका सोचने का तरीका ही बदल चुका था। वह बहुत ज़्यादा सकारात्मक हो गया था। उसके रिश्ते अपने साथी किसानों और पारिवारिक लोगों से बेहतर हुए थे। मन से डर, चिंता, विकार काफी हद तक दूर हुए थे। उसका ईश्वर पर और खुद पर विश्वास बढ़ा था। वह अपने खेतों में जो भी कार्य करता था, पूरे प्रेम और आनंद से, ईश्वर को धन्यवाद देते हुए करता था। अब वह अपने आस-पास के लोगों की, उनकी फसलों और गुणों की सराहना करने लगा था। जो कोई भी उसकी सहायता करता, वह उसे दिल से धन्यवाद देने लगा था। कुल मिलाकर वह एक बेहतर इंसान बन गया था।

महात्मा बोले, 'बेटे! बीज की तो प्रकृति ही है फलित होना। अगर उसे कोई

बाहरी व्यवधान न मिले तो वह यह काम सरलता से, सहजता से, अपने स्वभाव अनुसार स्वतः ही कर लेता है। मैंने तो केवल वे सारे व्यवधान दूर किए, जो उसे ऐसा करने से रोक रहे थे। आश्चर्य की बात यह है कि वे व्यवधान कहीं और नहीं बल्कि तुम्हारे भीतर थे। बीजगर्भ संस्कार से वे दूर हुए और देखो सारे बीज अधिकतम संभावनाओं के साथ लहरा उठे।'

गर्भ संस्कार के साथ भी यही होता है। सामान्यतः कोई भी माता-पिता यह सोचकर गर्भसंस्कार सीखना चाहते हैं कि इससे उनकी संतान पर अच्छा प्रभाव पड़ेगा, उसकी बुद्धि तेज होगी, उसमें वे सारे अच्छे गुण, आदतें होंगी, जिससे वह अच्छा व्यवहार करना सीखेगा। माता-पिता की हर बात मानेगा, जीवन में बहुत तरक्की करेगा, परिवार का नाम रोशन करेगा। इस कारण माता-पिता संतान को गर्भ में ही संस्कार देना चाहते हैं, जिसे गर्भ संस्कार कहा जाता है।

इस पुस्तक में आप वही संस्कार पाने जा रहे हैं, जो गर्भस्थ शिशु के ज़रिए आपको भी एक नई समझ, नई दृष्टि प्रदान करेगा। यह आपके लिए एक सुनहरा अवसर है, जिसमें आप अपने जीवन का असली उद्देश्य जान पाएँगे।

सामान्यतः कोई भी माता-पिता गर्भ संस्कार लेने के बारे में तभी सोचते हैं, जब माता गर्भधारण करती है। लेकिन बेहतर तो यह है कि गर्भाधान से पूर्व ही गर्भ संस्कार लेकर खुद में बदलाव लाया जाए, स्वयं को आनेवाले नए मेहमान के अनुकूल बना लिया जाए ताकि वे शुद्ध विचार, सही समझ और सकारात्मकता से आनेवाली संतान का आवाहन कर सकें। फिर वह संतान 'संत संतान' बनकर जन्मेगी। उसमें श्रीराम, श्रीकृष्ण, भगवान बुद्ध, संत कबीर या मीराबाई, जनाबाई, मुक्ताबाई, मदर टेरेसा बनने की उच्चतम संभावनाएँ खुलेंगी। इसके लिए हर माता-पिता को पुराने गलत संस्कार मिटाने होंगे और नए शुद्ध संस्कार प्राप्त करने होंगे।

यह पुस्तक इसी उद्देश्य से लिखी गई है, जिसमें आप वह मार्गदर्शन पाएँगे, जो संतान के आगमन से पूर्व मिलना आवश्यक है। इसके द्वारा आप जो भी समझ प्राप्त करेंगे, वह आपके माध्यम से संतान के भीतर भी रोपित होगा। जिससे आपके परिवार में सकारात्मकता, प्रेम, आनंद और उत्सव का माहौल होगा।

इस पुस्तक में गर्भ संस्कार की सभी ज़रूरी समझ को एक कहानी के रूप में पिरोया गया है। इसकी भाषा बेहद सरल है, जिसे आजकल के समय की ज़रूरतों को ध्यान में रखते हुए लिखा गया है। ज्ञान तो वही है जो हमारे पूर्वजों ने गर्भ संस्कारों के

रूप में दिया था लेकिन पुस्तक में उस प्राचीन ज्ञान को एक नए ढाँचे में, नए तरीके से प्रस्तुत किया गया है ताकि आप उसे आसानी से आत्मसात कर सकें।

जो ज्ञान हम पर सिर्फ परंपराओं के तौर पर लादा जाता है, उससे हमारा मन बिदकने लगता है, उस पर सवाल खड़े करने लगता है लेकिन जो ज्ञान हमें अपनी ज़रूरत लगे, हम उसे अपना लेते हैं। बस यही प्रयास इस पुस्तक में किया गया है। आपकी ज़रूरत के हिसाब से गर्भावस्था के दौरान हर जानने और मानने योग्य बात इसमें संकलित की गई है।

आशा है, इस पुस्तक के साथ आपकी गर्भ संस्कार पाने की यात्रा सहज, सरल और सुखद होगी। धन्यवाद!

हैपी थॉट्स!

सराहना, कृतज्ञता, दया, करुणा तथा सर्व मंगल कामना के भाव स्वयं में विकसित करके आनेवाले बच्चे में भी पोषित करें तो आनेवाली संतान दिव्य हो जाती है।

अध्याय १

नए मेहमान की तैयारी

चीज़ों से बेहतर विचार हों

सूरज का तेज शाम के फीके अंधेरे में बदलकर आसमान में फैल चुका था। पंछी चहचहाते हुए घोसलों की ओर उड़ान भर रहे थे। सड़कों पर ट्रैफिक की रफ्तार और शोर बता रहा था कि हर कोई एक व्यस्तताभरा दिन गुज़ार, घर लौटने को बेचैन था।

सलोनी भी अपनी छोटी सी बाल्कनी में बेचैनी से टहलते हुए अपने पति विशाल के ऑफिस से आने का इंतज़ार कर रही थी। आज दोनों को प्रॉपर्टी डीलर के साथ एक नया फ्लैट देखने जाना था। ऐसा फ्लैट जो उनके वर्तमान फ्लैट से बड़ा हो और बड़ी सी सोसायटी में हो। ऐसी सोसायटी जहाँ सिर्फ टावरनुमा बिल्डिंग ना हो, साथ ही बच्चों के खेलने के लिए झूले और पार्क भी हों। जहाँ से एक अच्छा स्कूल भी पास हो।

वैसे तो यह फ्लैट भी दो जनों के लिए छोटा नहीं था। दो कमरे थे, एक बाल्कनी थी। किराया भी कम था और यह सोसायटी विशाल के ऑफिस के पास भी थी, जहाँ से वह ऑफिस पैदल ही चला जाया करता था। इस कारण विशाल को तो यह छोटा सा फ्लैट बहुत पसंद था मगर सलोनी यहाँ से शिफ्ट होने की ज़िद पर अड़ी हुई थी।

उसकी इस ज़िद के पीछे एक खास कारण था। वह यह कि दोनों अपनी पहली संतान की प्लानिंग कर रहे थे। सलोनी चाहती थी उसके गर्भधारण करने से पहले ही वे एक ऐसे घर में शिफ्ट हो जाएँ जहाँ आनेवाले बच्चे को भरपूर स्पेस मिले, खेलने को पार्क, झूलने को झूले आदि मिलें।

वैसे उसकी यह सोच कोई गलत नहीं थी। हर माता-पिता अपने बच्चे को अपनी ओर से बेहतर परवरिश और परिवेश देना चाहते हैं मगर विशाल उसकी ज़िद से सहमत नहीं था। उसका कहना था, हम इस फ्लैट में भी बच्चे को अच्छी परवरिश दे सकते हैं इसके लिए घर शिफ्ट करने जैसी कोई आवश्यकता नहीं है।

दरअसल विशाल घर बदलने के बाद बढ़नेवाले खर्चों को सोचकर परेशान हो रहा था। अच्छी सोसायटी के बड़े फ्लैट का किराया भी ज़्यादा था जो उसकी जेब पर भारी पड़नेवाला था। ऊपर से वहाँ से ऑफिस आने-जाने में भी साधन और समय दोनों ज़्यादा लगनेवाले थे। फिर आनेवाला बच्चा भी तो अपने साथ और बहुत से खर्चे लानेवाला था। विशाल बहुत बजट प्लान करके चलनेवाला इंसान था। उसे सलोनी की माँग बजट पर भारी और नाज़ायज लग रही थी इस कारण विशाल और सलोनी में अकसर बहस भी हो जाया करती थी।

मगर विशाल की माँ ने उसे समझाया हुआ था कि हर हाल में सलोनी को खुश रखना है, उसे किसी भी तरह का मानसिक तनाव नहीं देना है ताकि उनके आनेवाली संतान पर कोई बुरा प्रभाव ना पड़े। इसलिए विशाल चाहकर भी ज़्यादा कुछ नहीं कह पाता था और उसके निर्णय के सामने झुक गया था।

ऐसा नहीं कि सलोनी उसकी बात समझती नहीं थी। मगर उसने एक दमित, अभावग्रस्त बचपन देखा था जहाँ उसे कभी कुछ मन का करने को नहीं मिला। उनका छोटा सा घर था और ज़्यादा भाई-बहन। उसे उस घर में कभी अपने लिए एक ऐसा कोना नसीब नहीं हुआ जहाँ वह आराम से और हक से बैठ सके। छोटी होने के कारण हमेशा बड़े भाई-बहन उसे हड़काते ही रहते। उनका घर एक ऐसे मुहल्ले में था जहाँ घरों के बीच बस संकरी गलियाँ ही हुआ करती थीं। मुहल्ले के लड़के तो फिर भी वहाँ क्रिकेट खेल लिया करते थे लेकिन लड़कियों को घर से निकलना भी नसीब नहीं होता था।

सलोनी ने तभी से सोचा हुआ था कि जब उसकी संतान होगी तो वह उसे वह सब कुछ देगी जो उसे कभी नहीं मिला। अच्छा घर, खुला माहौल, खेलने

की जगह, अच्छा स्कूल और तमाम सुख-सुविधाएँ ताकि उसका बच्चा एक सुखी बचपन जीए। उसके मन में कभी किसी तरह की कमी की भावना न आए। उसे वह सब कुछ मिले जो सलोनी को नहीं मिला।

विशाल को आता न देख सलोनी बाल्कनी से अंदर हॉल में आ गई और डायनिंग चेयर पर बैठ सामने दीवार पर लगी बाल गोपाल की तस्वीर निहारने लगी। यह तस्वीर उसे उसकी सास देकर गई थीं और कहा था, इस तस्वीर को बार-बार बड़े प्यार से निहारा करो। ऐसा करने पर आनेवाली संतान भगवान कृष्ण की तरह ही दिव्य गुणों से भरपूर होगी। सलोनी उनकी बात मानकर वह तस्वीर निहारा करती थी और मन ही मन प्रार्थना किया करती थी- 'हे ईश्वर मुझे आपके दिव्य गुणों से भरपूर जीवात्मा संतान के रूप में मिले। मैं उसे भरपूर प्रेम और सारी सुख-सुविधाएँ दूँगी।'

आज भी वह ऐसी ही प्रार्थना कर रही थी कि दरवाज़े पर घंटी बजी। सलोनी ने भागकर दरवाज़ा खोला। विशाल आ गया था और बेहद थका हुआ लग रहा था। सलोनी उसकी ओर बड़ी आस से देख रही थी कि भले ही देर हो गई मगर वे दोनों तय प्रोग्राम के मुताबिक नया फ्लैट देखने जाएँगे। इस घड़ी का वह सुबह से इंतज़ार कर रही थी।

'सलोनी मैं बहुत थक गया हूँ। सिरदर्द भी हो रहा है। आज बॉस ने बहुत ज़्यादा काम दिया है। रात को घर से भी करना पड़ेगा। ऐसा करते हैं, आज रहने देते हैं, फिर कभी चलते हैं।' विशाल ने रिक्वेस्ट की। वह वाकई कहीं जाने की हालत में नहीं था। मगर यह सुनकर सलोनी का मूड ऑफ हो गया और उसे गुस्सा आ गया।

'बहुत दिनों से देख रही हूँ, तुम बाकी सारे काम कर रहे हो, बस इसी काम के लिए तुम्हारे पास समय नहीं निकलता... तुम समझते क्यों नहीं, यह भी ज़रूरी काम है।'

'इतना क्या ज़रूरी है? क्या इस सोसायटी में बच्चे पैदा नहीं हो रहे, क्या यहाँ के सब बच्चे दुःखी हैं? और अभी तो बच्चा कंसिव भी नहीं किया, अभी से घर बदलने की इतनी आपाधापी क्यों?' थका हुआ विशाल भी झल्ला पड़ा।

'जब अभी इतने बहाने बना रहे हो तो बाद में तो बिलकुल ही नहीं मानोगे? कान खोलकर सुन लो मैं इस कबूतर खाने में अपना बच्चा नहीं लाऊँगी। जब तक एक अच्छे बड़े फ्लैट में शिफ्ट नहीं होते, मैं कंसिव नहीं करूँगी।' सलोनी भी तमतमाकर भीतर चली गई।

उस शाम उस घर में दो लोग थे फिर भी खामोशी पसरी हुई थी। लेकिन दीवार पर लगी बाल गोपाल की तस्वीर अभी भी मुस्कुरा रही थी।

मनन बिंदु :

- हर माता-पिता अपनी संतान को बेहतरीन देने की चाह रखते हैं लेकिन क्या सिर्फ एक बड़ा मकान या अच्छी सोसायटी से बेहतरता साबित होती है?
- अपने अहंकार को स्वयं पर इतना हावी न होने दें कि वर्तमान में जो चल रहा है, उन खुशियों को नज़रअंदाज़ कर, भविष्य की चिंता में समय व्यर्थ जाए, जो कभी आता ही नहीं।
- देखें कि कौन सी ज़िद के कारण हम अपनी खुशियों को दाँव पर लगा देते हैं।

अध्याय २

गर्भ पूर्व के संस्कार

समझ और नई सोच का प्रसाद

पिछली साँझ को ढला सूरज तय समय पर लालिमा बिखेरता आ गया था दुनिया को एक रोशन सवेरा देने। मगर वह घर जिसमें विशाल और सलोनी रहते थे, वहाँ अभी भी बीती रात की खामोशी पसरी हुई थी। विशाल उठकर तैयार हो, बिना नाश्ता किए ऑफिस चला गया। सलोनी भी उखड़े मूड से उठकर बेडरूम से बाहर आई। वह कुछ समय सासू माँ के निर्देशानुसार हॉल में लगी बाल गोपाल की तस्वीर को देख, प्रार्थना बुदबुदाई। मगर ऐसा करते हुए उसका ध्यान कहीं और ही था। मन में विशाल के लिए गुस्सा भरा हुआ था। इसलिए प्रार्थना करते हुए भी भाव नकारात्मक ही थे।

वह कुछ देर अनमनी से घर में टहलती रही तभी डोर बेल बजी। उसके पड़ोस में रहनेवाली गायत्री आँटी आई थीं। उनके यहाँ सुबह कोई पूजा थी, उसी का प्रसाद देने। सलोनी ने बुझे मन से प्रसाद लिया। गायत्री उम्रदराज़ अनुभवी महिला थीं। वे सलोनी को देखकर ही समझ गईं कि घर में कुछ बात हुई है तभी इसका चेहरा उतरा हुआ है वरना तो यह बहुत हँसमुख है।

तभी उनकी नज़र बाल गोपाल की तस्वीर पर पड़ी। वे जानती थीं कृष्ण भगवान की ऐसी तस्वीर शादीशुदा जोड़ों के घर तब ही लगती है, जब वे घर में एक नन्हे मेहमान का इंतज़ार कर रहे हों। उनके चेहरे पर मुस्कुराहट तैर गई।

'बहुत-बहुत बधाई हो सलोनी, सुबह-सुबह खुशखबरी मिल गई। अब मैं समझी तुम्हारा चेहरा क्यों बुझा सा है। शुरुआती महीनों में ऐसे मूड स्विंग होना आम बात है, चिंता मत करो, सब ठीक होगा।'

'अरे आप गलत समझ रही हैं आँटी...' उनकी बातें सुन सलोनी सकपका गई।

'देखो, मुझसे कुछ छिपाने की ज़रूरत नहीं... मैं तो ये सोचकर ही खुशी से फूली नहीं समा रही हूँ कि मेरे साथ कोई खेलनेवाला आनेवाला है, तुम्हारे बच्चे के साथ मेरा बुढ़ापा भी अच्छा कटेगा।' गायत्री तो खुशी के मारे झूमने लगी थी।

'आँटी आप मेरी बात तो सुनिए...'

'कोई बात नहीं सुननी मुझे। आज से तुम्हारा ध्यान रखने की पूरी ज़िम्मेदारी मेरी... जो खाने का मन करे, मुझे कह दिया करना, मैं झटपट बना ले आऊँगी और हाँ, बच्चा कैसे सँभालोगी, इस बात की भी तुम्हें बिलकुल चिंता नहीं करनी है, मैं हूँ ना... मैं उसे भी सँभाल लूँगी और तुम्हें भी।'

गायत्री आँटी को इतना खुश, इतना उत्साहित देखकर सलोनी भाव-विभोर हो गई। वे बहुत अच्छी पड़ोसी थीं। ज़रूरत के समय हमेशा काम आतीं। वह अकेली रहती थीं। पति का देहांत हो चुका था। एक बेटा था, जो विदेश में रहता था। फिर भी सलोनी ने उन्हें कभी परेशान या उदास नहीं देखा। हमेशा खुश रहना, पास-पड़ोसवालों की मदद करना, बच्चों को मुफ्त में पढ़ाना और भी बहुत से सेवा कार्य वे किया करती थीं। एक पल को सलोनी को लगा अगर वह यहाँ से शिफ्ट हो गई तो गायत्री आँटी जैसे अच्छे पड़ोसी का साथ छूट जाएगा। यह विचार उसे विचलित कर गया।

सलोनी ने बड़े प्यार से गायत्री आँटी का हाथ पकड़ा और उन्हें सोफे पर बैठा दिया, 'आँटी अभी ऐसी कोई बात नहीं है मगर हाँ हम सोच ज़रूर रहे हैं। जब भी कुछ होगा तो सबसे पहले आपको ही बताऊँगी।' सलोनी ने मुस्कराते हुए कहा।

'अरे तो फिर तुम्हारा मूड इतना उखड़ा हुआ क्यों है? तुम्हें तो खुश रहना चाहिए।'

सलोनी ने सारी बातें गायत्री आँटी को बता दी कि कैसे उसने गर्भवती होने से पहले आनेवाली संतान के लिए पूरी प्लानिंग की हुई है कि उसे रहने के लिए अच्छा घर मिले, खेलने के लिए झूले और पार्क मिलें, पढ़ने के लिए अच्छा स्कूल मिले... उसे वे सारी सुख-सुविधाएँ मिलें, जो बचपन में सलोनी को नहीं मिलीं। और विशाल उसकी इन एडवांस तैयारियों को गैरज़रूरी मानता है। उसे लगता है सलोनी समय से पहले और ज़रूरत से ज़्यादा सोच रही है। इसलिए दोनों में अकसर मतभेद हो जाता है।

'आँटी आप ही बताइए, क्या आनेवाले बच्चे की बेहतरी के लिए पहले से कुछ तैयारी करना, प्लानिंग करना गलत है?'

सलोनी की बातें सुनकर गायत्री आँटी कुछ देर गंभीर भाव से चुपचाप बैठी रहीं। फिर बोलीं, 'नहीं बिलकुल गलत नहीं है। आनेवाली संतान तो पूरी तैयारी के साथ ही आनी चाहिए आकस्मिक या ऐक्सीडेंटल नहीं। बच्चा कोई सामान तो नहीं, जो यूँ ही घर ले आए और रख दिया। वह तो ईश्वर का स्वरूप है, दिव्य चेतना है। उसका आवाहन उतने ही पवित्र और शुद्ध भाव से करना चाहिए, जैसे पूजा में ईश्वर का आवाहन करते हैं। उसके आगमन की वैसी ही तैयारी करनी चाहिए, जैसी किसी विशिष्ट मेहमान के घर आने पर की जाती है।'

'वही तो मैं भी चाहती हूँ। मैं पूरी तैयारी करके ही गर्भधारण करना चाहती हूँ। मगर विशाल मेरी डिमांड को फालतू की ज़िद और गैरज़रूरी मानते हैं।' सलोनी ने अपना पक्ष पूरे जोश से रखा।

'अच्छा सलोनी, एक बात बताओ, तुमने ये बाल गोपाल की तस्वीर क्यों लगाई है?' गायत्री आँटी ने पूछा।

'दरअसल मेरी सासू माँ ने कहा है, अगर मैं इस तस्वीर को रोज़ ध्यान से देखूँगी तो मेरा बच्चा भी भगवान कृष्ण की तरह दिव्य गुणों से भरपूर होगा।'

'सही कहा तुमने। यह कुदरत का नियम है कि हम जिस चीज़ पर ध्यान देते हैं, वह हमारे जीवन में आ जाती है। जिन गुणों पर फोकस करते हैं, वे गुण हममें आ जाते हैं। अच्छा, यह बताओ, तुम प्रार्थना क्या करती हो?'

'मैं यही प्रार्थना करती हूँ, हे बाल गोपाल! हमारी जो भी संतान हो, वह आपके दिव्य गुणों से भरपूर हो। उसमें प्रेम, साहस, करुणा, बुद्धिमता, स्वास्थ्य,

सत्य, शांति, सरलता, निच्छलता जैसे गुण हों। उसकी छवि आपके समान ही मनोहारी हो। उसकी हँसी कानों में अमृत घोले। उसके आने से हमारा घर-संसार खुशियों से भर जाए।'

सलोनी की प्रार्थना सुनकर गायत्री आँटी मुस्कुरा उठीं और कहने लगीं, 'यह तो बहुत सुंदर प्रार्थना है। हर माँ यही चाहती है कि उसकी संतान ईश्वरीय गुणों से भरपूर हो, वह ईश्वर का ही प्रतिरूप हो। अच्छा यह तो हुई तुम्हारी बात कि तुम्हें कैसी संतान चाहिए मगर क्या कभी तुमने यह सोचा है कि तुम्हारी भावी संतान को कैसे मम्मी-पापा चाहिए? वह सूक्ष्म (शुद्ध) जीव, जो तुम्हारे घर संतान बनकर आनेवाली होगी, वह क्या तैयारियाँ कर रही होगी, उसकी तुमसे क्या अपेक्षाएँ होंगी?' यह सुनकर तो सलोनी को साँप सूँघ गया। इस तरह तो उसने कभी सोचा ही नहीं था। उसे यूँ आवाक देख गायत्री आँटी आगे बोलीं।

'अरे भई वह भावी संतान भी तो कहीं होगी, उसने भी तो अपनी दीवार पर एक आदर्श मम्मी-पापा का फोटो लगाया होगा, वह भी तो प्रार्थना करती होगी कि "हे भगवान मुझे ऐसे ही मम्मी-पापा मिलें जो तन-मन से स्वस्थ हों, जो प्रेम, आनंद, करुणा, शांति, समझदारी, वात्सल्य की मूर्ति हों। जिनके घर में हमेशा प्रेम, आनंद, शांति, सद्भावना बरसती हो, जो कभी न लड़ें, हमेशा हँसते-मुस्कुराते रहें... हैपी मम्मी, हैपी पापा...!"

ये सुनकर तो सलोनी के होश उड़ गए। क्या वाकई ऐसा हो रहा होगा? अगर ऐसा सच में हो तो वे तो कहीं से भी 'हैपी मम्मी, हैपी पापा' नहीं होंगे... उन दोनों के बीच जब देखो किसी न किसी बात पर कहा-सुनी चलती ही रहती है, विचारों में मतभेद बना रहता है और इस कारण अगर उस बच्चे ने हमें रिजेक्ट कर दिया तो? हमारे यहाँ आने से इनकार कर दिया तो क्या होगा? सोचकर ही सलोनी पसीने-पसीने हो उठी। माथे पर चिंता की लकीरें पड़ गईं। उसकी ऐसी हालत देख गायत्री आँटी हँस पड़ीं।

'अरे रे रे ... इतना मत घबराओ, ये सब मैंने तुम्हें डराने के लिए नहीं कहा। मैं बस इतना ही चाहती थी कि भावी संतान के लिए तुम्हारी तैयारी आधी-अधूरी ना रहे। तुम्हें कैसी संतान चाहिए ये तो तुमने सोच लिया मगर तुम्हारी संतान को कैसे पैरेंट चाहिए, इसकी भी तो तैयारी करनी पड़ेगी न?'

सलोनी आकर गायत्री के कदमों में बैठ गई। 'आँटी, इस तरह से तो मैंने कभी

सोचा नहीं था। आदर्श संतान की कामना कर रही थी, उसे सारी सांसारिक सुख-सुविधाएँ देना चाह रही थी मगर आज पता चला, इतना काफी नहीं है... गर्भधारण से पूर्व अपने पर भी काम करना होगा, खुद को भी उसके लायक बनाना होगा... मगर कैसे? आप तो इतनी अनुभवी हैं, आप ही कुछ राह दिखाइए।'

'डरो नहीं, सब हो जाएगा। तुमने इतना सोच लिया कि खुद पर काम करना है तो समझ लो आधा काम हो गया। दरअसल इस दुनिया में 'गर्भ संस्कार' पर तो बहुत बातें होती हैं कि संतान गर्भ में आने के बाद उसे कैसे संस्कार दिए जाएँ ताकि वह एक अच्छा इंसान बने। मगर 'गर्भ पूर्व संस्कार' पर कोई बात नहीं करता कि हमें गर्भ धारण करने से पूर्व कौन से संस्कार अपनाने चाहिए क्योंकि उन्हें अपनाने के लिए हमें खुद पर मेहनत करनी होगी, अपनी सोच, अपनी आदतों को बदलना होगा, जो मुश्किल दिखाई देता है। हमारा सारा फोकस दूसरों को सही करने पर लगा होता है, खुद को नहीं।'

सलोनी को गायत्री आँटी की कही एक-एक बात सही लग रही थी। कहाँ वह सोच रही थी कि मात्र फ्लैट बदल लेने से वह बेबी प्लानिंग के लिए तैयार हो जाएगी। मगर अभी तो उसे बहुत कुछ सीखना-समझना बाकी है। एक हैपी, जॉयफुल बेबी के लिए हैपी जॉयफुल मम्मी बनना बाकी है।

'आँटी आज से आप मेरी गुरु हैं। आप मुझे जैसा गाइन्डस देंगी, मैं खुद पर वैसे काम करूँगी।' सलोनी गायत्री आँटी की गोद में सिर रखकर बैठ गई।

'तो ठीक है, ऐसा करते हैं कल से तुम्हारी गर्भ संस्कार क्लास शुरू करते हैं। सोसायटी की एक और भी लड़की है, जो गर्भवती है और गर्भ संस्कार समझना चाहती है। तुम दोनों से एक साथ इस बारे में बात हो जाएगी। संभव हो तो अपने पति को भी साथ लाना। गर्भ पूर्व संस्कार अपनाने की जितनी ज़रूरत माँ को होती है, उतनी ही पिता को भी।'

'अच्छा मगर ऐसा क्यों?'

'वह मैं कल बताऊँगी।'

'ठीक है आँटी जब आप कहें, मैं तैयार हूँ।' सलोनी बच्चों सी चहक उठी। उसका बिगड़ा मूड सँवरकर जोश और उत्साह से भर गया।

गायत्री आँटी चली गईं लेकिन सलोनी को ऐसा प्रसाद दे गईं, जो उसके और उसकी भावी संतान के भविष्य को एक सुखद मोड़ देनेवाला था। यह प्रसाद था ज्ञान का, समझ का, नई सोच का, जिसे सलोनी ने ग्रहण किया था। अब तो सलोनी अगले दिन का बेचैनी से इंतज़ार कर रही थी।

मनन बिंदु :

- प्रार्थना करते हुए अपने भाव जाँचें कि कहीं ये नकारात्मक तो नहीं हैं। यदि 'हाँ' तो इन भावों से की गई प्रार्थना- ईश्वर को नहीं, स्वयं को ही धोखा देने समान है।
- कुदरत का नियम है, जिस चीज़ पर ध्यान देते हैं, वह हमारे जीवन में आती है। जिन गुणों पर हम फोकस करते हैं, वह गुण हममें आ जाते हैं। इसलिए सदा अच्छे गुणों और सकारात्मक सोच पर फोकस करना चाहिए।
- जिस तरह हम अपनी भावी संतान के लिए प्रार्थना करते हैं कि वह दिव्य गुणों से भरपूर हो, स्वस्थ हो, हँसमुख हो, उसी तरह हमारी भावी संतान भी अपने अभिभावक के लिए प्रार्थना करती है। इसलिए हमें भी इन गुणों को अपनाना चाहिए, जिससे सुखी संसार की नींव बनेगी।
- गर्भ संस्कार पर बहुत बातें होती हैं कि संतान गर्भ में आने के बाद उसे कैसे संस्कार दिए जाएँ मगर गर्भ पूर्व संस्कार पर भी मनन हो कि गर्भ धारण करनेवाली स्त्री और उसके पति को कौन से संस्कार अपनाने चाहिए।

अध्याय ३

वह कौन है जो आ रहा है

मोह, आसक्ति और अपेक्षाओं से बचें

मन को जब एक नई सकारात्मक दिशा मिल जाए तो वह पुरानी उलझनें भूलकर भविष्य की नई तस्वीर रचने में व्यस्त हो जाता है। सलोनी के साथ भी आज कुछ ऐसा ही हुआ। कहाँ कल तक वह नए घर को तलाशने की उलझनों से घिरी थी, विशाल से हुए मनमुटाव से परेशान थी मगर आज सब कुछ भूलकर इंतज़ार कर रही थी कि विशाल ऑफिस से आए और वह उसे गायत्री आँटी से हुई सारी बातों का पूरा ब्यौरा दे। उनकी बातों का सलोनी पर कुछ ऐसा असर हुआ था कि उसे लग रहा था अब वह सच में आनेवाले बच्चे को सही परवरिश और माहौल दे सकेगी।

विशाल को भी सलोनी में यह सकारात्मक परिवर्तन बहुत अच्छा लगा। वह खुशी-खुशी ऑफिस से आने के बाद सलोनी के साथ गायत्री आँटी की क्लास में जाने के लिए तैयार हो गया। उसे विश्वास जगा कि मेरी ना सही कम से कम आँटी की बातें सुनकर सलोनी अपना नज़रिया बदलेगी। सलोनी भी यही सोच रही थी कि मेरी ना सही कम से कम आँटी की बात सुनकर विशाल में कुछ परिवर्तन होगा।

दोनों अगले दिन तय समय पर गायत्री आँटी के घर चल दिए। वहाँ पर पहले से ही उसी सोसायटी में रहनेवाले पति-पत्नी बैठे थे। महिला का नाम मधु था, जो तीन महीने की गर्भवती थी। विशाल मधु के पति मनीष को देखकर ठिठका। दोनों का कुछ दिन पहले पार्किंग को लेकर झगड़ा हुआ था। दोनों एक-दूसरे से मुँह चढ़ाकर बैठ गए।

गायत्री आँटी ने आकर सबका अभिवादन किया और आज की क्लास शुरू की।

गायत्री- सबसे पहले तो यह बताइए कि आप आखिर गर्भ संस्कार जानना-समझना क्यों चाहते हैं? ऐसा करने के पीछे आपका क्या उद्‌देश्य है?

मधु- आँटी मैंने गर्भ संस्कार के बारे में बहुत सुना है। इसमें कुछ ऐसी बातें सिखाइए, जिन्हें जानकर और अपनाकर हम गर्भस्थ शिशु को गर्भ में ही तेज़ दिमागवाला, होशियार और हँसमुख बना सकते हैं। गर्भ से बाहर आकर वह चिड़चिड़ा न हो, ज़्यादा रोता-धोता न रहे या तंग न करे। आज्ञाकारी बच्चों की तरह खुश रहकर मम्मी-पापा की सारी बातें माने।

सुनकर गायत्री आँटी हँसने लगीं और बोलीं- यानी तुम गर्भ संस्कार इसलिए जानना चाहती हो ताकि बच्चा तुम्हारे हिसाब से सोए, रोए, खाए, पढ़े, क्लास में हमेशा फर्स्ट आए।

यह सुनकर मधु की आँखों में चमक आ गई- जी आँटी।

'अच्छा एक बात बताओ, क्या तुम किसी दूसरे के हिसाब से ऐसा जीवन जी सकती हो, जहाँ तुम हर एक काम दूसरों की मर्ज़ी से करो, जैसा वे चाहें, बिलकुल वैसा ही हो?'

आँटी के सवाल पर मधु चुप हो गई। मगर उसका पति मनीष हँसकर कहने लगा, 'आँटी ऐसा कोई पत्नी संस्कार प्रोग्राम है तो मुझे ज़रूर बताइए। मैं ज़रूर जॉइन करूँगा।' ये सुनकर मधु ने मनीष को घूरकर देखा।

गायत्री- देखिए! गर्भ संस्कार के बारे में जानने से पहले कुछ सवालों के जवाब जानना बेहद ज़रूरी हैं -

- जो आपके घर आ रहा है, जिसे संस्कार देने के लिए आप इतने उत्सुक हैं, वास्तव में वह कौन है?

- वह क्यों आ रहा है?
- वह आपके ही घर क्यों आ रहा है?
- आपका उससे क्या संबंध है?
- आपका उस पर क्या हक है?

ये बातें अगर एक माता-पिता बच्चे के आने से पहले ही समझ लें तो उनका पूरा जीवन ही बहुत आसान हो जाता है। वरना वे खुद भी दुःखी रहते हैं और अपनी संतान को भी दुःखी रखते हैं।

सबसे बड़ी गलती जो माता-पिता करते हैं, वह यह कि बच्चा पैदा होने के साथ ही या कहिए गर्भ में आने के बाद से ही उस पर 'मेरा' का टैग लगा देते हैं, 'यह मेरा बच्चा है।' यह टैग लगते ही माता-पिता की उस बच्चे से अपेक्षाएँ भी शुरू हो जाती हैं। जैसे मधु की हुई कि मेरा बच्चा सुंदर हो, स्वस्थ हो, होशियार हो, बुद्धिमान हो, आज्ञाकारी हो, मेरी हर बात माने, मेरे हिसाब से सोए, उठे, जागे, खाए, पीए...

ऐसे में अगर बच्चा इच्छा के अनुरूप पैदा नहीं हुआ, उसे कुछ स्वास्थ्य समस्याएँ हुईं या उसकी सोच, आदतें, व्यवहार माता-पिता से अलग निकले तो माता-पिता यह स्वीकार ही नहीं कर पाते। ऐसे माता-पिता पूरी उम्र दुःखी रहते हैं। वे हमेशा बच्चे को अपने हिसाब से ढालने की, चलाने की कोशिश करते हैं, जो कि नहीं हो पाता।

भगवान बुद्ध का ही जीवन देख लो। उनके पिता राजा शुद्धोधन की महत्वाकांक्षा थी कि उनका बेटा चक्रवर्ती सम्राट बने, महान राजा कहलाए। मगर उस बालक की तो कुछ और ही दिव्य योजना थी। उसकी सोच, चिंतन, व्यवहार आदि बातें पिता की महत्वाकांक्षा से बिलकुल विपरीत थीं। किंतु पिता शुद्धोधन इस बात को स्वीकार नहीं कर पाए। उन्होंने सिद्धार्थ के मार्ग को बदलने की पूरी कोशिश की मगर क्या हुआ? उसी कारण सिद्धार्थ को सत्य प्राप्ति के लिए चुपचाप घर छोड़कर जाना पड़ा। जिस कारण पिता और परिवार भी पूरी उम्र दुःखी रहे और सिद्धार्थ को भी संघर्ष करना पड़ा।

सोचो, कितना अच्छा होता अगर सिद्धार्थ के माता-पिता सिद्धार्थ के ऊपर 'मेरा' का टैग न लगाते। उसकी दिव्य योजना को खुशी-खुशी स्वीकार करते। ईश्वर

द्वारा तय किया गया कर्तव्य मान, उसके लिए वे सारी सुविधाएँ जुटाते, जो उसकी दिव्य योजना के पूरा होने में सहयोग करतीं तो संभव था कि सिद्धार्थ को घर छोड़ने का इतना बड़ा कदम उठाना ही न पड़ता, संभव था उनकी यात्रा कुछ आसान होती।

तुलसीदास जी के बारे में भी कहा जाता है कि उनके पिता ने नवजात बालक तुलसीदास का त्याग सिर्फ इसलिए कर दिया था क्योंकि वे बाकी बच्चों से कुछ भिन्न थे। पिता की मान्यता अनुसार वे मूल नक्षत्र में पैदा हुए थे और माता-पिता के लिए कष्टप्रद थे। तुलसीदास जी ने कैसा भक्ति पूर्ण जीवन जीया, कैसी अभिव्यक्तियाँ कीं ये तो आप सब जानते ही हैं। किंतु पिता की अपेक्षाओं पर वे खरे नहीं थे इसलिए उन्हें कष्टप्रद बचपन जीना पड़ा। सोचो, अगर उनके पिता को उस समय पता होता कि उनके घर कैसा महान व्यक्तित्व जन्मा है तो उनका अपने बच्चे के प्रति कैसा प्रतिसाद होता, कैसा व्यवहार होता?

सलोनी- सही बात है आँटी। माता-पिता बच्चे से वही उम्मीद करते हैं जो उनकी समझ से, उनके दृष्टिकोण से सही है।

गायत्री- हाँ! लेकिन माता-पिता की समझ और दृष्टिकोण हमेशा ही सही हो, यह ज़रूरी नहीं। तो क्या ऐसा नहीं होना चाहिए कि गर्भ धारण करने से पहले ही माता-पिता की सबसे बड़ी ज़िम्मेदारी सही समझ और दृष्टिकोण प्राप्त करना होनी चाहिए ताकि उनकी गलत सोच और मान्यताओं का बुरा असर आनेवाले अबोध शिशु पर न पड़े?

मनीष- जी सही कहा आपने। आजकल तो पैरेंट पहले ही सोच लेते हैं, गर्भ में पल रहे बच्चे को वे डॉक्टर या इंजीनियर बनाएँगे... सच कहूँ तो मैं भी यही चाहता था कि मेरा बच्चा मेरी तरह चार्टर्ड अकाउंटेन्ट बने और भविष्य में हम दोनों मिलकर अपनी कंपनी खोलें। मगर गौतम बुद्ध का उदाहरण सुनकर मुझे अपनी गलती का एहसास हुआ कि मैं अपनी इच्छा बच्चे पर कैसे थोप सकता हूँ? हो सकता है बच्चा कुछ बनने की सोचकर धरती पर आ रहा हो।

गायत्री- जी बिलकुल ठीक सोचा आपने। अब हम उन सवालों के जवाब जानेंगे, जिन्हें हमने पहले उठाए थे।

- जो आपके गर्भ में शिशु बनकर आ रहा है वह मात्र कोई शरीर नहीं है, जो स्त्री-पुरुष के समागम से बनता है, वह एक जीवात्मा है।

- वह किसी की व्यक्तिगत संपत्ति न होकर एक स्वतंत्र जीव है। उसका अपना स्वभाव, अपने संस्कार, अपने अनुभव, स्मृतियाँ और कर्म हैं।
- उसके पृथ्वी पर आने के अपने कारण हैं और अपनी दिव्य योजना है और आप उसके जन्म की दिव्य योजना का भाग हैं।
- चैतन्य, चेतना, सोर्स या सेल्फ, नाम कोई भी दें, उसे किस गर्भ में आना है, इसका चयन वह स्वयं करती है। माता-पिता को लगता है उन्होंने गर्भ धारण किया है। वास्तविकता यह है कि सेल्फ स्वयं गर्भ का चयन कर उसे धारण करता है।
- कोई भी सेल्फ (सोर्स) पृथ्वी पर कुछ कारणों से जन्म लेता है। जैसे हो सकता है उसे कुछ पूर्व निर्धारित दिव्य अभिव्यक्ति करनी हो, कुछ कर्मबंधन काटने हों। वह दुनिया के रंगमंच पर अपना किरदार निभाने आता है, जो कुदरत ने उसके लिए निर्धारित किया है।
- माता-पिता का संतान पर इतना ही हक होना चाहिए, जितना एक माली का बगिया पर होता है। वह अपने सामर्थ्य अनुसार उसकी भरपूर देखभाल करता है, शेष ईश्वर पर छोड़ देता है। पौधों को समय पर पानी, खाद, प्रेम देना तो उसके हाथ में है लेकिन उसमें कितने फूल खिलेंगे, कितने फल आएँगे, वह कितने दिन जीएँगे, इसका निर्धारण कुदरत के हाथ में ही होता है।
- उस जीवात्मारूपी संतान के प्रति माता-पिता का कर्तव्य है कि वे उसे खिलने, खुलने का, अपनी अभिव्यक्ति करने का अनुकूल माहौल और निःस्वार्थ प्रेम दें। उसे पूरी तरह सहयोग करें, न कि अपनी आसक्ति, मोह और अपेक्षाओं में बाँधें। जिन माता-पिता ने ऐसा किया है, उनकी संतानें पृथ्वी जीवन में कमाल कर गई हैं।

गायत्री आँटी की बात सुनकर सभी चुप हो गए। उनके चेहरे बता रहे थे कि संतान के बारे में यह नया विचार, नया दृष्टिकोण सुनकर उन्हें झटका लगा था। अब तक तो वे यही सोच रहे थे कि वह बच्चा उनका है और उनके लिए, उनकी खुशियों के लिए आ रहा है मगर गायत्री आँटी ने इस बात को पूरी तरह ही बदल दिया था।

गायत्री- आप सबके लिए आज इतना ही बहुत है। आज यहाँ जो भी बातों पर विचार-विमर्श हुआ है, उन पर घर जाकर मनन करें। अपने आस-पास के बच्चों

को इसी दृष्टिकोण से देखें और खुद को भी। मनन करें कि आपके माता-पिता की आपसे ऐसी क्या अपेक्षाएँ थीं, जो आपको बंधन लगती थीं? क्या आप अपने बच्चों के लिए भी वैसे ही बंधन बाँधना चाहेंगे?

जब आप आनेवाली संतान को एक स्वतंत्र जीवात्मा के रूप में स्वीकार करेंगे तो आपकी शिशु को लेकर की जानेवाली प्रार्थनाएँ, विचार, भाव और अपेक्षाएँ बदल जाएँगी। आपकी पूरी पैरेंटिंग ही बदल जाएगी। इससे न सिर्फ उस संतान का बल्कि आपका भी जीवन बदल जाएगा। यह नई समझ अपनाकर आपके संतान के लिए जो भी निर्णय होंगे वे बिलकुल सही होंगे, व्यक्तिगत स्वार्थ से परे होकर निःस्वार्थ होंगे। ऐसा होने पर वह संतान संत संतान बनेगी, जो इस जीवन में भरपूरता से अपनी अभिव्यक्ति करेगी।

मनन बिंदु :

- मन को नई सकारात्मक दिशा दें ताकि वह पुरानी उलझनें भूलकर, भविष्य की नई तस्वीर रचने में व्यस्त हो जाए।
- गर्भधारण के साथ ही 'मेरा बच्चा' का टैग लग जाता है, साथ ही माता-पिता की उस बच्चे के प्रति अपेक्षाएँ शुरू हो जाती हैं। आप इससे बचें और बच्चे के लिए सही निमित्त बनें।
- जो जीव आपके शरीर में पल रहा है, वह केवल एक शरीर नहीं बल्कि ज़िंदा चैतन्य है। अतः स्वयं में यह समझ विकसित करें कि 'वह मेरी व्यक्तिगत संपत्ति नहीं है बल्कि एक स्वतंत्र जीव है। उसकी अपनी दिव्य योजना है और मैं केवल उसे पृथ्वी पर लाने में निमित्त हूँ।'
- सेल्फ को किस गर्भ में आना चाहिए, इसका चयन वह स्वयं करता है, माता-पिता नहीं। माता-पिता का संतान पर इतना ही हक होना चाहिए, जितना एक माली का बगिया पर होता है।

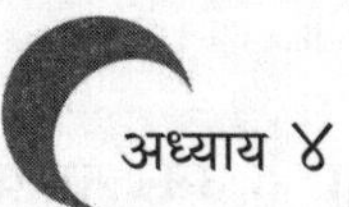

अध्याय ४

गर्भ धारण की तैयारी कैसी हो

शुद्ध विचार और पवित्र भावना रखें

गायत्री आँटी की गर्भ संस्कार की पहली ही क्लास ने जैसे सभी की आँखें खोल दी थीं। सलोनी ने महसूस किया जैसा आँटी ने कहा था वाकई अगले दिन बाल गोपाल की तस्वीर के सामने प्रार्थना करते समय उसके भाव बदल गए थे। थोड़ी-बहुत प्रार्थना भी बदल गई थी। पहले प्रार्थना की पंक्ति थी, 'हमारी जो भी संतान हो वह आपके दिव्य गुणों से भरपूर हो'। इसकी जगह आज सलोनी ने कहा, **'जो भी संतान हमारे घर आए, वह आपके दिव्य गुणों से भरपूर हो।'** उसने महसूस किया कि प्रार्थना से 'हमारी', 'मेरे' जैसे बंधनयुक्त शब्द खुद ही हट गए थे।

यही तो गायत्री आँटी ने कहा था, समझ मिलने के बाद भाव और विचार बदल जाते हैं। सलोनी ने महसूस किया कि आज वह भावी संतान के लिए प्रेम, साहस, करुणा, बुद्धिमत्ता, स्वास्थ्य जैसे गुण माँग रही थी किंतु अपने लिए नहीं, उस दिव्य संतान की अपनी अभिव्यक्ति के लिए। आज उसने प्रार्थना में एक बात और जोड़ी, वह यह कि 'हे ईश्वर हमें ऐसी समझ दो जिसे पाकर हम आपकी अमानत जो हमारे घर आएगी, उसका पूरी तरह से ध्यान रख सकें, उसे पूरा सहयोग कर सकें, उसे ऐसा

अनुकूल और स्वस्थ वातावरण दे सकें, जहाँ पर वह उस दिव्य योजना को सहजता से पूरा कर सके, जिसे आपने उसके लिए चुना है।' ऐसी प्रार्थना कर सलोनी को बहुत अच्छा लगा, बहुत शांति मिली। लगा जैसे उसकी अपनी महत्वाकांक्षाएँ, अपेक्षाएँ ही उसकी खुशी की राह में बाधा थीं।

वहीं दूसरी ओर मधु परेशान थी। उसे लग रहा था उसने गर्भावस्था के तीन महीने पुरानी सोच के साथ ही गुज़ार दिए। कहीं उसका प्रतिकूल असर उसके बच्चे पर न पड़ा हो। अपने-अपने अनुभव बटोरकर दोनों अगले दिन फिर से गायत्री आँटी की क्लास में आ गए। उन्होंने आज की क्लास लेनी आरंभ की।

गायत्री- आज मैं आपको 'गर्भ संस्कार' क्या है, यह शब्द कहाँ से आया है, इसके क्या मायने हैं? ये सब बातें संक्षिप्त में बताती हूँ। सबसे पहले संस्कार शब्द को समझते हैं। संस्कार शब्द का मूल अर्थ है, 'शुद्धिकरण'। सही समय पर सही गुणों का विकास कर खुद को शुद्ध रखना।

आसान शब्दों में समझें तो संस्कार का मतलब है हमारे गुण, हमारी सोच, हमारी आदतें... और ये सभी मिलकर बनाते हैं हमारा स्वभाव। जब किसी को कुछ नया सिखाया जाता है, जिसे वह ग्रहण करता है तो इसे कहा जाता है, संस्कार ग्रहण करना।

एक निश्चित समय पर अगली पीढ़ी को कुछ गुण, कुछ आदतें संस्कारों के रूप में देने की परंपरा भारतीय संस्कृति में आरंभ से ही रही है। एक इंसान के लिए जन्म से लेकर मृत्यु तक की विकास यात्रा को सोलह संस्कारों में विभाजित किया गया है। जैसे-जैसे उसका जीवन आगे बढ़ता है, उन्हें समय-समय पर सोलह संस्कार धारण करते हुए चलना होता है। ऐसा करने से उसका जीवन सुचारू रूप से चलता है, उसका समुचित विकास होता है। पुराने समय में इन संस्कारों को परंपरागत रूप से धारण किया जाता था और उन्हीं के अनुसार चलकर जीवन जीया जाता था।

इनमें जो सबसे पहला संस्कार है, वह गर्भ धारण संस्कार ही है। जिसके अंतर्गत गर्भ कैसे धारण करना है और पूरी गर्भावस्था में कैसे रहना है, इससे संबंधित समझ और नियम मिलते हैं। आखिरी संस्कार अंत्येष्टि संस्कार है। गर्भधान संस्कार के साथ जो जीवात्मा इस संसार में आती है, वह अंत्येष्टि संस्कार के साथ इस संसार को छोड़ देती है और आगे की यात्रा पर चली जाती है।

शास्त्रों के अनुसार जीव के गर्भ में आने से लेकर, उसकी मृत्यु यानी अंत्येष्टि तक के समस्त जीवन के बीच-बीच में उसे अलग-अलग सोलह* संस्कारों का पालन करना होता था।

यहाँ हम पहले संस्कार को समझने इकट्ठे हुए हैं। गर्भ में आनेवाले बच्चे के प्रति हमारी क्या समझ होनी चाहिए, इसके बारे में तो कल बात हो चुकी। गर्भ धारण कैसे करना चाहिए आज इस पर बात करते हैं। मधु तुम्हारा तो गर्भ धारण हो चुका है। सलोनी तुम्हें यह सीखना ज़रूरी है।

गर्भ धारण करना यह भी गर्भ संस्कार का ही हिस्सा है। यह एक बहुत पवित्र कर्म है। इसे काम वासना से जोड़कर न देखना चाहिए, न ही करना चाहिए। हमारे घर में एक जीवात्मा का आगमन हो, इसके लिए गर्भ धारण के समय हमारे विचार शुद्ध और पवित्र भावना से भरे होने चाहिए। साथ ही यह समझ हो कि हमारा शरीर प्रकृति के महान कार्य के लिए निमित्त बन रहा है। हमारे द्वारा वह नई पीढ़ी को संसार में ला रहा है। इसे ईश्वरीय कार्य समझकर, इसके प्रति पूरी ज़िम्मेदारी का भाव होना चाहिए।

गर्भ संस्कार के उद्देश्य को साधारण शब्दों में ऐसे समझें, जब हम किसी सफर के लिए बस में चढ़ते हैं तो हमारा ध्यान उपलब्ध सीटों में सबसे आरामदायक और अच्छी सीट मिलने पर होता है। इसी तरह जब एक जीवात्मा गर्भ चुनती है तो वह भी ऐसे ही परिवार में, ऐसी ही माँ का गर्भ तलाशती है, जिसके साथ रहकर उसकी जीवन यात्रा सुखद और सार्थक रहे। वह अपने पृथ्वी पर आने का उद्देश्य पूरा कर सके। आनेवाले शिशु के लिए ऐसा अनुकूल गर्भ बनाना और उसे उपलब्ध कराना, जो उसकी यात्रा में सहयोगी बने, ही गर्भ संस्कार का उद्देश्य है।

शिशु का गर्भ में आना कोई आकस्मिक घटना नहीं होनी चाहिए। यह पूरी तरह से पूर्व नियोजित और मानसिक तैयारी के साथ होना चाहिए। इसके लिए पति-पत्नी को मानसिक और शारीरिक रूप से पूरी तरह तैयार होना चाहिए क्योंकि गर्भ धारण के बाद उनकी मानसिक और शारीरिक स्वास्थ्य का असर बच्चे पर सबसे

**सोलह संस्कार- गर्भाधान संस्कार, पुंसवन संस्कार, सीमंतोन्नयन संस्कार, जातकर्म, नामकरण संस्कार, अन्नप्राशन संस्कार, मुंडन संस्कार, विद्यारंभ संस्कार, कर्णवेध संस्कार, यज्ञोपवीत संस्कार, वेदारंभ संस्कार, केशांत संस्कार, समावर्तन संस्कार, विवाह संस्कार, अंत्येष्टि संस्कार।*

ज़्यादा पड़ेगा। इसलिए गर्भ धारण से पूर्व ही अपनी खान-पान की आदतें सुधार लेनी चाहिए। अपनी सोच सही और सकारात्मक कर लेनी चाहिए। अगर पति-पत्नी दोनों में किसी बात को लेकर मतभेद, मनमुटाव है तो बेहतर है गर्भ धारण से पूर्व ही उसे बातचीत करके सुलझा लिया जाए। क्योंकि किसी भी तरह का तनाव गर्भावस्था में बच्चे के मानसिक व शारीरिक विकास पर गलत प्रभाव डालता है।

यह ध्यान रखा जाए कि घर का वातावरण ऐसा हो जिसमें चिंता, तनाव, बीमारियाँ न होकर खुशी, पवित्रता, शांति, स्वास्थ्य, सद्भावना हो। माता-पिता दोनों ही हर तरह से आनेवाली संतान का ध्यान रखने में सक्षम हों और उसके लिए मानसिक रूप से भी तैयार हों।

गायत्री समझा रही थी मगर मधु तो इस बीच कहीं और ही खो गई थी। जैसे किसी चिंता में हो। उन्होंने बात को बीच में ही रोक दिया। पहले मधु से बात करना ज़रूरी थी। कुछ ऐसा था, जो उसे परेशान कर रहा था।

मनन बिंदु :

- संस्कार शब्द का मूल अर्थ है शुद्धिकरण। अतः सही समय पर, सही गुणों का विकास कर खुद को शुद्ध रखें। क्योंकि हमारे गुण, हमारी सोच, हमारी आदतें ये सभी मिलकर बनता है- हमारा स्वभाव।
- इंसान के लिए जन्म से लेकर मृत्यु तक की यात्रा में सोलह संस्कार धारण करने होते हैं। इन्हीं में सबसे पहला संस्कार है, गर्भधारण संस्कार।
- गर्भधारण करना एक पवित्र कर्म है, इसे काम वासना से जोड़कर नहीं देखना चाहिए, न ही करना चाहिए। हमारे घर में एक जीवात्मा का आगमन हो, इसके लिए गर्भधारण के समय हमारे विचार शुद्ध और पवित्र भावना से भरे होने चाहिए।

अध्याय ५

संस्कार धारण का तनाव न लें

जब जागो तभी सवेरा

जब हम कुछ नई, अच्छी, सकारात्मक समझ ग्रहण कर रहे होते हैं तब हमें खुशी तो बहुत होती है कि हम कुछ नया और अच्छा सीख रहे हैं लेकिन बीच-बीच में कुछ डर, अफसोस या गिल्ट भी उभरते रहते हैं। डर इस बात का कि जो समझ मिल रही है, उसे व्यवहार में ला भी पाएँगे या नहीं? अफसोस इस बात का कि 'काश! ये बातें पहले सीख लेते तो कितना अच्छा होता, जीवन आसान हो जाता!' गिल्ट इस बात का कि हमने नासमझी में न जाने कितनी गलतियाँ कर दीं।

मधु के साथ भी कुछ ऐसा ही हो रहा था जिसे गायत्री समझने की कोशिश कर रही थी।

गायत्री- 'क्या बात है मधु, परेशान क्यों लग रही हो? कोई समस्या है?'

मधु- 'आँटी जैसा कि आपने कहा, गर्भधारण पूरी तैयारी और योजना के तहत होना चाहिए। हमें शारीरिक, मानसिक, भावनात्मक रूप से तैयार होकर, शुभ प्रार्थनाओं और पवित्र भावों के साथ नई जीवात्मा का आवाहन करना चाहिए मगर हमने तो ऐसा कुछ भी नहीं किया। न हमें कुछ ज्ञान था, न हमने कुछ

सोचा था। सच कहूँ तो मेरी प्रेग्नेंसी पूर्वनियोजित नहीं थी। यह आकस्मिक ही हो गई। हम दोनों इसके लिए मानसिक तौर पर तैयार भी नहीं थे इसलिए पहले तो इस गर्भ के लिए बड़े नकारात्मक भाव आए, जैसे कोई बोझ या परेशानी आ गई हो। धीरे-धीरे घरवालों के समझाने पर खुद को समझाया, तैयार किया। इस बच्चे को स्वीकार करने में थोड़ा समय भी लगा। आज आपकी बातें सुनकर मुझे बड़ा डर लग रहा है, ग्लानि भी हो रही है कि हमारी अब तक की सोच और समझ से हमारे बच्चे पर कितना गलत प्रभाव पड़ा होगा।'

मनीष- ये सही बात है आँटी। मुझे भी यह सोच-सोचकर बड़ा दुःख हो रहा है कि हमने हमारे बच्चे के पहले तीन महीने कितने तनाव में निकाल दिए। सच कहूँ तो इसी दौरान हमारी आपस में भी बहुत कहा-सुनी हुई। हमने एक-दूसरे पर गुस्सा, फस्ट्रेशन निकाला। एक-दूसरे को अनचाहे गर्भ के लिए ज़िम्मेदार ठहराया। आज आपकी बातें सुनकर मैं शर्म से डूबा जा रहा हूँ कि एक नए जीव को संसार में लाना कितना ज़िम्मेदारीभरा कार्य है, यह ईश्वरीय कार्य है... इसे हमें कितनी पवित्रता, शांति और आनंद से करना चाहिए था। मगर हमने तो वह सब किया जो हमें बिलकुल नहीं करना चाहिए था।

मधु और मनीष को यूँ उदास देख सलोनी और विशाल भी उदास हो गए। उन्हें भी अपने झगड़े, मतभेद याद आने लगे मगर गायत्री मुस्कुरा उठी।

गायत्री- आप सभी ने वह कहावत सो सुनी होगी, 'जब जागो तभी सवेरा' यानी जब आँख खुल जाए तभी से एक नए दिन की शुरुआत होती है। तो समझ लीजिए, गर्भ संस्कार की नई समझ पाकर आपके जीवन में भी ज्ञान का सूरज उदय हो गया। अब बीती रात के लिए क्या परेशान होना!

मधु और मनीष अभी भी चुप थे।

गायत्री- अच्छा आप लोगों को एक कहानी सुनाती हूँ। एक कपड़े का व्यापारी था जो घोड़े पर कपड़े ले जाकर बाज़ार में बेचता था। उसने अपने एक थैले में बहुत सी मुद्राएँ जमा कर ली थीं। हुआ यूँ कि उसके थैले को चूहों ने कुतर दिया। उसमें एक छेद हो गया। घोड़े पर चलते हुए सफर के दौरान उस छेद में से उसकी एक-एक मुद्रा गिरने लगी। वह रोज़ मुद्रा गिनता और रोता कि आज फिर उसकी मुद्राएँ कम हो गईं। उसे यह समझ ही नहीं आया कि उस छेद को सिलकर बाकी की मुद्रा तो बचा ले। धीरे-धीरे सारी मुद्राएँ थैले से बाहर निकलकर गिर पड़ीं। अब आप उस व्यापारी को क्या कहेंगे बेवकूफ ही ना? जो चला गया उस पर रो रहा था जो बचा सकता था, उसके बारे में ना सोचा, ना कुछ किया। इसीलिए कह रही हूँ,

जो बीत गया, सो बीत गया... उसकी क्या चिंता करनी। जो बचा है उसे सुरक्षित कर लेने में ही अकलमंदी है।

अभी तो गर्भ के सिर्फ तीन महीने ही निकले हैं, पूरी गर्भावस्था बाकी है। और उसके बाद जब बच्चे का जन्म हो जाएगा तो उसका पूरा जीवन बाकी है। आप लोग गर्भ संस्कार में जो समझ प्राप्त कर रहे हैं, यह समझ तो पूरी उम्र साथ रहनी है। गर्भ धारण से पूर्व भी, गर्भावस्था के साथ भी और प्रसव के बाद भी...।

सलोनी- ये तो आप सही कह रही हैं आँटी। पहले मुझे लग रहा था कि होनेवाले बच्चे के लिए गर्भ संस्कार सीखने की ज़रूरत है ताकि हम उसे बदल सके, बेहतर कर सकें। मगर अब ऐसा लग रहा है कि ये तो हमारे लिए है ताकि हम अपनी सोच, अपना व्यवहार बदलकर, बेहतर कर सकें। हम सही हो जाएँगे तो आनेवाला बच्चा खुद-ब-खुद सही बातें सीख लेगा।

गायत्री- बिलकुल सही पॉइंट पकड़ी है तुमने सलोनी। हमें लगता है हम बच्चे को सिखाएँगे कि बेहतर कैसे बना जाता है मगर असलियत यह है कि बच्चा हमें सिखाने आ रहा है कि जीवन कैसे जीया जाता है। वह हमारे सोचने के तरीके, जीने के तरीके को बदलने आता है। हमें लगता है गर्भ संस्कार सीखकर हम उसे दिव्य गुणों से भरेंगे मगर वह तो पहले से ही ईश्वर का अंश है, दिव्य गुणों की खान है। वास्तव में वह निमित्त बनकर आ रहा है ताकि हममें दिव्य गुण जागृत हों, हम निःस्वार्थ प्रेम, धैर्य, आनंद, शांति, क्षमा, सद्भावना जैसे गुणों को ग्रहण कर सकें... हम अपना जीवन संपूर्णता से जी सकें।

मनीष- बिलकुल सही कह रही हैं आप आँटी। पर अब यह बताइए जो समय हमने गँवा दिया उसकी भरपाई कैसे की जाए?

गायत्री- हैपी हैट पहनकर। कहकर वे मुस्कुरा उठीं।

मधु- यह हैपी हैट क्या है? बाज़ार में मिलती है क्या?

गायत्री- यह 'खुशी की टोपी' है मधु, बाज़ार में नहीं मिलती। यह तो हमारे भीतर ही होती है। उसे बस हर वक्त पहनना होता है। जब आप यह टोपी पहन लेते हैं तो आपको न भूतकाल की गलतियों का गिल्ट या अफसोस होता है, न भविष्य की चिंता... आप स्वयं को कुदरत के हाथों में सौंपकर, उससे कहते हैं- 'तुम्हें जो लगे अच्छा, वही मेरी इच्छा।'

अपनी बागडोर कुदरत के हाथ में सौंपकर निश्चिंत हो जाना; हमेशा इस भाव

में रहकर आनंदित होना कि जो ईश्वर दुनिया के सभी प्राणियों का खयाल रख रहा है, वह हमारा और हमारे बच्चे का भी खयाल रख रहा है; फिर अपने सारे काम इसी अवस्था से और स्वीकार भाव से करना... यही तरीका है हैपी हैट पहनने का।

जो समय निकल गया उसका मलाल नहीं करना है। बच्चे को कुछ सिखाने का या खुद सीखने का तनाव भी नहीं लेना है। मन से गर्भावस्था को लेकर हर तरह का डर, हर तरह की नकारात्मकता निकाल देनी है। वर्तमान में रहते हुए, फ्री फ्लो में बहते हुए, सब कुछ सहजता से करते जाना है। जो आपसे कुदरत को करवाना है, वह करवा ही लेगी। वर्तमान में खुश रहना है। बस यही चाभी है बच्चे को सर्वश्रेष्ठ वातावरण देने की। यदि ऐसा कर लिया तो आप भी खुश रहेंगे और बच्चा भी खुश रहेगा।

मनीष- सुना तुमने मधु! इन सब बातों का तुम्हें अच्छे से पालन करना है।

गायत्री- सिर्फ मधु को ही नहीं, तुम्हें भी मनीष पूरा पालन करना है और विशाल तुम्हें भी।

विशाल- मगर आँटी मैंने सुना है, बच्चे पर माँ की सोच और व्यवहार का ही ज़्यादा प्रभाव पड़ता है। हम लोग तो ऑफिस, व्यापार पर चले जाते हैं, बच्चे के साथ ज़्यादा नहीं रहते, फिर हमें क्यों?

गायत्री- तुममें से किसी ने ऐपीजेनेटिक (Epigenetic) के बारे में सुना है?

गायत्री आँटी की बात सुनकर चारों एक-दूसरे का मुँह देखने लगे। अभी उन्हें बहुत कुछ समझना बाकी था।

मनन बिंदु :

- जब भी आप कुछ नया, सकारात्मक सीख रहे होते हैं तब खुशी के साथ मन में डर, अफसोस भी उभरता है। ऐसे में खुद को बताएँ, 'जब जागो तभी सवेरा, जो बीत गया सो बीत गया, उसकी चिंता में जो आनेवाला है, उसे सुरक्षित करने में ही ज़्यादा अकलमंदी है।'
- यदि गर्भ धारण की समझ पाने में कुछ समय निकल भी गया तो चिंता न करें, आनेवाले समय से लेकर, शिशु का पूरा जीवन आप सही समझ और संस्कार से भरपूर कर सकते हैं।
- सदा हैपी हैट में रहें यानी खुशी की टोपी पहने रखें, जो हमारे भीतर ही है। न भूतकाल की गलतियों का गिल्ट रखें या अफसोस करें, न भविष्य की चिंता करें। स्वयं को कुदरत के हाथों में सौंपकर कहें, 'तुम्हें जो लगे अच्छा वही मेरी इच्छा।'

अध्याय ६

गर्भ पर वातावरण का प्रभाव

ऐपीजेनेटिक और जेनेटिक

कहा जाता है, गर्भ में पल रहा बच्चा कोरे पन्ने समान होता है, उस पर जैसे चाहे संस्कार लिख दो। यानी उसे जैसा चाहे गुण, स्वभाव, वृत्तियाँ, सोच, दे दो। मगर कैसे लिखे जाते हैं ये संस्कार... कैसे आते हैं ये बच्चे में? गायत्री आँटी ने सबको विचारों में खोया देख इसी विषय पर आगे बोलना शुरू किया।

गायत्री- आप सब कभी किसी ऐसी डायरी या कॉपी को खोलकर देखें, जिस पर रोज़ कुछ न कुछ लिखा जा रहा है। डायरी का वह पन्ना जो कोरा है लेकिन जिससे पहलेवाले पन्ने पर कुछ लिखा गया है, उसे ध्यान से देखें। क्या मिलेगा वहाँ पर? क्या वह पूरा कोरा होगा या वहाँ पर लिखावट के कुछ इंप्रेशन होंगे?

विशाल- मेरी आदत है पेन को दबाकर लिखने की इसलिए मेरे हर कॉपी में, खाली पेज पर पहले लिखे गए मैटर का इंप्रेशन होता था।

गायत्री- सही कहा। वहाँ पर उससे पहले लिखे गए पन्ने के इंप्रेशन मिलेंगे। साथ ही हलके-हलके इंप्रेशन उन पन्नों के भी

हो सकते हैं, जो पहले लिखे गए पन्ने से भी पहले लिखे गए हैं। कभी-कभी तो ये इंप्रेशन इतने गहरे होते हैं कि बिना स्याही से लिखे गए भी आप उन्हें आराम से पढ़ सकते हैं। इस तरह से एक लेखक बिना लिखे भी किसी कोरे पन्ने पर कुछ न कुछ लिख देता है, अपने इंप्रेशन डाल देता है। ये इंप्रेशन मिटते नहीं मगर धुँधले ज़रूर हो सकते हैं। जब इन पर कुछ नया लिखा जाए तो ये ना के बराबर रह जाते हैं।

मनीष- हाँ ऐसा ही होता है।

गायत्री- यानी हम दो तरह से लिख सकते हैं। प्रत्यक्ष लिखाई करके और अप्रत्यक्ष यानी इंप्रेशन के असर से लिखाई करके। बस यही फर्क है ऐपीजेनेटिक और जेनेटिक में। शिशु में कुछ प्रोग्रामिंग पास्ट मेमोरी (पूर्व स्मृतियों) से होती है, जो उसके साथ आती हैं। ये पूर्व स्मृतियाँ उसके स्वभाव, गुणों, वृत्तियों को तय करने में अपनी भूमिका निभाती हैं। गर्भ में आने के बाद उसमें दो और तरह से प्रोग्रामिंग फीड होती हैं। पहली- सीधी तरह से जिसे अनुवंशिकता या जेनेटिक प्रोग्रामिंग कहते हैं।

अनुवंशिकता के बारे में तो आपने सुना ही होगा। बच्चे में उसके माता-पिता और पूर्वजों से कुछ बातें या कहिए गुण, जीन्स के ज़रिए आती हैं। यह गुण किसी भी तरह के हो सकते हैं- शारीरिक, मानसिक, भावनात्मक। इन्हीं अनुवंशिक गुणों की वजह से बच्चे की शकल और अकल उसके माता-पिता से या परिवार के किसी अन्य सदस्य से मिलती है। वह अपने परिवार से कुछ खूबियाँ या कुछ खामियाँ जैसे बीमारियाँ भी ग्रहण कर लेता है। मानसिक और भावनात्मक स्थितियाँ भी अनुवंशिकता से ट्रान्सफर हो सकते हैं। अनुवंशिकता समझ लीजिए पन्ने पर सीधा लिखनेवाली लिखाई है।

सलोनी- यह तो सही बात है। सभी कहते हैं मेरी शकल मेरे पापा से और अकल मम्मी से मिलती है।

विशाल- 'काश उलटा हो जाता तो कितना अच्छा होता। शकल मम्मी पर और अकल पापा पर चली जाती तो कितना सुखी होता मैं!' सलोनी ने चहककर बताया तो विशाल धीरे से बुदबुदाया।

सलोनी ने उसे घूरकर देखा तो उसने नज़रें घुमा लीं। सभी थोड़ा हँस पड़े।

मधु- संस्कारों की लिखाई का दूसरा तरीका भी बताइए ना आँटी।

गायत्री - दूसरा तरीका ऐपीजेनेटिक्स कहलाता है। हमारी संस्कृति में आरंभ से

ही यह माना जाता है कि बच्चे पर सिर्फ अनुवंशिकता का नहीं, माता या पिता का ही नहीं बल्कि पूरे वातावरण का प्रभाव पड़ता है। वह जिस परिवार में, जिस समाज में, जिस माहौल में, जिस तरह की विचारधारा के बीच पल रहा है, हर एक चीज़ का असर उस पर होता है। इसे ही आधुनिक विज्ञान में ऐपीजेनेटिक (Epigenetics) कहते हैं यानी वातावरण के प्रभाव को ग्रहण करना।

हमारे पूर्वजों को ऐपीजेनेटिक्स के प्रभाव का ज्ञान पहले से ही था इसलिए तो माता-पिता की शारीरिक, मानसिक, भावनात्मक शुद्धि के साथ-साथ पूरे वातावरण की शुद्धि, विचारों की शुद्धि और पवित्रता का पूरा ध्यान रखने को कहा जाता था क्योंकि उसके आस-पास की सारी चीज़ें उस पर सकारात्मक या नकारात्मक असर डालती हैं। सकारात्मक असर को बढ़ाना और नकारात्मक असर को समाप्त करना, गर्भ संस्कार द्वारा यही प्रयास किए जाते हैं।

बीच में इस पुरानी परंपरा को भुला दिया गया था किंतु अब सभी वापस जागरूकता की ओर आ रहे हैं। अनेकों शोध के बाद अब तो चिकित्सा विज्ञान भी यह स्वीकार कर चुका है कि गर्भ में पलनेवाला शिशु भी उतना ही चेतन होता है, जितना गर्भ से बाहर आ चुका शिशु। उसकी इंद्रियाँ और संवेदनाएँ गर्भ के भीतर ही काम करना शुरू कर चुकी होती हैं। वह बातों को सुन सकता है, महसूस कर सकता है, ग्रहण कर सकता है। दरअसल वह गर्भ के भीतर रहते हुए ही अपनी स्मृतियों में, माता के द्वारा और आस-पास के वातावरण से मिलनेवाली जानकारियों को इकट्ठा करना शुरू कर देता है। उसका डाटा बेस गर्भ में ही तैयार होने लगता है। अभिमन्यु का गर्भ में ही चक्रव्यूह में प्रवेश करने का तरीका सीखना, इस बात का सबसे सटीक उदाहरण है कि गर्भस्थ शिशु जानकारियाँ ग्रहण करता है और उसी से उसके व्यक्तित्व, आचार-विचार, व्यवहार का निर्माण होना शुरू हो जाता है।

मनीष- जी। मैंने भी ऐसे बहुत से आर्टिकल पढ़े हैं, जिनमें बताया गया था कि जो बच्चे अपने गर्भकाल में संगीतमय माहौल में रहते हैं, उन्हें शुरू से ही संगीत की समझ होती है। वे संगीत प्रिय होते हैं। ऐसे ही हिंसात्मक वातावरण में पलनेवाला गर्भस्थ शिशु में हिंसा, डर, क्रोध जैसे विकार जन्मजात आ जाते हैं।

गायत्री- हाँ यह सही बात है क्योंकि पूरा वातावरण उसके व्यक्तित्व को प्रभावित करता है। कभी सोचा है कि एक ही परिवार में रहनेवाले, एक ही गर्भ से पैदा होनेवाले दो बच्चों के आचार-विचार, व्यवहार में फर्क क्यों होता है? क्योंकि

उनके निर्माण में माँ का ही नहीं, वातावरण की अन्य बहुत सी चीज़ों का असर होता है। हो सकता है एक गर्भावस्था में माँ अलग माहौल में रही हो और दूसरे में अलग माहौल में। दोनों गर्भावस्था में वातावरण के प्रभाव से माँ की मनोदशा बदल सकती है, जिसका प्रत्यक्ष-अप्रत्यक्ष प्रभाव गर्भस्थ शिशु पर भी पड़ सकता है।

ज़्यादा दूर क्यों जाना, हमारे प्राचीन ग्रंथ में इसका बहुत अच्छा उदाहरण भक्त प्रह्लाद का है। भक्त प्रह्लाद के बारे में तो आप सभी जानते ही होंगे। उनके पिता हिरण्यकश्यप राक्षस कुल के राजा थे और स्वभाव से भी असुरी वृत्ति के थे। वे विष्णु भगवान के घोर विरोधी थे। एक बार देवताओं ने हिरण्यकश्यप को युद्ध में परास्त कर दिया। वे सभी राक्षसों का खात्मा करना चाहते थे। उस समय हिरण्यकश्यप की पत्नी गर्भवती थी। नारद मुनि ऋषि ने गर्भावस्था के दौरान उनकी रक्षा के लिए उन्हें अपने आश्रम में स्थान दिया। इससे गर्भस्थ शिशु का बाहरी वातावरण पूरी तरह से बदल गया। कहाँ वह राक्षसों और हिंसक प्रवृत्तियों के बीच रहता था और कहाँ अब परम शांति, भक्ति, नारायण-नारायण नाम के उच्चारणों के बीच रहने लगा।

इसी कारण गर्भ से बाहर आकर प्रह्लाद में स्वतः ही नारायण भक्ति के बीज अंकुरित हो गए। यदि उनकी माता का वातावरण न बदला होता तो ऐसा होना संभव नहीं था। हो सकता है उनकी पूर्व स्मृतियाँ भी भक्ति की हों मगर अनुकूल वातावरण पाकर ही वे जागृत हुईं।

मधु- जब गर्भ पर सभी का प्रभाव पड़ता है तो फिर सारी शिक्षाएँ, सारे नियम, कायदे-कानून सिर्फ माँ के लिए ही क्यों बनाए गए हैं, सिर्फ उसे ही क्यों सुनाया जाता है कि यह करो, यह ना करो, यहाँ न जाओ, वहाँ जाओ, ये सुनो, ये मत सुनो...?

गायत्री- इसके तीन कारण हैं। पहला कारण है अज्ञानता। लोग सोचते हैं बच्चे पर सिर्फ माँ का ही असर होता है इसलिए उसे ही हर तरह के नियमों में बँधकर रहने को, सत्संग आदि करने को कहा जाता है।

दूसरा कारण है- खुद सुधरना मुश्किल है क्योंकि उसके लिए बहुत मेहनत करनी पड़ती है इसलिए बाकी परिवार मिलकर सारी ज़िम्मेदारी सिर्फ माँ पर ही डाल देता है।

इसका तीसरा और सही कारण है, यदि गर्भस्थ शिशु कोरा पन्ना है तो माँ उसके ठीक पहलेवाला भरा हुआ पन्ना है। माँ बच्चे के सबसे करीब होती है, बच्चे

पर सबसे ज़्यादा इंप्रेशन उसके ही पड़ते हैं। एक तरह से देखा जाए तो गर्भस्थ शिशु का अवचेतन मन, माँ के अवचेतन से जुड़ा होता है। सिर्फ खान-पान का ही नहीं, वह जो सोचती है, जिस तरह की भावनाओं में रहती है, उसका सीधा प्रभाव बच्चे पर पड़ता है। माँ के बाद दूसरा नंबर आता है पिता का। पिता की संवेदनाएँ, उसकी ऊर्जा भी बच्चे पर पूरा प्रभाव डालती है। इस तरह से आस-पास के हर व्यक्ति का थोड़ा-बहुत असर बच्चे पर ज़रूर पड़ता है।

चूँकि माँ का असर शिशु पर सबसे ज़्यादा पड़ता है इसलिए उसे ही गर्भ संस्कार लेने की ज़िम्मेदारी दी गई है। एक माँ में ही वह शक्ति भी है कि वह अपने आस-पास के वातावरण से आनेवाले नकारात्मक प्रभाव को अपने सकारात्मक मनन द्वारा रोककर बच्चे को प्रभावित होने से रोक सके।

मगर एक बात समझें, यह शक्ति यकायक नहीं मिलती। ऐसा नहीं होता कि एक दिन आपको पता चला आप गर्भवती हैं और उसी दिन आपकी सोच सकारात्मक हो जाएगी, आप चिंताएँ करना छोड़, खुश रहने लगेंगी। ये बातें स्वभाव में पहले से होनी चाहिए। प्यास लगने पर कुआँ खोदने जाना बेवकूफी है। प्यास लगने से बहुत पहले ही पानी का इंतज़ाम करके रखना चाहिए। यानी गर्भाधान से पूर्व ही खुद पर कार्य कर, सकारात्मक, स्वस्थ, खुशहाल जीवनशैली अपना लेनी चाहिए।

सलोनी- देखा, बच्चे पर पूरे वातावरण का प्रभाव पड़ता है इसीलिए मैं यहाँ के बजाय दूसरी अच्छी सोसायटी में रहने को कह रही थी।

वह विशाल को देखते हुए ज़ोर देकर बोली।

विशाल- हाँ मगर तुम्हें कैसे पता वहाँ का वातावरण यहाँ से बेहतर होगा? सबसे ज़्यादा प्रभाव तो माँ का ही पड़ता है न इसलिए पहले खुद को तो बदलो।

विशाल उतनी ही तेज़ी से बोला। गायत्री आँटी उनकी इस नोंक-झोक पर मुस्कुरा उठीं।

गायत्री- इसमें तो कोई दो राय नहीं कि भौतिक वातावरण से ज़्यादा, आंतरिक वातावरण यानी विचार और भावनाओं का असर बच्चे पर ज़्यादा पड़ता है। बाहरी वातावरण से पहले आंतरिक वातावरण की शुद्धि पर ही काम होना चाहिए और यह काम सिर्फ सलोनी को ही नहीं, विशाल तुम्हें भी करना है।

विशाल- जैसा आप कहें आँटी। बताइए हमें आगे क्या करना है?

गायत्री- इसके बारे में कल बात करेंगे। आज घर जाकर इतना करना है कि अपनी भावनाओं, मनःस्थितियों और विचारों का अवलोकन कर, कल्पना करें कि अगर आप 'वह आनेवाला शिशु' होते तो क्या उस वातावरण में रहना पसंद करते?

मनन बिंदु :

- गर्भ में पलनेवाला शिशु उतना ही चेतन होता है, जितना गर्भ से बाहर आ चुका शिशु। उसकी इंद्रियाँ, संवेदनाएँ, गर्भ के भीतर से ही काम करना शुरू कर देती हैं। वह आपकी बातों को सुन सकता है, महसूस कर सकता है इसलिए माता-पिता को आस-पास के वातावरण से सदा सकारात्मक भावों को ही अपनाना चाहिए।
- गर्भस्थ शिशु का अवचेतन मन माँ के अवचेतन से जुड़ा होता है इसलिए माँ का इंप्रेशन उस पर सबसे पहले पड़ता है। यही कारण है कि माँ को गर्भ संस्कार लेने की ज़िम्मेदारी दी गई है, एक माँ में वह शक्ति होती है, जिससे वह आस-पास के वातावरण से आनेवाले नकारात्मक प्रभावों को भी सकारात्मक मनन से रोककर, बच्चे को संस्कारी बना सकती है।

अध्याय ७

माँ की भावना और गर्भ संस्कार

अपने पैटर्न पहचानें

हमारा मन हमेशा दूसरों की चीर-फाड़ में लगा रहता है। 'उसने मुझे ऐसा कहा, वैसा कहा... उसका स्वभाव अच्छा नहीं... दुनिया में सब बुरे लोग हैं... हर तरफ भ्रष्टाचार है...' आदि। सामान्यतः मन को बाहर सब गलत ही होता दिखता है, सबमें कुछ न कुछ कमियाँ नज़र आती हैं। मगर जब वह अपने भीतर ईमानदारी से झाँकता है तो उसे पता चलता है कि वह खुद बुराइयों की खान बना बैठा है।

गायत्री आँटी के कहने पर सलोनी, विशाल, मधु और मनीष आज अपने भीतर ईमानदारी से झाँक रहे थे, अपनी भावनाओं और विचारों का सूक्ष्मता से अवलोकन कर रहे थे। साथ ही उनका इस बात पर भी मनन हो रहा था कि क्या उनकी मानसिक और भावनात्मक अवस्था वाकई ऐसी है, जो होनेवाले शिशु को सर्वश्रेष्ठ वातावरण दे सके, उत्तम गर्भ संस्कार दे सके? मनन में जो बाहर निकलकर आया उससे जुड़े अपने-अपने सवाल लिए, वे वापस गायत्री आँटी के पास आज की क्लास के लिए इकट्ठा हुए। गायत्री आँटी ने आज उन्हें गर्भ पर माँ की भावनाओं के असर के बारे में बताना आरंभ किया।

गायत्री- शिशु को संस्कार देने यानी अच्छी सोच, गुण, वृत्तियाँ, स्वभाव, बुद्धिमत्ता देने की प्रक्रिया, उसके गर्भ में आने के बाद से ही आरंभ की जा सकती है। इसमें सबसे महत्वपूर्ण भूमिका गर्भवती माँ की होती है। माँ की भावनाएँ, उसका चिंतन यानी विचार ही बच्चे की सबसे ज़्यादा प्रोग्रामिंग करता है। सीधे शब्दों में कहें तो बच्चा माँ की भावनाओं की परछाईं बन संसार में आता है। जैसे एक ईंट को पकाने से पहले उस पर ठप्पे से आकृतियाँ या कोई नाम डाल दिया जाता है, फिर ईंट के भट्टी में पकने पर वह उस पर हमेशा के लिए अंकित हो जाता है। ठीक वैसे ही माँ की भावनाएँ भी संस्कार बन, बच्चे के अंतर्मन में हमेशा के लिए छप जाती हैं, जो गर्भ से बाहर आकर भी उसके साथ स्थाई रूप से रहती हैं। इसी कारण भावनाओं की चौकसी और करेक्शन सबसे ज़्यादा ज़रूरी काम है, जो गर्भकाल में करना है।

यह तो आपने देखा ही होगा जब भी कोई स्त्री गर्भवती होती है तब घर के बड़े बुज़ुर्ग, नाते-रिश्तेदार सब उसे सलाह देने लगते हैं कि 'हमेशा खुश रहो, बुरी बातें मत सोचो, खान-पान का ध्यान रखो, मन में हमेशा शुभ विचार रखो, रामायण, गीता, कुराण, बाइबिल आदि धार्मिक ग्रंथ पढ़ो, सत्संग करो।' इसका कारण यह है कि एक स्त्री अपनी इंद्रियों से जो भी ग्रहण करती है, उसका असर उसके शरीर पर पड़ता है।

वह जिस तरह का खाना खाएगी, उसका वैसा ही असर उसके स्वास्थ्य पर पड़ेगा। वह जैसी बातें सुनेगी, जैसे दृश्य देखेगी, जैसे अनुभव ग्रहण करेगी वे सभी उसके मन, बुद्धि और शरीर पर अपना प्रभाव डालेंगे। यदि वह गर्भवती है तो उसके शिशु पर भी उसके द्वारा ग्रहण की हुई चीज़ों का उतना ही प्रभाव पड़ेगा। अर्थात जो आप अपने शरीर रूपी पन्ने पर लिखेंगे, उसी का इंप्रेशन आपके भीतर पलनेवाले शिशु रूपी पन्ने पर दर्ज़ हो जाएगा। गर्भ में पड़े संस्कार बच्चे के व्यक्तित्व का अमिट हिस्सा बन जाते हैं।

गर्भवती स्त्री को जो भी कार्य करने को कहे जाते हैं, उन सभी में जो भौतिक रूप से हो सकनेवाले कार्य हैं, वह कर लेती है। जैसे खाने-पीने का ध्यान रखना, धार्मिक ग्रंथ पढ़ना, सत्संग सुनना आदि। मगर विचार और भावनाओं पर तो कोई ज़ोर नहीं चल सकता। उन्हें आप ज़बरन अच्छे बच्चे बनाकर बैठा नहीं सकते, वे तो अपनी कलाबाज़ियाँ जारी रखते हैं।

जैसे सत्संग में भी गर्भवती स्त्री के मन में किसी रिश्तेदार को लेकर बुराई

चल सकती है, उसे कुछ पूर्व की बुरी घटना याद आ सकती है। जब इंसान ज़बरन अच्छा चिंतन करने की कोशिश करता है तो उसके भीतर की नकारात्मकता और ज़ोर से बाहर आती है। इसीलिए ध्यान-भक्ति करते हुए भीतर छिपी नकारात्मकता सबसे ज़्यादा बाहर आती है। दरअसल हमारी भावनाएँ और विचार तभी बदलते हैं, जब हमें सही समझ मिले। किसी के कहने मात्र से इन्हें नहीं बदला जा सकता। समझ के साथ कोई भी कार्य करना आसान हो जाता है।

विशाल- मगर किस बात की समझ आँटी? क्या वह एक ही समझ है, जिसके मिलने पर हमारी भावनाएँ और विचार पूरी तरह से बदल जाते हैं, शुद्ध हो जाते हैं?

गायत्री- मूल समझ तो एक ही है, जो है स्वयं की पहचान। मैं कौन हूँ, यह जानते ही बाकी सारी समस्याएँ, नासमझियाँ विलीन हो जाती हैं। मगर हम इस पर अभी बात नहीं करेंगे, आगे कभी करेंगे। अभी आप मुझे ये बताएँ कि कल जो आपको टास्क दिया था, अपनी भावनाओं की जाँच-पड़ताल करने का, वह आपने किया? अगर किया तो ऐसा क्या निकला जो आपको लगता है, आपके आनेवाले बच्चे पर गलत प्रभाव डाल सकता है?

विशाल- आँटी मुझे दूसरों के गलत व्यवहार पर, दूसरों की लापरवाहियों पर बहुत जल्दी गुस्सा आ जाता है। मुझे लगता है दूसरे लोग ऐसी बेवकूफियाँ कैसे कर सकते हैं? मैं अपनी कंपनी में मैनेजर हूँ, मुझे अपने अधिनस्थ किसी भी कर्मचारी का गलत रवैया बरदाश्त ही नहीं होता। ऑफिस तो क्या बाहर भी मैं सबसे समझदारीभरे रवैये की उम्मीद करता हूँ, जो ना मिलने पर मुझे बहुत गुस्सा आ जाता है।

सलोनी- ऐसी बात नहीं है आँटी, इन्हें तो बहाना चाहिए गुस्सा होने का, बड़बड़ाने का, चाहे सामनेवाला कितनी भी समझदारी दिखाए, ये कोई ना कोई कमी निकाल ही लेते हैं। मुझे तो लगता है ये हमारे बच्चे को ज़रा-ज़रा सी गलतियों पर डाँटना-फटकारना शुरू कर देंगे... क्या होगा उस बेचारे का...? सलोनी ने शिकायत की तो विशाल ने उसे घूरकर देखा मगर आँटी को मुस्कुराता देख कुछ नहीं बोला।

गायत्री- यानी तुम्हारा क्रोध और परफेक्शनिस्ट का पैटर्न है। तुम्हारे हिसाब से, तुम्हारे समय पर यदि काम ना हों तो तुम्हें उलझन होती है। सलोनी तुम बताओ, तुम्हें क्या लगा?

सलोनी- मुझे लगता है, जैसे मेरे पास संसाधनों की कमी है। उस कमी में शायद मैं बच्चे का अच्छे से खयाल नहीं रख पाऊँगी। मुझे बच्चे के भविष्य के लिए अभी से असुरक्षा महसूस होती है कि क्या हम उसे अच्छा घर, अच्छी शिक्षा, अच्छी परवरिश दे पाएँगे?

विशाल- और इसलिए ये मुझ पर बहुत प्रेशर डालती रहती है, कभी नौकरी बदलने का, कभी घर बदलने का। अब आप ही इसे समझाइए कि आज के समय में क्या नौकरी बदलना आसान है? यही नौकरी चलती रहे, उसके लिए भी इतनी मारामारी करनी पड़ रही है मगर इसे तो कुछ समझ ही नहीं आता। इस बार विशाल ने सलोनी की शिकायत की।

सलोनी- दरअसल आँटी मेरा बचपन बहुत अभाव में बीता है। हम पाँच भाई-बहन थे, जो दो कमरों के छोटे से घर में रहते थे। माता-पिता ने हमारी मूल ज़रूरतें तो जैसे-तैसे पूरी कीं लेकिन हमारी इच्छाओं के लिए हमें हमेशा तरसाकर रखा। इस बात का अफसोस मुझे आज तक है कि मेरा बचपन अच्छा नहीं बीता। जब साधन नहीं थे तो क्या ज़रूरत थी, इतने बच्चे पैदा करने की? मैं नहीं चाहती कि हमारे बच्चे को भी ऐसा अफसोस रहे। इसलिए मैं उसे संसाधनों से भरपूर सुखी बचपन देना चाहती हूँ।

गायत्री- ठीक है सलोनी, तुम्हें कमी महसूस करने का और असुरक्षा का पैटर्न है। इस बारे में हम अभी बात करेंगे। मधु तुम बताओ तुम्हारी क्या ऑब्जर्वेशन रही अपनी भावनाओं के बारे में?

मधु- आँटी मेरी सबसे बड़ी समस्या यह है कि मैं कभी खुश नहीं रह पाती। मेरे दिमाग में पुरानी-पुरानी बातें घूमती रहती हैं। अगर मुझे कभी किसी ने कुछ बुरा कहा, मेरे साथ बुरा व्यवहार किया या मुझे नज़रअंदाज़ किया तो उनका व्यवहार मैं भूल नहीं पाती। जब भी अकेले बैठती हूँ तो मुझे वे सब बातें याद आती हैं।

गायत्री- इसका अर्थ तुम लोगों को आसानी से माफ नहीं कर पाती, घटनाओं को 'लेट गो' नहीं कर पाती। वे मन में जमी रहती हैं।

मधु- जी आँटी। अभी गर्भावस्था के आरंभिक दिनों में मुझे बहुत मितली, जी मिचलाना, खाने से महक आना जैसी समस्याएँ रहीं। मैं न खाना बना पाती थी, न ही कुछ खाने का मन करता था। यहाँ पास में ही हमारे रिश्तेदार रहते हैं। मेरी उनसे बड़ी अपेक्षाएँ थीं कि इस कठिन समय में वे मेरा सहयोग करें, मेरा ध्यान रखें मगर

उन्होंने तो मेरी ओर झाँका तक नहीं। एक बार जब उन्हें ज़रूरत थी तो हमने उनकी बड़ी मदद की थी, हर तरह से खयाल रखा था। मगर मेरी बारी में उन्होंने ज़रा भी परवाह नहीं की। अब वे मुझे कहीं मिलते हैं तो मेरा उनसे बात करने का भी मन नहीं करता, उनकी शकल देखने का मन नहीं करता... मुझे नहीं लगता कि मैं उन्हें कभी माफ कर पाऊँगी।

मनीष- बाहरवालों की तो बात ही क्या आँटी, यह तो मुझे भी माफ नहीं कर पाती। अगर कुछ कहा-सुनी हो जाती है तो पूरा हफ्ता बात किए बिना गुज़ार देती है, इसे मनाने में मेरी हालत खराब हो जाती है।

गायत्री- कोई बात नहीं। बहुत जल्दी मधु को ऐसी समझ मिल जाएगी कि उसका यह व्यवहार बदल जाएगा। तुम बताओ मनीष, तुमने अपने अंदर झाँककर ऐसा क्या देखा जो तुम्हें लगता है बच्चे के लिए सही नहीं होगा।

मनीष- मुझे किसी भी तरह की बदलाहट जल्दी से स्वीकार नहीं होती है। जैसा कि हमने बताया भी था, मुझे इस गर्भ को स्वीकार करने में भी बहुत समय लगा था। बहुत नकारात्मकता आई थी। जीवन में कुछ भी बड़ा परिवर्तन हो तो मुझे लगता है, मैं कैसे सँभालूँगा, मेरे जीवन में हलचल हो जाएगी...। दरअसल मुझे अपने कंफर्ट झोन में रहना पसंद है। अब ऐसे में जब बच्चा आएगा तो उसके साथ सौ तरह के बदलाव आएँगे। मुझे यही डर है कि अपनी इस आदत के कारण मैं बच्चे को कोई कष्ट न दे बैठूँ।

गायत्री- कष्ट नहीं होगा। आपमें से किसी को भी कोई कष्ट नहीं होगा क्योंकि आप सभी ने अपनी कमियाँ देख ली। जब हम अपनी कमियाँ देखने लगते हैं तो हम उन्हें दूर करने की दिशा में कदम बढ़ाते हैं। कदम बढ़ाते हैं तभी उन्हें दूर कर पाते हैं। कमियाँ देखकर समझ लो आपने आधी जंग जीत ली, बाकी आधी समझ मिलने के साथ-साथ जीत लेंगे।

गायत्री आँटी की बातों से सबके चेहरे खिल उठे। आनेवाले बच्चे के कारण उन्हें भी बहुत कुछ अच्छा सीखने को मिल रहा था, जिस कारण वे बहुत उत्साहित थे।

गायत्री- तो समझ ग्रहण करने की शुरुआत करते हैं, इंसान के तीन मूल गुणों को जानने से। क्या आपमें से किसी ने सत्व, रज्, तम के बारे में कुछ सुना है?

गायत्री आँटी की बात सुनकर सभी एक-दूसरे का मुँह ताकने लगे। ये तीनों गुण उन सभी में मौज़ूद थे मगर इसकी उन्हें खबर नहीं थी। तभी मधु कुछ याद करते हुए बोली।

मधु- गर्भावस्था शुरू होने पर मेरी सासू माँ ने मुझे गीता पढ़ने को कहा था। उसके किसी अध्याय में इन शब्दों की कुछ बात आई थी मगर मुझे ज़्यादा कुछ समझ नहीं आया।

गायत्री- देखो! मैं यही बात कर रही थी। गर्भवती स्त्री को घरवाले जो बोल देते हैं, वह भौतिक तौर पर किसी कर्मकांड की तरह कर लेती है मगर जब तक उससे जुड़ी समझ अंदर न जाए तब तक उसका कोई फायदा नहीं। यदि तुमने गीता जैसे ग्रंथ को समझ से पढ़ा होता तो तुम्हारे भीतर कोई सवाल या पैटर्न रहने ही नहीं चाहिए थे। मगर उसे वैसा नहीं पढ़ा, जैसा पढ़ना चाहिए था। उसके भीतर छिपी समझ ग्रहण नहीं की, इस कारण उसका कोई असर नहीं हुआ। बिना समझ के सब ग्रंथ, सब सत्संग बेअसर हैं। बिना मनन के हीरे भी कोयले हैं।

कोई बात नहीं जो हुआ सो हुआ, अब हम सबसे पहले इंसान के इन तीन गुणों को समझेंगे। इन्हें समझते ही आपका दूसरे लोगों को देखने का नज़रिया ही बदल जाएगा।

मनन बिंदु :

- माँ की भावनाएँ संस्कार बन बच्चे के अंतर्मन में हमेशा के लिए छप जाती हैं, जो गर्भ से बाहर आकर भी उसके साथ स्थाई रूप से रहती हैं। इसलिए गर्भ धारण करते ही स्त्रियों को खान-पान का ध्यान रखना, शुभ विचार रखना, धार्मिक ग्रंथ पढ़ने को कहा जाता है।
- यदि कोई धार्मिक ग्रंथ बिना समझ के पढ़े तो वह बिना 'मनन के हीरे भी कोयले समान' जैसी बात होगी। इसलिए जो भी ग्रंथ पढ़ें, उसे पूरी समझ, ज्ञान और श्रद्धा के साथ पढ़ें।

अध्याय ८

मूल स्वभाव की समझ

तीनों गुणों के पार

हमारे साथ कितनी बार ऐसा होता है कि सामने किसी दूसरे इंसान का व्यवहार देखकर हमें लगता है, 'अरे यह ऐसे कैसे कर सकता है? इतना नासमझ कैसे हो सकता है? मैं इसकी जगह होता तो यह करता, वह करता... ।'

जैसे ऑफिस में एक कर्मचारी का खूब सारा काम पेंडिंग पड़ा है मगर वह आराम से बैठकर गप्पे मार रहा है। बाहर लोगों की कतारें लगी हुई हैं मगर उसे फर्क नहीं पड़ रहा। ऐसे में एक कर्मठ इंसान उसे देख भुनभुना उठेगा, 'लोग ऐसा कैसे कर सकते हैं, इतने लापरवाह कैसे हो जाते हैं?' वहीं आलसी इंसान कर्मठ लोगों को देखकर बोलता है, 'क्या ज़रूरत है कोल्हू के बैल की तरह हर वक्त काम में लगे रहने की? सैलरी तो टाइम से मिल ही जाएगी न...।'

हर इंसान के मन में दूसरों के लिए ऐसे बहुत से सवाल आते रहते हैं, जिनके जवाब कभी उसे मिलते हैं, कभी नहीं मिलते।

किसी इंसान के अंदर ऐसी कौन सी प्रोग्रामिंग है, कौन सी

प्रकृति है, जो उससे एक विशेष प्रकार का व्यवहार कराती है? उसकी सोच को काबू करके रखती है? वह चाहकर भी उससे अलग नहीं कर पाता? उसकी वही प्रकृति उसका कंफर्ट झोन बन जाती है, जिससे वह बाहर नहीं निकल पाता, भले ही उसे कितने दुःख आएँ, कितनी भी तकलीफें हों। गायत्री आँटी आगे इसी प्रोग्रामिंग के बारे में बात करने जा रही हैं, जिसे जानना-समझना सभी के लिए ज़रूरी है ताकि वे खुद को समझ सकें, दूसरों को समझ सकें और आनेवाले बच्चे को भी समझ सकें।

इंसान की इस प्रकृति को गीता में 'त्रिगुणी प्रकृति' कहा गया है यानी 'तीन गुणोंवाली प्रकृति'। हर इंसान का व्यवहार, विचार, बुद्धि, भावना, खान-पान सब यही तय करती है। सब सुनने को उत्सुक थे, इंसान की इस कुदरतन प्रोग्रामिंग के बारे में।

गायत्री- कोई इंसान दूसरों की इच्छा अनुरूप व्यवहार नहीं कर सकता, वह वैसा ही व्यवहार करता है, जैसा उसका स्वभाव या प्रकृति होती है। वह प्रकृति जो कुदरत निर्धारित करती है। इसे त्रिगुणी प्रकृति कहते हैं क्योंकि यह तीन गुणों से मिलकर बनती है। ये तीन गुण हैं- सत्वगुण, रजोगुण, तमोगुण। हर इंसान में इन तीनों गुणों का कम या ज़्यादा मात्रा में समावेश होता है यानी अलग-अलग अनुपात में तीनों ही गुण हर किसी में मौज़ूद रहते हैं।

ज़्यादातर शरीरों में कोई एक गुण अधिकता में होता है, बाकी दो गुण गौण रहते हैं। जिस इंसान में जो गुण अधिकता में है, वह इंसान उसी गुणों से प्रभावित होकर कार्य करता है। वही गुण उसकी सोच, बुद्धि, भावना... सभी पर हावी रहता है। पहले हम इन तीनों गुणों को संक्षिप्त में समझ लेते हैं, फिर इस पर आगे बात करेंगे। इन गुणों की विशेषता समझकर आपको अपनी प्रकृति का भी पता चल जाएगा कि आप जैसे हैं, वैसे क्यों हैं?

पहले बात करते हैं- तमोगुण पर। तमोगुण का मूल स्वभाव इसके नाम में ही छिपा है। तम का मतलब होता है अंधेरा। अंधेरा अज्ञान, दुःख, प्रमाद का भी प्रतीक है। तमोगुण की अधिकतावाले इंसान में प्रमाद (मद, अहंकार) सुस्ती, ज़्यादा नींद, काम ना करने की, टालने की प्रवृत्ति जैसी आदतें रहती हैं। मूल रूप से तमोगुणी लोग चाहते हैं, उनके शरीर को कुछ कष्ट न उठाना पड़े। इसलिए वे अपना काम टालते रहते हैं, भले ही उन्हें कितने बहाने बनाने पड़ें, कितना नुकसान झेलना पड़े। तमोगुण की वजह से इंसान सही निर्णय नहीं ले पाता।

मनीष, विशाल तुम लोगों ने ऑफिस में देखा ही होगा कुछ लोग काम से बचने के लिए कभी अपनी बीमारी का, कभी परिवार के किसी सदस्य की किसी तकलीफ का बहाना बनाकर ऑफिस लेट पहुँचते हैं या खूब छुट्टी मारते हैं। ऐसा उनसे तमोगुण ही कराता है। तमोगुण को खाना भी तला, भुना, बासी पसंद आता है, जिससे उसकी सुस्ती कायम रहे। उसके विचारों में भी सुस्ती ही रहती है, फलतः कल्पनाशीलता, रचनात्मकता सभी पर तमोगुण छा जाता है।

अब हम बाकी दोनों गुणों को समझेंगे। फिर आप बताना, आपका कौन सा गुण प्रधान है और आप पर कौन सा गुण कब हावी होता है?

गायत्री आँटी जब तमोगुण पर चर्चा कर रही थीं तब विशाल बहुत बेचैन था। वह अपना एक पैर लगातार हिला रहा था। उसके हाथ बार-बार मोबाइल की तरफ जा रहे थे। उसके हाव-भाव से लग रहा था कि उसके दिमाग में कुछ विचार चल रहे हैं। उसकी बेचैनी देख गायत्री आँटी समझ गईं कि विशाल एक रजोगुणी इंसान है, जिसके लिए शांति और धैर्य से बैठना मुश्किल काम है।

गायत्री- विशाल तुमको क्या लगता है तुम्हारी क्या प्रकृति है? तुम्हारा कौन सा गुण प्रबल है?

विशाल- आँटी मैं तो संतुलित इंसान हूँ। वैसा ही हूँ जैसा होना चाहिए। किसी गुण की अधिकता नहीं है।

गायत्री- ठीक है। अब हम रजोगुण के बारे में जानेंगे। इंसान के शरीर में जो क्रियाशीलता होती है, वह उसके रजोगुण के कारण होती है। रजोगुण ही इंसान में इच्छाएँ, कामनाएँ जगाता है, फिर उसे उनके पीछे दौड़ाता है। हर किसी में थोड़ा-बहुत रजोगुण होता है, होना भी चाहिए लेकिन जिन शरीरों में रजोगुण अधिक मात्रा में होता है, वे शांति से बैठ ही नहीं पाते। उनका मूल मंत्र होता है 'वॉट नेक्स्ट?' या 'अब क्या करूँ?' एक काम पूरा हुआ नहीं कि उनका मन उन्हें दूसरे काम को पूरा करने में लगा देता है।

रजोगुणी लोग महत्वाकांक्षी और अधिक क्रियाशील होते हैं। इनका दिमाग इनके शरीर को आराम करने नहीं देता। वह लगातार चलता रहता है। इसलिए इन्हें नींद भी कम आती है।

ऐसे लोगों को दूसरे लोगों का भी खाली बैठना बरदाश्त नहीं होता। वे अपने

आस–पासवालों को भी दौड़ाते रहते हैं। रजोगुणी बॉस के अधीन काम करनेवाले कर्मचारी बहुत परेशान रहते हैं।

गायत्री आँटी ने हँसते हुए कहा तो विशाल सकपका गया। उसे लगा ये तो मेरे ही बारे में बात कर रही हैं। ये सब तो मेरी विशेषता है लेकिन ये ऐसे बता रही हैं, जैसे मेरी कमियाँ हों। ये भी सही बात है कि मेरे अधीनस्थ काम करनेवाले लोग मेरे कामकाज के तरीके से परेशान होकर कहते हैं, 'बॉस तो साँस ही नहीं लेने देते... मगर काम तो ऐसे ही होने चाहिए ना तभी तो टारगेट पूरे होंगे, प्रोग्रेस होगी...।' इधर विशाल सोच रहा था, उधर गायत्री आँटी आगे बता रही थीं।

सलोनी– आँटी ये तो आपने सारी इनकी खूबियाँ बता दीं। ये ना खुद चैन से बैठते हैं, ना किसी को चैन से बैठा देख सकते हैं। हमारे बीच ज़्यादातर लड़ाई इसी बात को लेकर होती है। घर पर आकर भी ऑफिस का काम करते रहते हैं। सोचते हैं जो काम कल करना है, उसे आज ही निपटाकर सोऊँ ताकि कल बचे समय में कोई और पेंडिंग एक्टिविटी खत्म हो सके।

गायत्री– हाँ रजोगुणी ऐसे ही सोचते हैं। परसों करे सो आज कर, आज करे सो तुरंत। वहीं तमोगुणी सोचता है आज करे सो कल कर, कल करे सो परसों, इतनी जल्दी क्या है भैया, जब जीना है बरसों। सुनकर सब हँसने लगे।

विशाल– तो उसमें बुरा ही क्या है? सच कहूँ तो ये दुनिया रजोगुणी लोगों के बल पर ही चल रही है। तमोगुणी तो इसे कब का डुबो देते। कहते हुए उसने व्यंगात्मक नज़र से मनीष की ओर देखा।

गायत्री– देखो विशाल बात दुनिया चलाने की नहीं है, संतुलित जीवन की है। यह भी रजोगुणी की खासियत है कि वह खुद को कर्ता मानकर कर्तापन के अहंकार में डूबा रहता है। वह ऐसा ही सोचता है कि अगर मैं यह काम न नहीं करूँगा तो यह होगा ही नहीं, दुनिया रुक जाएगी... मगर ऐसा कभी नहीं होता। आज अगर तुम ये नौकरी छोड़कर दूसरी कर लो तो भी ये कंपनी बंद नहीं होगी, काम चलता रहेगा... । मगर अपनी इसी सोच के कारण रजोगुणी संतुलित जीवन जीना भूल, अतिरिक्त ज़िम्मेदारियाँ ढोता रहता है, जिससे उसका शरीर, मन सभी समय से पहले थकते हैं। वह तनाव, अनिद्रा, क्रोध, चिड़चिड़ापन, हाइपरटेंशन जैसी बीमारियों का शिकार हो जाता है।

सुनकर विशाल चुप हो गया।

गायत्री- अब बारी आती है सत्वगुण की। सत्वगुण रज और तम से बेहतर गुण है। जैसा कि इसके नाम से ही ज़ाहिर है इसमें शांति, निर्मलता, सद्‌बुद्धि, अच्छा चरित्र, अच्छा आचरण, सेवा, करुणा जैसे सद्‌गुण सम्मिलित हैं। सत्वगुण की प्रबलतावाला इंसान किसी काम को करने में आलस नहीं करता है, न ही हड़बड़ी करता है। वह हर काम समय से और सही तरीके से करता है। वह सिर्फ अपने बारे में नहीं सोचता, दूसरों के बारे में भी सोचता है और अपने अच्छे कर्मों के प्रति जागरूक रहता है।

ऐसे लोग समय से सोते हैं, समय से जागते हैं, सात्विक खाना खाते हैं। धर्म, ज्ञान, अध्यात्म जैसी सात्विक किताबें पढ़ते हैं। सात्विक चिंतन-मनन करते हैं, सत्‌संग आदि में जाते हैं। वे अच्छे समूहों से जुड़ते हैं। विकारों को अपने ऊपर हावी नहीं होने देते। इनके आस-पास के लोग इनकी अच्छी सोच और अच्छे कर्मों के कारण इन्हें बड़ी सम्मानित दृष्टि से देखते हैं। ये समाज में खूब प्रशंसा पाते हैं।

मधु- आँटी, ये तो आप सब मेरे पिताजी की विशेषताएँ बता रही हैं। वे बिलकुल ऐसे ही हैं। उन्होंने अपना जीवन ऐसे ही जीया। वे अपने स्वास्थ्य और खाने-पीने का भी पूरा ध्यान रखते हैं। किसी चीज़ में ज़रा भी लालच या लालसा नहीं। बताते हुए मधु का चेहरा गर्वित हो रहा था।

मनीष- तो क्या सत्वगुणी में कोई कमी नहीं होती?

गायत्री- होती है, ज़रूर होती है। वह सत्वगुण के कारण सुख-संतुष्टि और शांति से भरा जीवन जीता है, प्रशंसा पाता है लेकिन समस्या यह हो जाती है कि उसे इसकी आदत हो जाती है। दूसरों से तारीफें पाकर वह स्वयं को परफेक्ट मानने लगता है। उसे अपने ज्ञान का, अपनी अच्छाई का, मान प्रतिष्ठा का अहंकार होने लगता है।

सलोनी- जब हर गुण में कुछ न कुछ कमी है तो फिर सही अवस्था कौन सी है, क्या बना जाए और कैसे? यह जानने के लिए सभी उत्सुक थे और गायत्री आँटी की ओर देख रहे थे।

गायत्री- सफल जीवन की चाभी है तीनों गुणों (सत्, रज, तम) का सही संतुलन। अगर आपकी संतान में ये तीनों गुण शुरू से ही सही संतुलन में होंगे तो उसका जीवन सहज, सरल और सफल होगा। लेकिन वह ऐसा तभी बनेगा जब उसके माता-पिता भी संतुलित गुणोंवाला जीवन जीते होंगे। इसीलिए संतान के आने

से पहले आपको अपने जीवन में संतुलन स्थापित करना है ताकि उसका प्रभाव संतान पर गर्भ में ही पड़ना शुरू हो जाए।

अब आपको अपने गुण पहचानकर उन्हें संतुलन में लाना है और धीरे-धीरे ऐसी अवस्था पर पहुँचना है, जहाँ आप इन सभी गुणों के लाभ ले सकें और इनसे होनेवाली हानियों से बच सकें।

मनीष- तो इसके लिए क्या किया जाए?

गायत्री- इसका सबसे आसान तरीका है, आप सब अपने २४ घंटे का रूटीन देखिए कि आप कितना सोते हैं, कितना आराम करते हैं, कितना काम करते हैं, जो काम करते हैं, वह वाकई करने योग्य है या महज़ टाइम पास। जो काम करते हैं, वह किस भावना से करते हैं... कितनी देर निरर्थक विचारों में उलझते हैं या दूसरों की बुराइयाँ करते हैं... कितना समय मनोरंजन (टी.वी., मोबाइल, इंटरनेट) में वेस्ट होता है... आदि।

इस तरह से अपनी दिनभर की गतिविधियों की सूची बनाएँ और देखें, आपकी दिनचर्या में किस तरह की गतिविधियों की अधिकता है और वे किस गुण से प्रेरित हैं? मान लीजिए, आप ज़रूरत से ज़्यादा सो रहे हैं, आराम तलबी में काम को टाल रहे हैं या काम के वक्त भी आपका मन आलस्य में जा रहा है, मनोरंजन में, टी.वी., मोबाइल में अपना समय नष्ट कर रहा है तो ये सभी काम तमोगुण की अधिकता के कारण हो रहे हैं। आपको इस पर कार्य करना है।

विशाल- और मेरे जैसे रजोगुणी को क्या करना चाहिए?

गायत्री- रजोगुण की अधिकतावाले इंसान की सबसे बड़ी कमी पता है क्या होती है? वह यह सोचने लगता है कि अगर वह नहीं करेगा तो दुनिया का कोई काम नहीं होगा या यह दुनिया रुक जाएगी।

जबकि ऐसा नहीं है, सारे काम अपने समय पर पूर्ण होते हैं। इन बातों की समझ पाने के लिए तुम्हें काम के बीच-बीच में कुछ क्षणों का मौन रखना होगा। रोज़ कुछ मिनटों के लिए ध्यान में बैठना होगा और एक तय समय पर खुद को काम से अलग कर लेना होगा।

इसके अलावा दूसरों पर भरोसा रखना भी सीखना है। रजोगुणी लोग दूसरों पर जल्दी भरोसा नहीं रख पाते। उन्हें लगता है कहीं वे ढंग से ना करें, कहीं समय से

पूरा न करें इसलिए वे दूसरों के काम भी स्वयं निपटा देते हैं। जो महिलाएँ रजोगुणी होती हैं वे घर में किसी और को कोई ज़िम्मेदारी दे ही नहीं पाती, खुद ही सुबह से रात तक पिसती हैं और फिर शिकायत भी करती हैं। इस आदत पर रोक लगाने के लिए सबको ज़िम्मेदारी में भागीदारी देते हुए, अपने आराम का भी ध्यान रखना है।

ऐसी भावना रखनी है कि 'ईश्वर मुझसे यह काम करवा रहा है, इस काम से संसार को यह-यह लाभ होगा, किसी का भला होगा, यह काम लोगों के विकास की सीढ़ी बनेगा...' आदि। यदि आप अपने सभी कार्य ऐसे निःस्वार्थ भावना से, सेवा भाव से करने लगेंगे तो आपका रजोगुण संतुलित होगा, सत्वगुण बढ़ेगा, साथ ही काम की गुणवत्ता भी बढ़ेगी। सत्वगुणी को यह ध्यान रखना है कि कभी भी अपनी अच्छाई का, सेवा कार्यों, पूजा-भक्ति आदि का अहंकार न आए।

मनीष- आँटी मैं समझ गया हूँ मुझे क्या करना है। आराम का, मनोरंजन का सभी का समय निर्धारित करना है। काम को टालने की प्रवृत्ति पर काम करना है।

विशाल- मैं भी आपकी बताई बातों पर अमल करना शुरू करूँगा और अपने रजोगुण को कंट्रोल कर तीनों गुणों में बैलेंस बनाने की कोशिश करूँगा।

गायत्री- वाह। अच्छी बात है आप सभी ने इंसानी शरीर की प्रकृति को निर्धारित करनेवाले गुणों को और उनके असर को समझा। आप इन पर कार्य कीजिए और अपने अनुभव एक-दूसरे के साथ शेयर कीजिए। कल एक और महत्वपूर्ण विषय को समझेंगे, जिसे यदि जीवन में ढाल लिया तो आपके लिए आनेवाला जीवन बेहद आसान हो जाएगा।

मनन बिंदु :

- मनन कर जानें कि आपका २४ घंटे का रूटीन कैसा है? आप कितना समय काम को, कितना मनोरंजन को देते हैं और कितना आलस्य में रहते हैं? क्या आप किसी दूसरे के लिए निःस्वार्थ भाव से सेवा कार्य दे पाते हैं? ईश्वर से किसी के लिए निःस्वार्थ प्रार्थना करते हैं?
- इंसान की प्रकृति तीन गुणोंवाली होती है। हर इंसान का व्यवहार, विचार, बुद्धि, भावना, खान-पान सब यही तय करती है। हमारा उद्देश्य हो कि हम अपने मूल गुण को पहचान पाएँ। अच्छा गुण अनुपात में ज़्यादा बढ़े और बुरा गुण न्यूनतम हो।
- जीवन सुखी, स्वस्थ, समृद्ध, रचनात्मक हो इसके लिए ज़रूरी है हर गुण संतुलन में हो। संतुलन का अर्थ है जितना जरूरी है, उतना चाहिए, न उससे ज़्यादा, न उससे कम।

अध्याय ९

परिस्थितियों का सच देखने की कला

मदद न करना भी मदद है

सुबह के दस बज रहे थे। आज शाम को गायत्री आँटी की गर्भ संस्कार क्लास नहीं होनेवाली थी। मधु और मनीष की शादी की सालगिरह थी शाम को उसी की छोटी सी पार्टी थी।

गायत्री आँटी सोच ही रही थीं कि उनके लिए ऐसा क्या गिफ्ट लिया जाए जो सार्थक भी हो और आकर्षक भी, तभी उनके फोन की रिंग बजी। मनीष का फोन था।

मनीष- हैलो, नमस्ते आँटी। अगर व्यस्त न हों तो २ मिनट बात कर सकता हूँ?

गायत्री- हाँ मनीष, बोलिए क्या बात है?

मनीष- आँटी एक समस्या आन खड़ी हो गई है, जिसे सिर्फ आप ही सुलझा सकती हैं। मधु को आप पर भरोसा है, वह आपको मानती है, फालतू की ज़िद पर अड़ी हुई है अब आप ही उसे समझा सकती हैं।

गायत्री- अरे क्या हुआ, ऐसी क्या बात हो गई? आज तो तुम्हारी शादी की सालगिरह है, आज भी कुछ लड़ाई हो गई क्या दोनों में?

मनीष- लड़ाई तो नहीं मगर एक बात पर मतभेद अवश्य चल रहा है। आप तो जानती ही हैं, शाम को एक छोटी सी गेट टुगेदर पार्टी रखी है। ज़्यादा लोग नहीं बुलाए, सिर्फ कुछ करीबी लोग हैं।

गायत्री- हाँ तो?

मनीष- आपको याद हो एक बार मधु ने आपको हमारे इसी शहर में रहनेवाले रिश्तेदार के बारे में बताया था कि वह उनसे नाराज़ है क्योंकि मधु की प्रेग्नेंसी के शुरुआती दिनों में उन्होंने उसकी कोई मदद नहीं की। हुआ यूँ कि सुबह उन्होंने हमें बधाई देने के लिए फोन किया था। फोन मैंने रिसीव किया। बधाई लेने के बाद मैंने उन्हें शाम की पार्टी में इनवाइट कर लिया। वे यहाँ पर हमारे इकलौते रिश्तेदार हैं। मेरा मन नहीं माना कि मैं उनको ना बुलाऊँ।

गायत्री- हाँ तो इसमें समस्या क्या है?

मनीष- मधु अब इसी बात पर नाराज़ बैठी हुई है कि मैंने उनको क्यों इनवाइट किया? उसका कहना है कि अगर वे आएँगे तो वह पार्टी में नहीं रहेगी। अब आप ही बताइए मैं क्या करूँ, किस मुँह से उनको मना करूँ? आप मेरी स्थिति समझ सकती हैं और आप ही मेरी मदद कर सकती हैं।

मनीष के स्वर में कातर याचना थी, जिसे सुनकर गायत्री आँटी ने गहरी साँस भरी। समस्या तो वाकई विकट थी।

गायत्री- तुम चिंता मत करो। ऐसा कुछ नहीं होगा। देखना, वह बड़े प्यार से उन लोगों का स्वागत करेगी और उनसे अच्छे से बात भी करेगी। मैं आज दोपहर में ही आ जाऊँगी। हो सके तो विशाल और सलोनी को भी दोपहर में ही बुला लो। सलोनी और मैं मधु का हाथ भी बटा देंगे और गर्भ संस्कार का एक महत्वपूर्ण सबक भी सीख लेंगे।

सुनकर मनीष की जान में जान आई। उसने गायत्री आँटी को बहुत धन्यवाद देकर फोन रख दिया।

दोपहर को गायत्री आँटी, सलोनी और विशाल सभी मधु और मनीष के घर पहुँच गए। गायत्री आँटी सभी के लिए लंच बनाकर लाई थीं ताकि मधु पर ज़्यादा काम का भार न पड़े। लंच करते हुए उन्होंने ऐसे ही बहाने से बात शुरू की।

गायत्री- अरे मधु आज तुम्हारा मूड कुछ उखड़ा-उखड़ा सा क्यों है? आज तो तुम्हें डबल खुश होना चाहिए। एक अपनी तरफ से और एक अपने गर्भ में पल रहे बच्चे की तरफ से। वह आज पहली बार अपने मम्मी-पापा की मैरिज एनिवर्सरी सेलिब्रेट कर रहा है। वह भी सोच रहा होगा, इतनी खुशी के मौके पर मेरी मम्मी उदास क्यों है।

मधु- उदास नहीं लेकिन गुस्से में हूँ। अब आप ही बताइए आँटी, जिन लोगों को मैं बिलकुल पसंद नहीं करती, मनीष ने उन्हीं को शाम को पार्टी में इनवाइट कर लिया। मेरी तो पूरी शाम ही बरबाद हो जाएगी।

गायत्री- कौन लोग हैं वे?

मधु- मैंने आपको बताया था न अपने एक रिश्तेदार के बारे में, यही पास में रहते हैं। वैसे दूर से बड़ा प्यार दिखाते थे मगर जब मुझे उनकी ज़रूरत पड़ी तो उन्होंने मेरा ज़रा भी ध्यान नहीं रखा। फोन पर भी हालचाल नहीं पूछा। मेरा तो उनकी शक्ल देखने तक का मन नहीं है, वह भी आज के दिन जब मैं अपने बच्चे के साथ पहली बार कोई खास दिन सेलिब्रेट कर रही हूँ। मैं नहीं चाहती मेरे आस-पास कोई भी नकारात्मकता रहे।

गायत्री- मधु नकारात्मकता बाहर से ज़्यादा अंदर होती है। अच्छा एक बात बताओ तुम्हारी प्रेग्नेंसी से पहले उनसे तुम्हारे संबंध कैसे थे?

मधु- अच्छे ही थे। बड़ी मीठी बातें किया करते थे। मैं उनके हमेशा काम आती थी, वे काम आए ऐसा कभी कोई मौका नहीं पड़ा था।

गायत्री- क्या कभी तुमने ऐसा सोचा कि वे तुम्हारी मदद नहीं कर पाए तो इसके पीछे कोई वजह हो सकती है? ज़रूरी नहीं जो तुम सोच रही हो वैसा ही हो, हो सकता है वे खुद किसी समस्या में हों। उनका तुम्हें नज़रअंदाज़ करना तुम्हारा वहम् भी तो हो सकता है।

मनीष- इसने तो तब से उनसे बात ही नहीं की, इसे क्या पता होगा उनकी समस्या। मनीष तुनककर बोला। मधु चुप रही।

गायत्री- और अगर तुम्हें नज़रअंदाज़ किया भी तो यह तुम्हारा वहम् हो सकता है।

मधु- वह कैसे?

गायत्री- देखो, जब भी ऐसी कोई परिस्थिति आए तो हमें खुद से तीन सवाल पूछने चाहिए। पहला- क्या मैं जो सोच रही हूँ वह वहम् है? दूसरा- इस परिस्थिति में तथ्य यानी फैक्टस् क्या हैं? और तीसरा- इस वहम् और फैक्ट से अलग सत्य क्या है?

मधु- मैं समझी नहीं?

गायत्री- सामान्यतः बिना कुछ छानबीन किए, बिना किसी पुख्ता सबूत के हमारा मन अपनी ही बात को सच मानकर बैठ जाता है। जबकि ज़रूरी नहीं वह सत्य हो, वह वहम् भी हो सकता है। ऐसे में किसी भी बात को सच मानने से पहले हमें उसकी पूरी छानबीन करनी चाहिए कि कहीं वह हमारा वहम् तो नहीं।

तुमने अपने मन में एक सच बैठा लिया है कि वे मेरे रिश्तेदार हैं, मैंने उनकी हमेशा मदद की है इसलिए उनको भी मेरी मदद करनी चाहिए। जबकि ऐसा नहीं हुआ यानी तुम्हारी मन की मानी हुई यह बात सच थी ही नहीं। क्योंकि सत्य तो वह है जो हर हाल में सत्य रहे, अतः यह वहम् था।

मधु- तो सत्य क्या है?

गायत्री- सत्य जानने से पहले देखते हैं कि इस पूरे केस में तथ्य क्या है? तथ्य यह कि उन्होंने तुम्हारी मदद नहीं की, कारण चाहे जो भी रहा हो पर यह फैक्ट है। लेकिन क्या यह फैक्ट भी सच है कि उन्होंने मदद नहीं की?

मधु- क्या मतलब?

गायत्री- अच्छा पहले, एक बात बताओ उस कठिन समय में उन्होंने तुम्हारी मदद नहीं की तो भी तुमने किसी तरह खुद को उस समय से निकाला ना?

मधु- हाँ वह तो है। मुझसे कुकिंग नहीं होती थी तो मनीष ने जैसे-तैसे सीखकर खाना बनाया।

मनीष- हाँ आँटी। तीन महीनों में मैंने ऐसा काम सीख लिया जो कभी ज़िंदगी में नहीं किया था। आटा गूँथना, रोटी बनाना, दाल-चावल बनाना... मनीष हँसते हुए बोला।

गायत्री- गुड। तो देखो न, उन्होंने तुम्हारी मदद ना करके भी तुम्हारी ऐसी मदद की जो कोई नहीं कर सकता था। उन्होंने तुम दोनों के अंदर ऐसी काबिलियत पैदा

की कि तुम बुरे से बुरे समय में भी अपना खुद से ध्यान रख सको। मदद के लिए तुम्हें किसी और की तरफ मुँह न ताँकना पड़े।

एक बात बताओ जब एक छोटे बच्चे को उसके पिता साइकिल चलाना सिखाते हैं तो थोड़ी देर बाद उसे पीछे से छोड़ भी देते हैं। उनका इंटेन्शन उस बच्चे की मदद ना करना नहीं होता बल्कि बच्चे को आत्मनिर्भर बनाना होता है।

ठीक इसी तरह कोई बड़ी ज़िम्मेदारी देने से पहले कुदरत भी हमें उसके लिए तैयार करती है। वह हमारे लिए ऐसी व्यवस्था करती है ताकि हम अपनी काबिलियत बढ़ाएँ, मज़बूत बनें, हर ज़िम्मेदारी उठाने के लायक बनें।

अभी तो सिर्फ शुरू के तीन महीने गुज़रे हैं, अभी तो आगे प्रसव होगा, फिर बच्चे की परवरिश में अलग-अलग तरह की समस्याएँ आएँगी, हर तरह की परिस्थितियाँ आएँगी। तुम दोनों को उन परिस्थितियों से खुद से ही निपटने लायक बनना होगा। किसी दूसरे पर निर्भर रहकर तो बच्चे की परवरिश नहीं कर सकते न?

बस यह समझ लो कि उन्होंने तुम्हारी मदद नहीं की, यह कुदरत की ओर से तुम्हारी सबसे बड़ी मदद थी, जिसने तुम्हें कठिन परिस्थितियों में खुद को सँभालने लायक बनाया और यही सत्य है।

कभी-कभी कोई हमारी मदद ना करके भी हमारी सबसे बड़ी मदद करता है। हम कोई ऐसी नई काबिलियत पा जाते हैं, जो हमेशा हमारे साथ रहती है और हमें बेहतर बनाती है। अब तुम जब चाहो रसोई में मनीष से मदद ले सकती हो, खाना बनवा सकती हो... क्यों मनीष? आँटी हँसते हुए बोली।

मनीष- बिलकुल आँटी। वैसे भी मैंने ठान लिया कि मुझे अपने तमोगुण को कम कर, रजोगुण बढ़ाना है तो शुरुआत इसी काम से ही सही। मधु को भी हेल्प हो जाया करेगी और मेरा तमोगुण भी दूर होगा। मनीष की सकारात्मक बात सुनकर मधु के चेहरे पर मुस्कान तैर आई।

मधु- ये तो आप सही कह रही हैं। इस तरह से तो मैंने कभी सोचा ही नहीं। यहाँ हम दोनों ही हैं। घरवाले बार-बार नहीं आ सकते। आगे भी हमें ही एक-दूसरे का खयाल रखना है। मेरी बात तो मनीष कभी न सुनते मगर उन रिश्तेदारों के कारण ही सही, जब सिर पर मुसीबत पड़ी तो इन्होंने ज़बरन रसोई के काम भी सीखे।

गायत्री- तो आज जब वे आएँगे न, उन्हें धन्यवाद देना, उनका कृतज्ञता के भाव से स्वागत करना।

सुनकर मधु मुस्कुरा उठी। मनीष ने भी राहत की साँस ली। मगर सलोनी के मन में कुछ चल रहा था जो उसके चेहरे पर भी आ रहा था। वह किस दुविधा में उलझी है, गायत्री आँटी समझने की कोशिश कर रही थीं।

मनन बिंदु :

- किसी भी प्रतिकूल परिस्थिति में खुद से तीन सवाल पूछें- १) क्या मैं जो सोच रहा हूँ, वह वहम् है? २) इस परिस्थिति में तथ्य यानी फॅक्ट्स क्या हैं? ३) क्या सत्य कुछ अलग भी हो सकता है, जो मैं नहीं जानता?
- किसी भी परेशानी में 'अब क्या होगा?' इस चिंता की बजाय नया सीखने को मिलेगा, इस भावना से कार्य करें।
- कभी-कभी कोई आपकी मदद न करके सबसे बड़ी मदद करता है। जिससे आप कठिन परिस्थितियों में भी स्वयं को सँभालने लायक बन पाते हैं।

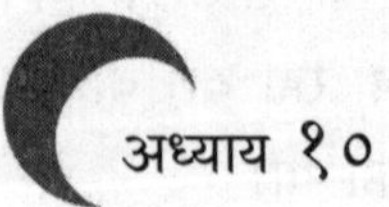

अध्याय १०

सब माफ करें, दिल साफ करें

सुखी रिश्तों की ज़रूरत

इंसान का मन भी अज़ीब है। कभी-कभी उसे हाल-फिलहाल की बातें भी याद नहीं रहतीं। घंटाभर पहले कहीं रखी चीज़ भूल जाता है कि 'कहाँ रखी थी' लेकिन कुछ सालों पहले घटी घटनाएँ ऐसे याद रखता है, जैसे वे अभी होकर गुज़री हों। अगर वे घटनाएँ दुःखद हों तो और भी ज़्यादा... रोज़ उन्हें याद करता है और पीड़ा की नदी में गोते लगाता है। इन दुःखद घटनाओं से कैसे मुक्ति पाई जाए ताकि हम पर और हमारे आनेवाले शिशु पर किसी तरह का नकारात्मक प्रभाव न पड़े, गायत्री आँटी आज यही बताने की कोशिश कर रही थीं।

गायत्री- मधु मुझे तुम पर गर्व है। आज तुमने अपना दृष्टिकोण बदलकर, नकारात्मकता छोड़ने का जो फैसला लिया है, यह न सिर्फ तुम दोनों के लिए ज़रूरी था बल्कि तुम्हारे गर्भ में पल रहे बच्चे के लिए भी बहुत ज़रूरी था। यह बात हर गर्भवती स्त्री को समझनी आवश्यक है कि गर्भ में पल रहे शिशु के मस्तिष्क का विकास गर्भवती की भावनाओं से, सोच-विचार से, आहार और वातावरण से जुड़ा हुआ होता है। वह जैसी भावनाएँ रखेगी, जैसा देखेगी, सुनेगी या सोचेगी उन सबका सीधा

प्रभाव गर्भस्थ शिशु पर पड़ेगा। अगर उसके भाव सात्विक होंगे तो शिशु के भाव भी सात्विक होंगे। अगर माँ तामसिक विचारों में रहेगी तो शिशु भी तामसिक ही होगा।

माँ जितनी देर नकारात्मक फीलिंग में रहेगी, मन में किसी के प्रति क्रोध या नफरत रखेगी, खुद निराशा या दुःख में होगी तो समझ लो उतने समय के लिए गर्भस्थ शिशु के मस्तिष्क का विकास धीमा हो जाएगा। माँ जितना खुश रहेगी, सकारात्मकता से भरा, सात्विक जीवन जीएगी, गर्भस्थ शिशु का मानसिक और शारीरिक विकास उतना ही अच्छा होगा।

सीधा-सीधा यह समझ लो कि माँ की जो अवस्था है, वही शिशु की होती है। माँ खुश तो शिशु खुश। माँ दुःखी तो शिशु दुःखी। अगर माँ डर रही है तो वह डर शिशु में भी जा रहा है। इसलिए इस बात का बहुत ध्यान रखना है कि कभी भी किसी ऐसी बात को मन में जगह नहीं देनी है, जो शिशु के विकास पर प्रभाव डाले।

इसके कारण मधु तुम्हें दूसरों को माफ करना सीखना है। तुमने कहा था ना कि तुम लोगों को आसानी से माफ नहीं कर पाती और सलोनी तुम्हारे लिए भी यह ज़रूरी है... अपना नाम सुनकर सलोनी थोड़ी सकपका गई।

सलोनी- मुझे भी?

गायत्री- हाँ तुम्हें भी! मैं जानती हूँ तुम्हारे मन में अपनी परवरिश, अपने माता-पिता और भाई-बहनों को लेकर बहुत सी नकारात्मक भावनाएँ हैं। तुम सोचती हो कि उन्होंने तुम्हें बेहतर परवरिश नहीं दी। तुम्हें जो सुख-सुविधाएँ, मौके मिलने चाहिए थे, वे नहीं मिले... जानती हो, बचपन के उन एहसासों का असर तुम्हारे वर्तमान पर पड़ रहा है। इसीलिए तुम अपने वर्तमान से संतुष्ट नहीं हो, तुममें भरपूरता का भाव नहीं है। और ज़्यादा चाहने के कारण परेशान रहती हो और आगे भी रहोगी। सुनकर सलोनी ने नज़रें झुका लीं।

सलोनी- तो मैं क्या करूँ आँटी? कुछ बातें मन में जमी हुई हैं, जो पीछा ही नहीं छोड़तीं।

गायत्री- देखो अब तुम यह तो जानती हो न कि कोई इंसान जैसा होता है, वह क्यों होता है। उसके वैसा होने में बहुत सी बातों का असर होता है। वातावरण का, अनुवंशिकता का, परिवार की सामूहिक सोच का, उसकी त्रिगुणी प्रकृति (रज, सत, तम) का और उसके पूर्व संस्कारों का... तो तुम यही सोचकर किसी को माफ कर सकती हो कि वह जैसा था, उसने जो किया, वह केवल उसकी गलती नहीं थी।

वह बहुत सी ऐसी बातों के प्रभाव में था जो उसके बस में नहीं थीं।

और फिर यह भी सच है कि तुम्हारे माता-पिता के पास जो भी उपलब्ध साधन थे, उसमें उन्होंने अपनी ओर से बेस्ट ही किया होगा। भले ही वह तुम्हारी नज़र में भरपूर न हो लेकिन उन्होंने तो कोई कमी नहीं रखी होगी न... इसलिए अपने बचपन को स्वीकार करो। जिन-जिनके लिए भी मन में दुर्भावनाएँ हैं, उन्हें माफ करो और मन में जमी पुरानी बातों को जाने दो यानी लेट गो करो। अपने भीतर ऐसा कोई मैल जमा मत रखो, जिसका बुरा असर तुम्हारे आनेवाले बच्चे पर पड़े।

सुनकर सलोनी चुप हो गई।

विशाल- आँटी सच बात तो यह है कि हमारे जीवन में वर्तमान का कोई दुःख है ही नहीं, जो भी है वह पुरानी यादों से ही क्रिएट हो रहा है। अगर यह अपना अतीत पीछे छोड़, आगे बढ़ जाए तो बहुत सी समस्या खुद ही सुलझ जाएगी। हम दोनों बहुत खुश रहेंगे।

गायत्री- सिर्फ सलोनी को ही नहीं, विशाल, मनीष, तुम सभी को उन लोगों को माफ करना है, जिनके लिए मन में ज़रा भी गुस्सा है, दुर्भावना है। साथ ही हमसे जिनके लिए कुछ बुरा हो गया, उनसे भी माफी माँग लेनी है। यह तो आप सब जानते ही हैं कि बहती नदी ही साफ रहती है। अगर नदी कहीं ठहर जाए, उसका पानी इकट्ठा हो जाए तो वह धीरे-धीरे दूषित होकर ज़हरीला बन जाता है। पीने योग्य नहीं रहता। यही बात हमारे मन के साथ भी लागू होती है। इसमें विचारों की धारा बहती रहे तो अच्छा है लेकिन जिन बातों को हम पकड़कर बैठ जाते हैं, वे अटककर पूरे मन को मलीन कर देती हैं।

अतः पूरे होश के साथ देखें कि हमने अपने मन में किसके लिए क्या भावनाएँ, क्या विचार जमा करके रखे हैं। 'उसने ऐसा कहा... उसने वैसा कर दिया... मैं उसे कभी माफ नहीं करूँगी... मैं उससे बदला लूँगा... उस इंसान को मैं देख ही नहीं सकती... ऐसी बातें हमारे भीतर मेंटल ब्लॉक बना देती हैं, जो अनेक मानसिक और शारीरिक बीमारियों को जन्म देती हैं और यही सब आनेवाले शिशु में ट्रान्सफर होती हैं। हमारा मन, बुद्धि, भावनाएँ साफ रहे, स्वस्थ रहे, इसके लिए बहुत ज़रूरी है लोगों को माफ करना। अपनी गलतियों के लिए माफी माँग लेना और फिर उन बातों को भूल जाना। ऐसा करते ही आप खुद को हलका महसूस करेंगे, लगेगा अंदर जो कुछ सालों से अटका हुआ था, वह निकल गया है। आप तनावमुक्त हो गए।

मनीष- आँटी माफ कर तो दें मगर माफी माँगे कैसे? क्या इसका कोई विशेष तरीका है? और हर किसी से तो माँग भी नहीं पाएँगे, फिर क्या करें?

गायत्री- देखो अगर आप किसी से सीधा-सीधा माफी माँगने में सहज हैं तो उससे आमने-सामने बैठकर माफी माँग लेनी चाहिए कि 'मैंने आपको कभी भी, कहीं भी, जाने-अनजाने अपने भाव, विचार, वाणी, क्रिया से जो भी दुःख दिया है, उसके लिए कृपया मुझे माफ करें। मैं आगे से ध्यान रखूँगा/रखूँगी कि मुझसे ऐसी गलती दोबारा ना हो।' कम से कम करीबी रिश्ते में तो सीधे माफी माँग ही लेनी चाहिए।

कई बार हम सीधे माफी माँगने में सहज नहीं होते और कभी-कभी हमें अपनी गलती का एहसास बाद में होता है। ऐसे में हम सामनेवाले से मन में माफी माँग सकते हैं और उसे माफ कर भी सकते हैं। ऐसा करने से आपको जीवन में आश्चर्यजनक बदलाव देखने को मिलेंगे। आपको लगेगा, अरे जो लोग मुझसे सीधे मुँह बात नहीं कर रहे थे, उनका व्यवहार मेरे प्रति बदलने लगा है, रिश्ते सुधर रहे हैं, समस्याएँ समाप्त हो रही हैं, जीवन में सब कुछ सहजता से आ रहा है, आंतरिक शांति मिल रही है... और ये सब आपकी भावी संतान तक भी पहुँचेगा। उसे भी क्षमा के संस्कार मिलेंगे।

सलोनी- आँटी आज आपने मेरी आँखें खोल दीं। मैंने हमेशा अपने घरवालों को अपने नज़रिए से ही देखा। कभी उनके नज़रिए से सोचा ही नहीं कि उन्होंने जो किया क्यों किया, कैसे किया, कितने सीमित साधनों में किया? मुझे इस बात पर भी बहुत गुस्सा आता था कि जब इतनी आमदनी नहीं थी तो इतने बच्चे पैदा क्यों किए? मगर उस समय, उस माहौल में शायद इतनी जागरूकता नहीं थी कि बच्चे दो ही अच्छे। यह समाज का, वातावरण का प्रभाव था। आज मैंने सच में उन सभी को माफ कर दिया और माफी माँग भी ली। ऐसा करके वाकई बहुत अच्छा और हलका महसूस हो रहा है।

विशाल- आँटी मैं भी एक इंसान से सीधे तौर पर माफी माँगना चाहता हूँ। 'मनीष, उस दिन मैंने तुम पर बेकार में बहुत गुस्सा किया था, जब तुमने मेरी पार्किंग में अपनी गाड़ी लगा दी थी। तुमने कहा था बस दो मिनट के लिए ही पार्क की है, फिर तुम जा रहे हो। मगर मुझे अपने रजोगुण के कारण सब्र नहीं था। मुझे उस बुरे व्यवहार के लिए माफ करो।'

मनीष- माफी तो मुझे माँगनी चाहिए। मेरे तमोगुण के कारण मैंने गाड़ी को

आगे अपनी पार्किंग तक ले जाना सही नहीं समझा, जिससे तुम्हें भारी असुविधा हुई। हो सके तो तुम मुझे माफ कर दो।

दोनों एक-दूसरे से माफी माँग, गले मिल लिए। सबके चेहरे पर मुस्कुराहट छा गई।

मधु- आँटी आज मैं अपने गर्भस्थ शिशु से भी माफी माँगती हूँ। मेरी गलत भावनाओं के कारण उस पर जो भी बुरा प्रभाव पड़ा उसके लिए। और मैं उससे वादा भी करती हूँ कि आगे से मन में किसी के लिए कोई गलत भावना नहीं रखूँगी। उसे विकास करने का, खुश रहने का भरपूर मौका दूँगी।

गायत्री- वाह। बहुत अच्छी बात। देखा, यही है माफी माँगने का असर। दिल साफ हो जाता है, रिश्ते अच्छे हो जाते हैं, चेहरे खिल जाते हैं। घरवालों के चेहरे यूँ ही खिले रहेंगे तो बच्चा अपने आप ही खुश मिजाज पैदा होगा। उसके लिए आपको कोई मेहनत नहीं करनी पड़ेगी।

अच्छा चलो अब मैं चलती हूँ। शाम को वापस भी आना है और तुम दोनों के लिए अच्छा सा गिफ्ट भी लाना है।

मधु- अरे आँटी आज आपने हमें इतना अच्छा गिफ्ट दे दिया। हमें माफी माँगने की कला सीखा दी। यह गिफ्ट तो सारी उम्र हमारे साथ रहेगा। यह हमारे भी काम आएगा और हमारे बच्चे के भी। इससे बढ़कर और क्या चाहिए?

माफी के जादू से एक सुबह जो तनाव भरे फोन कॉल से शुरू हुई थी, आनंदित दोपहर में बदल चुकी थी।

मनन बिंदु :

- गर्भ में पल रहे शिशु के मस्तिष्क का विकास गर्भवती महिला की भावनाओं से सोच-विचार से, आहार और वातावरण से जुड़ा होता है। अगर उसके भाव सात्विक होंगे तो शिशु के भाव भी सात्विक होंगे। अगर माँ तामसिक विचारों में रहेगी तो शिशु भी तामसिक होगा।
- गर्भवती स्त्री जब स्वीकार मंत्र का लाभ लेगी, जिनके प्रति उसके मन में दुर्भावनाएँ हैं, उन्हें माफ कर, पुरानी जमी बातों को आसानी से जाने देगी तब आनेवाले बच्चे पर भी इसका सकारात्मक प्रभाव पड़ता रहेगा।
- गलती होने पर किसी को क्षमा करके या क्षमा माँगकर, जीवन में आश्चर्यजनक बदलाव नज़र आने लगेंगे, साथ ही भावी संतान के अंतर्मन तक यह बात जाएगी, जिससे उसे भी क्षमा के संस्कार मिलेंगे।

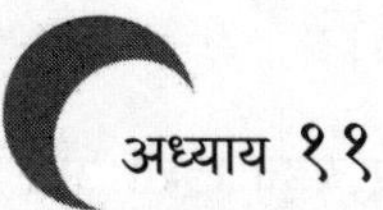

अध्याय ११

हर संतान, संत संतान

कुदरत की रज़ा में राजी रहें

आज रविवार का दिन था और गायत्री आँटी के स्वर्गवासी पति का जन्मदिन भी था। आज के दिन वे अनाथ आश्रम जाकर बच्चों के साथ उनका जन्मदिन मनाया करती थीं। इस अवसर पर बच्चों के लिए खूब सारे गिफ्टस्, केक और खाना-पीना ले जातीं। पूरा दिन उनके साथ व्यतीत करतीं। रविवार छुट्टी का दिन था इसलिए उन्होंने विशाल, सलोनी, मधु और मनीष को भी अपने साथ आने को कहा। साथ ही यह भी कहा कि आज हम वहाँ पर गर्भ संस्कार का एक बड़ा सबक सीखेंगे।

सभी वहाँ पर तय समय पर पहुँच गए। विशाल, सलोनी, मधु, मनीष इन चारों के लिए अनाथ आश्रम को करीब से देखने का यह पहला मौका था। इतने सारे बच्चे, वह भी अलग-अलग उम्र के, इधर से उधर भागे फिर रहे थे। गायत्री आँटी को देखकर वे सब बेहद खुश हुए। केक और खाने की वस्तुओं को उन्होंने इतने प्यार से स्वीकार कर, खाया कि सभी की आत्मा तृप्त हो गई।

गायत्री- शीला कहीं दिखाई नहीं दे रही? उन्होंने अनाथ आश्रम की केयरटेकर से पूछा।

केयरटेकर- अरे, शायद मैं आपको बताना भूल गई, शीला ने दसवीं में बहुत अच्छे नंबर हासिल किए। उसे एक एनजीओ से आगे की पढ़ाई के लिए मदद मिल गई। अब वह इंटरमीडिएट की पढ़ाई के साथ मेडिकल की तैयारी भी कर रही है, उन्हीं के होस्टेल में रहकर।

गायत्री- अरे वाह... यह तो हम सबके लिए बहुत खुशी और गर्व की बात है... और सचिन, वह कहाँ है? अब उसके पैर कैसे हैं?

केयरटेकर- बहुत इंप्रूवमेंट है। उसके लिए एक अच्छे डॉक्टर मिल गए हैं, जो उसका फ्री ऑफ कॉस्ट ट्रीटमेंट कर रहे हैं। उनका कहना है कि वह अपने पैरों पर जल्द ही खड़ा हो जाएगा। वह उन्हीं के क्लीनिक पर गया हुआ है।

गायत्री- अरे वाह, आज तो आपने एक साथ दो खुशखबरी सुना दीं। दिल खुश हो गया, कहते हुए उनकी आँखें खुशी से भर आईं।

गायत्री आँटी अनाथ आश्रम के बगीचे में हरी-हरी लॉन पर आराम से बैठ गईं। आस-पास बच्चे खेल रहे थे। उन्हें देखकर गायत्री आँटी के चेहरे पर बड़ी ममता उमड़ रही थी।

सलोनी- आँटी, क्या आप यहाँ के सारे बच्चों को नाम से जानती हैं?

गायत्री- सारे तो नहीं मगर कुछ को ज़रूर जानती हूँ। दरअसल सचिन को मैं ही यहाँ पर लाई थी। उसे जन्म से ही पैर में कोई ऐसी बीमारी थी कि वह चल नहीं पाता था इसलिए उसके माँ-बाप ने उसे सड़क पर छोड़ दिया था। मैंने उसे देखा और यहाँ ले आई। शीला के साथ भी ऐसा ही हुआ था। वह अपने घर में तीसरी लड़की पैदा हो गई थी। बेटे की चाहत रखनेवाले उसके पिता को यह बर्दाश्त नहीं हुआ और उन्होंने उसे पैदा होते ही बाहर कचरे के ढेर में फेंक दिया। उन्हें ऐसा करते हुए घर के पास रहनेवाली किसी कामवाली बाई ने देख लिया। वह उसे उठाकर मेरे पास लाई और मैं उसे यहाँ आश्रम में। इन दोनों बच्चों को मैं बचपन से ही देख रही हूँ इसलिए मुझे उनसे कुछ विशेष अनुराग है।

मनीष- हे भगवान लोग अपने बच्चों को ऐसे कैसे छोड़ देते हैं? क्यों उन्हें ज़रा भी ममता नहीं आती, बच्चों पर तरस नहीं आता, इतना बड़ा पाप कोई कैसे कर सकता है?

गायत्री- कर सकते हैं तभी तो ऐसा करते हैं... और जानते हो ऐसा क्यों होता

है? क्योंकि इंसान सब कुछ अपने हिसाब से, अपनी मर्जी से होता देखना चाहता है। हर बात के अच्छे-बुरे होने के, सही गलत होने के उसके अपने मापदण्ड होते हैं। उसके लिए वही स्वीकार्य होता है जो उसे पसंद है, उसकी इच्छा और योजना के अनुसार है। अगर कुदरत उसे कुछ और दे देती है तो वह उसे बुरा करार देकर अस्वीकार कर देता है। खासकर उन बेटियों को ये अस्वीकार बहुत झेलना पड़ता है, जिनके माँ-बाप बेटियों को बोझ मानते हैं।

विशाल- तो क्या इंसान अपनी संतान, अपने खून को भी अस्वीकार कर देता है?

गायत्री- हाँ कर देता है। क्योंकि उसकी संतान वैसी नहीं होती, जैसा उसने चाहा था, जैसी उसकी योजना थी। वह विवेक बुद्धि से देख ही नहीं पाता कि उसकी संतान अगर उसके घर आई है तो ईश्वर ने कुछ सोच समझकर ही भेजी होगी। वह ईश्वरीय योजना से ज़्यादा, अपनी योजना और महत्वाकांक्षा को महत्त्व देता है। ऐसी कितनी ही महान विभूतियों की कहानियाँ आप लोगों ने सुनी होगी, जिन्हें उनके माता-पिता द्वारा सिर्फ इसलिए त्याग दिया गया था क्योंकि वे उनकी योजना और इच्छा अनुसार नहीं पैदा हुए थे। उन्हें जन्म से ही अस्वीकार कर दिया गया था।

मधु- आँटी आप किन महान विभूतियों की बात कर रही हैं, जरा बताइए ना।

गायत्री- तुलसीदासजी को आप जानते ही होंगे। महान रामभक्त, रामचरितमानस के रचयिता... उनके बारे में कहा जाता है कि वे सामान्य शिशु की तरह नहीं जन्मे थे। बारह महीने तक वे माँ के गर्भ में रहे थे और बहुत हृष्ट पुष्ट थे। उनके मुख में दाँत भी दिखाई दे रहे थे। ये सभी असामान्य लक्षण थे, साथ ही उनके जन्म के दूसरे ही दिन उनकी माँ का निधन हो गया। पिता ने उनकी जन्मपत्री दिखाई जिसे देख ज्योतिषी ने उन्हें अनिष्टकारी बता दिया। पहले असामान्य प्रसव, फिर माँ की मृत्यु और ज्योतिषी की भविष्यवाणी, इन सबके असर से उनके पिता ने उन्हें छोड़ दिया। मगर देखो वे कैसी संत संतान सिद्ध हुए। सोचो, अगर अपनी मान्यकथाओं के प्रभाव में आकर पिता उन्हें ना त्यागते तो वे ऐसे महान पुत्र के पिता होने का कैसा सौभाग्य महसूस करते?

इसी तरह कबीरदास जी के बारे में भी जनश्रुति है कि वे नीरु और नीमा नामक जुलाहे दंपत्ति को काशी के लहरतारा तालाब के किनारे पड़े मिले थे यानी उन्हें भी त्यागा गया था। कुंती द्वारा कर्ण के त्याग की कहानी तो सभी जानते हैं। महावीर,

महादानी कर्ण को अपनी माँ की इस अस्वीकार्यता के कारण जीवन में अनेक कष्ट उठाने पड़े, फिर भी उन्होंने इतिहास में अपना नाम महादानी के रूप में दर्ज किया।

महान तत्वज्ञानी अष्टावक्र का शरीर आठ अंगों से विकृत था। जिस कारण उनके पिता की उनके प्रति नकारात्मक भावनाएँ और गुस्सा था। पौराणिक कथा के अनुसार जब वे गर्भ में थे तो उनके पिता ने उन्हें गुस्से में विकृत होने का श्राप दिया था। आगे चलकर वे ज्ञान की पराकाष्ठा पर पहुँचे। अष्टाव्रक को राजा जनक ने अपना गुरु बनाया था।

गायत्री आँटी की बातें चारों लोग बड़े ध्यान से सुन रहे थे। वे इंसान द्वारा अपनी ही संतान के प्रति की जा रही अस्वीकार्यता और ईश्वरीय दिव्य योजना के प्रति अवमानना से व्यथित थे।

सलोनी- ये तो बड़ा अन्याय है।

गायत्री- हाँ वो तो है। अच्छा आप सभी एक बात सोचकर बताएँ। आप सभी चाहते हैं कि आपकी संतान हर तरह से स्वस्थ हो, बुद्धिमान हो, गुणी हो लेकिन अगर ईश्वरीय योजना अनुसार वह किसी शारीरिक विकलांगता, मानसिक दुबर्लता के साथ पैदा हो तो आप उसे किस तरह स्वीकार करेंगे? उसे कितना प्रेम देंगे, उसके जन्म पर कितने उत्साहित होंगे, कितनी प्रसन्नता का अनुभव करेंगे?

गायत्री आँटी के इस प्रश्न पर वहाँ गहरी चुप्पी छा गई। चारों के चेहरे का रंग उड़ चुका था। उनके पास इसका अभी कोई जवाब नहीं था। कुछ प्रश्नों के उत्तर गहरी तैयारी माँगते हैं।

मनन बिंदु :

- इंसान हर चीज़ अपने हिसाब से, अपनी मर्ज़ी से होता देखना चाहता है। जब उसकी मर्ज़ी के खिलाफ कोई बात होती है तो वह कुदरत को, ईश्वर को कोसता है। इस बात पर मनन कर याद करें कि हमने ऐसा कितनी बार किया और क्या वाकई हमारी ज़िंदगी में सब कुछ समाप्त हो गया?
- तुलसीदास जी, कबीरदास जी या तत्वज्ञानी अष्टावक्र की कहानी पढ़कर ध्यान करें। उनका बचपन उनकी दिव्य योजना अनुसार ही बीता। क्योंकि वे उनके माता-पिता की योजना और इच्छाअनुसार नहीं पैदा हुए थे।

अध्याय १२

हर बच्चा यूनिक है

विविधता की स्वीकार्यता

कुछ सवाल ऐसे होते हैं जिनका सामना करने का साहस हम सपने में भी नहीं कर पाते इसलिए हम मानकर चलते हैं कि उनका सामना हमें कभी करना ही नहीं पड़ेगा। लेकिन यह हमारा मानना होता है, कुदरत का नहीं। कुदरत की अपनी दिव्य योजना होती है। हम उसे स्वीकार करें या न करें, वह अपने अनुसार ही चलती है। सुखी रहने का यही तरीका है कि हम जितना जल्दी हो सके कुदरत के साथ तालमेल बिठा लें। उसकी योजना को स्वीकार कर, अपनी योजना बना लें। मगर यह अचानक से होनेवाली क्रिया नहीं है। इसके लिए पूर्व मानसिक और भावनात्मक तैयारी चाहिए। गायत्री आँटी ऐसा ही कुछ प्रयास कर रही थीं।

गायत्री- भावी माता-पिता को अपनी संतान के लिए ईश्वर की हर योजना को स्वीकार करने की, उसे दिव्य संतान समझने की तैयारी आरंभ से ही करनी चाहिए। साथ ही स्वीकार्यता का यह भाव रखना चाहिए कि हर संतान संत संतान है। विकलांगता, दुर्बलता हमारे भाव में होती है, बच्चे में नहीं। वह ईश्वर की किसी खास योजना के तहत वैसा शरीर धारण कर पृथ्वी पर आया है। वह अलग है क्योंकि उसे उस शरीर के साथ दुनिया में कुछ अलग

करके दिखाना है। माता-पिता को अपनी मानसिक दुर्बलता पर कार्य करना है ताकि वे ऐसी संत संतान का स्वागत खुशी-खुशी कर सकें। उसे खिलने का, खुलने का, अभिव्यक्ति करने का भरपूर मौका दे सकें।

जब भी मन में कोई शंका या उदासी हो तो तुलसीदास, सूरदास, कबीर, अष्टावक्र के महान कार्य को याद करें। खुद से कहें- 'मेरी संतान संत संतान है। वह जो है, जैसी है बेस्ट है। ईश्वर ने मुझे उसकी माता या पिता होने का सौभाग्य दिया, जिसका मुझे पूरा आनंद लेना है और उसे पूरा सहयोग देना है।'

विशाल- सही कह रही हैं आप आँटी। अगर हर माता-पिता यह बात समझ लें तो निश्चय ही बच्चों का जीवन आसान हो जाए। वरना कुछ अभिभावक ऐसे होते हैं, जो ऐसे बच्चों का त्याग करते हैं और कुछ बच्चे ऐसे होते हैं, जिन्हें उनके अपनों द्वारा ही उनकी कमजोरी के लिए प्रताड़ित किया जाता है। यह सोचकर कि वे बच्चे वैसा नहीं दिखते, जैसा वे चाहते हैं, वैसे नंबर नहीं लाते या काम नहीं करते, जैसा उनके घरवाले चाहते हैं। ऐसे बच्चों का जीवन कुंठाओं से भरा होता है, वे हमेशा हीन भावना के शिकार रहते हैं।

गायत्री- हाँ यह इस समाज का काला पक्ष है। बच्चा चाहे हमारी चाहतों के अनुरूप न भी हो तो भी हमें अपनी संतान को स्वीकार करना है, उसे भरपूर प्यार और सम्मान देना है, उसके विकास के लिए सहयोगी बनना है, विरोधी नहीं। ये बातें हर माता-पिता को उसके आगमन से पहले ही गाँठ बाँधकर रख लेनी चाहिए तभी बच्चे को एक स्वस्थ बचपन मिलेगा।

महान कृष्ण भक्त सूरदास जन्म से अंधे थे मगर उन्होंने कृष्ण लीलाओं का ऐसा वर्णन किया, जैसे सामने घटती हुई देखी हों। आज के समय की बात करें तो भौतिकी क्षेत्र के सबसे चमकदार नाम आइन्स्टाइन, एक समय मानसिक रूप से बेहद कमज़ोर माने जाते थे। वे बार-बार फेल होते थे। इस कारण उनकी प्राथमिक शिक्षा भी पूरी नहीं हो पाई। बाद में यही आइन्स्टाइन दुनिया के महान वैज्ञानिक बने।

दुनिया के शीर्ष वैज्ञानिक स्टीफन हॉकिंग चलने-फिरने से लाचार थे, वे कुछ बोल भी नहीं पाते थे लेकिन उन्हें परिवार का सहयोग मिला, जिससे उनकी प्रतिभा निखरी। उनकी वैज्ञानिक खोजों ने साईंस की दुनिया को हमेशा के लिए बदल दिया। हेलेन केलर दुनिया की पहली विकलांग ग्रॅजुएट मानी जाती हैं। वे देख और सुन नहीं सकती थीं, इसके बावजूद न सिर्फ उन्होंने अपनी पढ़ाई पूरी की बल्कि वे अमेरिका

की शीर्ष लेखक और शिक्षक साबित हुईं। ऐसा उनके माता-पिता और शिक्षक के सहयोग के कारण संभव हुआ। उनके माता-पिता कभी उन पर शर्मिंदा नहीं हुए बल्कि उन पर गर्व महसूस किया।

कुदरत से हमें जो भी मिल रहा है अगर उसके लिए स्वीकार भाव होगा तो हमारा जीवन बहुत सहज, सरल और सुंदर होगा। साथ ही हमारी संतान का भी। और भी बहुत सी बातें हैं, जिनमें हमें स्वीकार भाव रखना है। स्वीकार भाव सुखी जीवन का सबसे बड़ा मंत्र है।

आज एक गंभीर बात पर चर्चा हुई थी। सभी बगीचे में बैठे विचारमग्न थे। उनके आस-पास तरह-तरह के फूल खिले थे। जिन पर कुछ तितलियाँ मंडरा रही थीं। बहुत अच्छी खुशबू आ रही थी। केअरटेकर ने सबके लिए वहीं चाय मँगवा ली थी। वे भी वहीं बैठ गईं।

सलोनी- आपने बगीचा बहुत सुंदर बनाया हुआ है। फूलों की कितनी वराइटी है यहाँ... सलोनी ने केअरटेकर से कहा तो वे धन्यवाद कहकर मुस्कुराईं।

गायत्री- सच बात है। विविधता होने से ही बगीचा सुंदर लगता है। इसी तरह इंसानों में विविधता होने से ही यह दुनिया खूबसूरत है, फिर भी लोग यह विविधता स्वीकार नहीं कर पाते। हर इंसान दूसरे से अलग है, उसकी सोच, व्यवहार, गुण-अवगुण अलग है मगर हम सबको एक ही तराजू से तोलते हैं। हम चाहते हैं हमारे जीवन में जो भी लोग आएँ, वे हमारे हिसाब से व्यवहार करें, उनमें वे गुण हों, जो हमें पसंद हैं और वे न हों, जो हमें पसंद नहीं। घटनाएँ हमारे मनमुताबिक हों... सब कुछ हमारे तरीके से चले। अगर मनचाहा नहीं होता तो हम अस्वीकार भाव में आ जाते हैं यानी जो है, जैसा है, उसे स्वीकार नहीं कर पाते। जिससे हमें तकलीफ होती है, शिकायतें होती हैं।

जैसे- फलाँ रिश्तेदार ऐसे क्यों करता है, फलाँ का व्यवहार वैसा क्यों है, मेरा बच्चा दूसरे की तरह क्यों नहीं, आज मैंने कपड़े धोए और धूप नहीं आई...क्यों नहीं आई? अभी मुझे बाहर जाना था और बारिश आ गई, आज मंडे क्यों है, संडे क्यों नहीं हो सकता था... यहाँ इतना ट्रैफिक क्यों है? सिग्नल लाल क्यों है... हर बात में अस्वीकार.. और यही अस्वीकार्यता की आदत इंसान को ताउम्र दुःखी बनाती है। यही बात बच्चा भी सीख लेता है। वह भी चीज़ों को, परिस्थितियों को अस्वीकार करने लगता है। जैसे 'मुझे यही खिलौना चाहिए, मुझे यह खाना नहीं खाना, ये कपड़े

नहीं पहनने...' बच्चे को हम अपने हिसाब से चलाना चाहते हैं मगर हमारा तरीका वह अस्वीकार कर देता है।

मधु- आँटी, मेरी एक सहेली है। उससे जब भी फोन पर बात करो वह यही रोना रोती रहती है। सर्दियों में यह रोना कि सर्दियाँ क्यों आ गई, गर्मियाँ बेहतर थी। गर्मियों में कहती है, 'काश! बारिश आ जाए।' बारिश में परेशान रहती है कि कपड़े नहीं सूख रहे, हर जगह सीलन जैसा लग रहा है... घर में कहती है बड़ा बोर हो रहा है। बाहर जाने का मन है, बाहर जाती है तो कहती है, कितना ट्रैफिक और पोल्यूशन है, इससे अच्छा तो घर में ही थी। हर बात को अस्वीकार करती है... अब मुझे लग रहा है, जब वह गर्भवती होगी तो उसका बच्चा उसका यह रेजिस्टंस का पैटर्न गर्भ में ही सीख लेगा।

गायत्री- हाँ ऐसा हो सकता है। जीवन में और विशेषकर रिश्तों में तो अस्वीकार ही सबसे बड़ा दुःख का कारण हम अपने आस-पास के लोगों को मानते हैं। माता-पिता को दुःख है कि बच्चे उनके कहे अनुसार नहीं चलते, बच्चों को दुःख है कि माँ-बाप उनकी नहीं सुनते। पति की शिकायत रहती है, पत्नी मेरे मनमुताबिक नहीं चलती तो पत्नी कहती है, पति उससे ज़्यादा अपनी माँ की सुनता है। बॉस कहता है, मेरे कर्मचारी मेरी बात नहीं सुनते। कर्मचारी कहता है, बॉस अपनी चलाता है।

यहाँ पर समझनेलायक बात यह है कि कुदरत ने हर इंसान को एक-दूसरे से अलग बनाया है, न सिर्फ शक्ल-सूरत में बल्कि सीरत में भी। उसकी सोच, बुद्धि, अनुभव सब आपसे अलग हैं... फिर वह आपकी सोच के अनुसार कैसे व्यवहार कर सकता है? और ज़रा खुद को टटोलकर देखिए, क्या आप किसी और के अनुसार व्यवहार करते हैं? क्या आपको अच्छा लगेगा कोई और आपको अपनी अकल से चलाना चाहे?

एक-दूसरे से विविधता ही हमें यूनिक बनाती है। हर इंसान अलग-अलग दिखते हुए भी अपने आपमें पूर्ण है। किसी को किसी और की तरह बनने की ज़रूरत नहीं है। यह समझ अपनी संतान के साथ भी रखनी है। वह जो होगा, जैसा होगा, यूनिक होगा। उसकी किसी से तुलना नहीं करनी है।

जीवन में जो भी घटना हो, चाहे वर्तमान की हो या भूतकाल में हो चुकी हो, जिसे आप भूल नहीं पा रहे हैं, जो याद आने पर आपको कष्ट दे रही है, उसे

भी स्वीकार करें और जाने दें। स्वयं से कहें, 'मैं इस घटना को, इस बात को या इस कमी को स्वीकार करता हूँ।' जैसे ही आप उसे स्वीकार करेंगे, आप देखेंगे कि उससे मिलनेवाला दुःख समाप्त हो जाएगा। पूरी तरह नहीं भी गया तो बहुत हद तक कम होगा।

जितना जीवन के प्रति स्वीकार भाव बढ़ेगा, उतना ही ज़्यादा आप मानसिक रूप से स्थिर, सुखी, संतुष्ट होंगे और यही भावनाएँ बच्चे में भी जाएँगी।

गायत्री आँटी की बात से सभी सहमत थे। बातों में कब शाम हो गई पता ही नहीं चला। आज का दिन सभी के लिए बड़ा सार्थक रहा। सबके चेहरे पर संतुष्टि का भाव था। सिर्फ सलोनी ही थी जो चिंतामग्न थी। उसे उन अनाथ बच्चों के बारे में सोचकर बड़ी चिंता हो रही थी कि अच्छी नौकरी होने के बावजूद हमें जीने के लिए, ज़रूरतें पूरी करने के लिए साधन कम पड़ते हैं। इन बच्चों की पढ़ाई-लिखाई और बाकी ज़रूरतें कैसे पूरी होती होंगी? इसी चिंता से संबंधित उसे अगला ज़रूरी सबक सीखना था।

मनन बिंदु :

- कुदरत की अपनी दिव्य योजना होती है, आप उसे स्वीकार करें या न करें, वह अपने अनुसार ही चलती है। सुखी रहने का यही तरीका है कि जितना जल्दी हो सके कुदरत के साथ तालमेल बिठा लें।
- हर संतान संत संतान है। विकलांगता, दुर्बलता हमारे भाव में होती है, बच्चे में नहीं। वह ईश्वर के किसी खास योजना के तहत वैसा शरीर धारण कर, पृथ्वी पर आया होता है। माता-पिता को अपनी मानसिक दुर्बलता पर कार्य करना चाहिए ताकि वे ऐसी संत संतान का स्वागत खुशी-खुशी कर सकें।
- कुदरत ने हर इंसान को अलग बनाया है। हर इंसान अलग दिखते हुए भी अपने आपमें पूर्ण है। यह समझ अपनी संतान के साथ भी रखें। वह जो होगा जैसा होगा, यूनिक होगा। उसकी किसी से तुलना न करें। जितना जीवन के प्रति स्वीकारभाव बढ़ेगा, उतना ही ज़्यादा आप मानसिक रूप से स्थिर, सुखी, संतुष्ट होंगे और यही भावनाएँ बच्चे में भी जाएँगी।

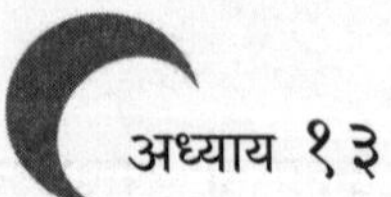

अध्याय १३

भरपूरता की भावना

कृपा की बारिश में भीगें

शाम के लगभग ६ बजे थे। आज की गर्भ संस्कार कक्षा का समय हो गया था। गायत्री आँटी ने रेडियो पर गाना ट्यून किया हुआ था, 'थोड़ा है, थोड़े की ज़रूरत है... ज़िंदगी फिर भी यहाँ खूबसूरत है...।' वे भी इस गाने के साथ गुनगुना रही थीं। जल्द ही विशाल, सलोनी, मधु, मनीष वहाँ आ पहुँचे।

सलोनी– आँटी यह मेरा फेवरेट गाना है। सलोनी भी गाने के साथ गुनगुनाने लगी।

गायत्री– मेरा भी... (कहकर वह मुस्कुरा उठी) वैसे यह गाना अगर कुछ यूँ होता तो ज़्यादा अच्छा होता– उतना है, जितने की ज़रूरत है... ज़िंदगी भरपूर और खूबसूरत है...

सलोनी– मगर ऐसा होता कहाँ है आँटी? जितना चाहिए उतना कहाँ मिलता है? मुझे तो लगता है दुनिया में ऐसा कोई भी नहीं है, जिसके पास सब कुछ हो, जो सुखी हो। सभी किसी न किसी तरह की कमी महसूस करते हैं।

कहते हुए सलोनी के चेहरे पर मायूसी छलक आई। उसे तो हमेशा से अपने पास कमी ही लगती थी। कभी पैसों की, कभी

संसाधनों की, कभी अच्छे कपड़ों की, कभी अच्छे रिश्तों की तो कभी अच्छे दोस्तों की... ज़िंदगी उसके लिए कभी भी भरपूर और खूबसूरत नहीं रही थी।

गायत्री- अच्छा तुमने बारिश होते हुए तो देखी होगी न...

सलोनी- हाँ।

गायत्री- आसमान से तो बारिश पूरे शहर पर बरसती है लेकिन क्या सब उसमें भीग पाते हैं, क्या उसका पानी सबको मिल पाता है?

सलोनी- सब तो नहीं भीगते। कुछ छाते की वजह से, कुछ किसी छत की वजह से भीगने से बच जाते हैं।

गायत्री- अब अगर ये भीगने से बचनेवाले लोग कहें कि बारिश भरपूर नहीं हुई, हम तो भीगे ही नहीं... तो क्या ये बारिश की गलती है?

सलोनी- आप कहना क्या चाहती हैं?

गायत्री- यही कि बादल ने तो सबके लिए एक सा पानी बरसाया लेकिन सिर्फ उसे ही मिला, जिसने खुद को किसी तरह की रुकावट के छाते में नहीं रखा, जिसने उस बारिश को ग्रहण किया।

सलोनी- मगर आँटी विश्व में कितने लोग इतनी कमी, इतनी गरीबी से जूझ रहे हैं, फिर भरपूरता का भाव कैसे आए?

गायत्री- यह सिर्फ अपने नज़रिए और विश्वास की बात है सलोनी। कुदरत के पास तो सबके लिए सब कुछ भरपूर है। उसने किसी के लिए कहीं कोई कमी नहीं की हुई है। लेकिन लोग इस पर विश्वास ही नहीं कर पाते।

दरअसल हमने खुद को बहुत सी गलत मान्यताओं के छाते के नीचे छिपाया हुआ है, जिससे कृपाओं की, भरपूरता की बारिश हम तक नहीं पहुँच पाती। जैसे 'मेरे पास हमेशा पैसों की कमी रहती है... पैसा आता है पर चला जाता है...' अब जो इंसान हमेशा ऐसा सोचता रहता है, उसे कितना भी मिल जाए हमेशा कम ही लगेगा। छोटे से छोटा खर्चा भी उसे 'मेरा पैसा चला गया...' की नकारात्मक फीलिंग देगा। वह कभी यह नहीं देखेगा कि उस पैसे से क्य। महत्वपूर्ण आया।

कुछ लोग बच्चों की स्कूल फीस, घर के राशन पर किए गए व्यय को खर्चा मानते हैं, जबकि कुछ लोग इसे निवेश (इनवेस्टमेंट) समझते हैं क्योंकि वे जानते हैं

ये पैसा उनके लिए शिक्षा और स्वास्थ्य ला रहा है।

यही बात रिश्तों में भी है। बहुत से लोग सोचते हैं, उनके अपने उन्हें प्यार नहीं करते, उनकी परवाह नहीं करते। अगर वे हमेशा ऐसे नकारात्मक विचारों का छाता लगाकर रखेंगे तो उन तक किसी का प्रेम और आदर कैसे पहुँचेगा? 'आज कल दुनिया में अच्छे लोग नहीं मिलते', इस विचार का छाता लगाकर रखनेवालों के जीवन में अच्छे और भले लोग चाहकर भी नहीं आ पाएँगे क्योंकि उसने स्वयं उन्हें रोक रखा है।

इसके विपरीत जब आप कुदरत की भरपूरता पर विश्वास करने लगते हैं, समझ पाकर अपनी सोच और भावना बदल लेते हैं तो छाता हट जाता है और कृपाएँ आप तक पहुँचने लगती हैं।

कुदरत हमें सारी चीज़ें देने को हमेशा तैयार ही रहती है। केवल हमारा विश्वास उस पर कायम रहे। रिश्तों में तालमेल, प्रेम, स्वास्थ्य, शांति, समृद्धि भरपूर है, ये भाव आप पहले ला पाएँ तो बाकी सब होने ही वाला है। हर चीज़ के लिए भरपूरता का भाव रखना है कि यह है, यह हो रहा है, मुझ तक पहुँच रहा है... बाकी काम कुदरत पर छोड़ देना है।

सलोनी चुपचाप गायत्री आँटी की बातें सुनती रही। वह कुछ बोली नहीं मगर शायद उसे उनकी बातें तर्क संगत नहीं लग रही थीं। गायत्री आँटी ने इस बार उसे उसी की कहानी सुनाकर समझाने की सोची।

गायत्री– आज आप सबको एक कहानी सुनाती हूँ। एक महिला थी। शादीशुदा, खुशहाल। वह गर्भवती होना चाहती थी मगर नहीं हो पा रही थी। उसने हर तरह का इलाज करवाया मगर कुछ फायदा नहीं हुआ। डॉक्टर भी बहुत हैरान थे, उन्हें कुछ समझ नहीं आ रहा था, ऐसा क्यों हो रहा है? उनका कहना था कि मेडिकली सब ठीक है, कोई बाधा नहीं है। फिर क्या कमी थी? मगर कमी तो थी जो डॉक्टर नहीं पकड़ सकते थे क्योंकि हमारा मेडिकल साईंस सिर्फ शरीर की कमी पकड़ पाता है, विचारों की... भावनाओं की नहीं...।

कमी यह थी कि अपने गलत विचारों के कारण उस महिला ने अपने भीतर कुछ मेंटल ब्लॉक्स बना लिए थे। जिस कारण उसके जीवन में आती हुई खुशियाँ रुक गई थीं। दरअसल जब भी वह आनेवाले बच्चे के बारे में सोचती तो ये सब

सोचना भी शुरू कर देती कि 'पता नहीं मैं अपने बच्चे का खयाल रख पाऊँगी कि नहीं? मेरे पास तो भरपूर सुविधाएँ भी नहीं हैं, उसके आने से हमारा खर्चा बढ़ेगा, बजट बिगड़ेगा, उसके लिए जितनी आमदनी चाहिए वह तो है ही नहीं... कभी कोई बड़ा मेडिकल खर्च आ गया तो क्या होगा, बच्चे को पढ़ने के लिए अच्छे और महँगे स्कूल में भेजना हुआ तो पैसे कहाँ से आएँगे?' इत्यादि।

इस तरह नासमझी में वह अपने आनेवाले बच्चे को ईश्वर का प्रसाद समझकर नहीं बल्कि खर्चे बढ़ानेवाला कारण समझकर विचार कर रही थी। जैसे-जैसे दिन बीतते जा रहे थे, उसके भीतर बच्चे और उसकी परवरिश को लेकर चिंताएँ और नकारात्मक विचार बढ़ते जा रहे थे। उसे मालूम ही नहीं था कि उसके ये विचार उसे 'सब कुछ भरपूर है' की फीलिंग से दूर ले जा चुके हैं। ये विचार ही बच्चे के पृथ्वी पर आगमन में बाधा हैं। उसे अगर कहा जाए कि तुम ही बच्चे को आने से रोक रही हो... तो यकीनन वह मानेगी नहीं क्योंकि यह एक ऐसा कारण है, जो अदृश्य में काम करता है। कुदरत का नियम है जिस चीज़ के लिए तुम भरपूरता की फीलिंग में रहते हो, ग्रहणशील रहते हो, वह जीवन में आती ही है।

केवल अपनी फीलिंग बदलने से ही हमारी ऊर्जा बदल जाती है, हम रिसीवर बन जाते हैं और सब चीज़ें सहजता से उपलब्ध हो जाती हैं।

गायत्री आँटी की कहानी सुनकर सलोनी की आँखों में आँसू आ गए। वह समझ गई आँटी ने आज उसे उसी की कहानी सुनाकर आइना दिखाया है, उसके विचारों का, उसकी भावनाओं का जो खुद ही उसके गर्भाधान में बाधा बन रहे थे।

गायत्री- देखो सलोनी, यह विश्वास रखो कि जो कुदरत संसार के सभी जीवों का खयाल रख रही है, वह तुम्हारा और तुम्हारे बच्चे का भी खयाल रखेगी। कुदरत के पास सब कुछ भरपूर है। तुम्हें बस अपनी भावनाएँ, अपने विचार बदलकर उसके लिए रिसीवर बनना है। बोलो, करोगी न यह काम?

गायत्री आँटी ने बड़े प्यार से सलोनी के सिर पर हाथ फेरते हुए कहा तो उसने मुस्कुराकर हाँ में सिर हिला दिया, इस विश्वास के साथ कि सब कुछ भरपूर ही तो है... बस उसे दिखाई नहीं दे रहा था मगर अब ऐसा नहीं होगा।

गायत्री- जो माँएँ गर्भाबस्था में भरपूरत। के भाव में रहती हैं, वे सुखी और संतुष्ट रहती हैं। उन्हें कुदरत पर पूरा भरोसा होता है कि वह उसका और आनेवाले

बच्चे का खयाल रखेगी। यही भरोसा और भाव गर्भ में पल रहे बच्चे में भी प्रकट होते हैं। वह आरंभ से ही भरपूरता के भाव से जीवन जीने की शुरुआत करता है। यह एक ऐसा संस्कार है, जो हर माँ को अपने बच्चे को गर्भ में ही दे देना चाहिए।

मनन बिंदु :

- 'भरपूरता की भावना' एक ऐसा संस्कार है, जो हर माँ अपने बच्चे को गर्भ में ही दे सकती है और उसके जीवन में खुशियों का रास्ता खोल सकती है।
- विश्वास रखें, आपके लिए और आनेवाले बच्चे के लिए सब कुछ भरपूर है- प्रेम, स्वास्थ्य, शांति, पैसा, मधुर रिश्ते... सब कुछ।
- अगर भरपूरता नज़र नहीं आ रही है तो अपनी भावनाओं को जाँचें। उन्हें भरपूरता के भाव पर शिफ्ट करें और इसी भाव को गर्भस्थ शिशु में भी स्थापित करें।

अध्याय १४

गर्भस्थ शिशु में सद्गुण संस्कार

सुंदर भविष्य की नींव रखें

इंसान के पास जो मन होता है, उसे हम दो भागों में बाँट सकते हैं। पहले भाग को हम बाहरी मन यानी कॉन्शियस माइंड कह सकते हैं। इसमें वे सब विचार आते हैं, जो हम सोच-समझकर करते हैं। दूसरा भाग है अंतर्मन यानी सबकॉन्शियस माइंड। इसे हम छिपा हुआ मन भी कह सकते हैं। इस पर हमारा सीधा कंट्रोल नहीं होता। यूँ समझिए, अगर मन १००% है तो बाहरी मन १०% है और अंतर्मन ९०%।

बाहरी मन, मन का ऊपरी स्तर है। यह हमारे जागते हुए कार्य करता है। मगर अंतर्मन हमारे सोने के बाद भी जागा रहता है। यह मन यूनिवर्सल मन यानी सार्वभौमिक चेतना के अधिक करीब होता है। हमारे दृढ़ विश्वास (बिलीफ सिस्टम) यानी जिस भी चीज़ में हम पूरी शिद्दत से यकीन करते हैं, वह हमारे अंतर्मन में पहुँच जाते हैं और हमारे जीवन में परिणाम लाते हैं। यानी हमारे जीवन में वही होने लगता है, जो हमारे अंतर्मन में फीड हो चुका होता है।

जैसे आपने किसी भी कारण से यह दृढ़ विश्वास बना

लिया कि 'मुझे लोगों का सहयोग नहीं मिलता' या 'जीवन ऐसा संघर्ष है जो कभी खत्म नहीं होता' तो आपके अंतर्मन की शक्ति यह विश्वास हकीकत में बदल देती है और वाकई आपका जीवन असहयोग और संघर्ष से भर जाता है। इसके विपरीत यदि आपका विश्वास बन गया कि 'मेरे जीवन में सब कुछ सहजता और सरलता से आ रहा है' तो आपका जीवन वास्तव में ऐसा ही बन जाता है। ऐसी होती है अंतर्मन की शक्ति। यह एक ऐसा जिन है, इसे आप जो विश्वास देंगे, उसे वह हकीकत में बदलकर सामने रख देगा।

माँ का अंतर्मन गर्भस्थ शिशु के अंतर्मन से जुड़ा होता है। माँ के अंतर्मन की जो स्थिति है वह शिशु के अंतर्मन को भी तैयार करती है। अर्थात माँ का हर सकारात्मक या नकारात्मक दृढ़ विचार जो उसके अंतर्मन में है, वह शिशु के अंतर्मन पर भी छाप छोड़ता है और संस्कार के रूप में स्थापित हो जाता है। माँ का हर भाव शिशु के अंतर्मन में स्थापित हो जाता है और वही भाव उसके जीवन को चलाता है इसलिए गर्भ संस्कार का इतना महत्त्व है।

माँ के पास यह सुनहरा अवसर होता है, अपने बच्चे को श्रेष्ठ गुणों से भरने का। वह ऐसा कर सके इसके लिए ज़रूरी है पहले वह स्वयं के भाव और विचार बदले, अपनी दृष्टि बदले। वह शिशु के अंतर्मन तक सद्‌गुणों को तभी पहुँचा पाएगी, जब वह स्वयं दूसरों में सद्‌गुणों को देखेगी; जब उसका फोकस दूसरों की बुराइयों पर नहीं बल्कि सद्‌गुणों पर होगा; कमी पर नहीं, भरपूरता पर होगा। जिस भी गुण या अवगुण पर माँ का फोकस होगा, वही गुण अथवा अवगुण बच्चे के अंतर्मन में स्थापित हो जाएगा, जो उसके आने पर उसके जीवन में प्रकट होगा।

हर माँ यही चाहती है मगर उसके बच्चे में अच्छे गुण, संस्कार आएँ तो इसके लिए उसे दूसरों के गुणों को देखना और अपनाना पड़ेगा। गायत्री आँटी यही बात समझाने जा रही थीं।

मधु– आँटी मुझे अगले महीने एक फंक्शन में ससुराल जाना है। वहाँ पर लगभग एक महीना रहूँगी। फिर मायके भी जाऊँगी। मगर मुझे एक समस्या दिख रही है। यहाँ आप इतनी अच्छी बातें सीखा रही हैं। मन बड़ा सकारात्मक हो रहा है लेकिन वहाँ हर तरह के रिश्तेदारों के साथ उठना-बैठना रहता है। कुछ लोग तो मुझमें बुराई ढूँढ़ते रहते हैं, बहाने से ताने भी मारते हैं, जबकि वे खुद अवगुणों के पुलिंदे हैं। मुझे उन लोगों के साथ रहना बिलकुल पसंद नहीं। वहाँ बेवजह मेरा मूड

खराब होगा और मूड खराब होगा तो उसका बुरा असर बच्चे पर भी पड़ेगा। इस परिस्थिति को मैं वहाँ कैसे सँभालूँगी, खुद को कैसे सकारात्मक रखूँगी?

गायत्री- यह तुम्हारा एक तरह से इम्तिहान होगा मधु कि तुम इस प्रोसेस में अपने बच्चे के लिए कितने गुण बटोर सकती हो। गुण बटोरने हैं या अवगुण, यह पूरी तरह तुम्हारे हाथ में ही है। एक बात ध्यान से समझ लो, गर्भवती स्त्रियाँ जाने-अनजाने अन्य लोगों जैसे परिवारजन, रिश्तेदार या कोई और लोगों के प्रति जैसे भाव रखती हैं, बच्चा भी उन लोगों के प्रति अपने अंतर्मन में वैसे ही भाव समेट लेता है और आगे चलकर प्रकट भी करता है।

देखो, ऐसा कोई इंसान नहीं, जिसमें सिर्फ बुराइयाँ ही हों, ज़्यादा नहीं पर कुछ तो अच्छाइयाँ उसमें भी होती ही हैं। इस समय तुम्हें यह करना होगा कि जिसे तुम बुरा व्यक्ति समझती हो, पसंद नहीं करती, उसमें से भी कुछ न कुछ अच्छाई देखकर, कोई गुण देखकर, उस पर फोकस करो। जिस गुण पर तुम फोकस कर रही हो, समझ लो तुम उसे अपनी संतान के लिए इनवाइट कर रही हो। अगर सामनेवाले की किसी बुराई पर फोकस करती हो तो उस बुराई को इनवाइट कर रही हो। इसलिए बतौर माँ तुम्हारा यह कर्तव्य है कि तुम जिस किसी से भी मिल रही हो, उसमें सिर्फ अच्छाई और गुण ही देखो। उसकी तमाम बुराइयों को नज़रअंदाज़ कर दो। ऐसा करना तुम्हारे आनेवाले बच्चे के भावी जीवन के लिए बहुत अच्छा होगा।

सोचो, अगर शिशु का अंतर्मन एक टोकरी है तो तुम्हें उसमें चुन-चुनकर अच्छे गुणों के संस्कार डालने हैं। ये सभी अच्छे गुण तुम्हें तुम्हारे आस-पास के लोगों में ही मिल जाएँगे। सिर्फ तुमको अपना ध्यान उनके ऊपर रखना है, बाकी सब अपने आप हो जाएगा। इस वक्त तुम अपने परिवारजनों, रिश्तेदारों और अपने शिशु के बीच की कड़ी हो। तुमको शिशु के मन में सभी रिश्तेदारों के प्रति प्रेम, आदर और सम्मान का भाव रोपित करना है।

मधु- ठीक है आँटी। मैं पूरी कोशिश करूँगी। पर एक बात बताइए, मैं ऐसे बहुत से लोगों को जानती हूँ, जो गुणों की खान हैं, जिनका मैं बहुत सम्मान करती हूँ, चाहती हूँ मेरे बच्चे में उनके जैसी क्वॉलिटिज़ हों मगर मैं उनसे व्यक्तिगत रूप से नहीं मिल सकती... तो फिर मैं क्या करूँ?

गायत्री- इसके लिए ऐसा ज़रूरी नहीं है कि वह व्यक्ति तुम्हारे सामने ही हो, तुम उनका ध्यान करके भी उनके गुणों पर फोकस कर सकती हो। इसीलिए गर्भवती

के कमरे में महान विभूतियों के पोस्टर, तस्वीरें लगाने की परंपरा रही है ताकि वह उन्हें ध्यान से देखे और उनके गुण बच्चों में भी जागृत हों। गर्भवती स्त्री ही नहीं, बच्चे, टीनएजर्स और बड़े लोग भी अपने रोल मॉडल की तस्वीरें इसी उद्देश्य से कमरे में लगाते हैं, पर्स में रखते हैं, उनकी ऑटोबायोग्राफी पढ़ते हैं।

इसे तुम सभी एक असाइनमेंट की तरह कर सकते हो। एक-एक करके अपने सभी निकटतम रिश्तेदारों, पसंदीदा लोगों का ध्यान करो, उनमें कोई पाँच खूबियाँ देखो। उन खूबियों को नोट करो और उन पर बार-बार ध्यान दो। अगर तुमने ऐसा १० लोगों के साथ भी कर लिया तो समझ लो तुमने अपने शिशु के लिए ५० गुण इकट्ठे कर लिए।

सलोनी, तुम्हारी सासू माँ ने तुम्हें जो बाल गोपाल की तस्वीर दी है देखने के लिए, उसका कारण भी यही है। उनके गुणों का प्रभाव तुम पर और तुम्हारी आनेवाली संतान पर पड़े। मूर्तिपूजा के पीछे भी यही विज्ञान है कि कैसे हम देवताओं के दिव्य गुणों को अपने अंतर्मन में धारण कर सकें ताकि वे हमारे जीवन में प्रकट हों।

मनीष- मधु और सलोनी के लिए ही नहीं, ये तरीका तो हम सभी के लिए कारगर है। इसका फायदा हम सभी उठा सकते हैं। मैं भी आज से लोगों में गुणों को देखने की शुरुआत करूँगा।

विशाल- मैं भी। (सभी ने खुशी-खुशी सहमति जताई।)

गायत्री- बच्चे के लिए श्रेष्ठ गुण अपनाने की और उन्हें बच्चे में जागृत करने की एक कार्यकारी योजना बनाई जा सकती है। जिसमें पूरा परिवार बैठकर डिसाइड करे कि उसे आनेवाले शिशु में कौन-कौन से गुण चाहिए। उन गुणों को लेकर उसके साथ उन प्रभावशाली व्यक्तित्वों की पिक्चर लगाई जा सकती है। जैसे शांति के गुण के साथ गौतम बुद्ध की, मर्यादाओं के पालन के साथ श्रीराम की, करुणा के साथ मदर टेरेसा की... इस तरह से आप एक विजन बोर्ड बनाकर, घर में किसी ऐसी जगह रख सकते हैं, जहाँ सभी का बार-बार ध्यान जाए। उन गुणों पर बार-बार मनन कर आप उन्हें शिशु के भीतर बीज की तरह रोपित कर सकते हैं।

मधु- हम आज से ही यह काम शुरू करते हैं।

सलोनी- हम भी। (आज के सेशन से सभी अति उत्साहित हो आगे की योजना बनाने लगे।)

गायत्री- मधु आज तुम्हारा शिशु तुम्हारा उत्साह देखकर, तुम लोगों की बातें सुनकर, बहुत खुश हो रहा होगा कि मेरे मम्मी-पापा मेरे सुखद भविष्य के लिए क्या-क्या कर रहे हैं?

सुनकर सभी आश्चर्यचकित रह गए।

मधु- बच्चा सब सुन रहा है?

गायत्री आँटी मुस्कुराने लगीं। अगली कक्षा में वे यही रहस्य खोलनेवाली थी कि गर्भस्थ शिशु सब देखता-सुनता है।

मनन बिंदु :

- गर्भवती स्त्री दूसरों के जिन गुणों या अवगुणों पर फोकस करती है, वे अंतर्मन के सहयोग से उसके गर्भस्थ शिशु में आ जाते हैं। इसीलिए गर्भावस्था में हमेशा सद्गुणों पर ही फोकस करना चाहिए।
- गर्भवती स्त्री अपने परिवारजनों, रिश्तेदारों के प्रति जैसे भाव रखती है, वही भाव बच्चे में भी जाते हैं इसलिए सबके प्रति प्रेम और सम्मान का भाव रखें।
- अपने प्रत्येक निकटजन के कम से कम पाँच गुणों की सूची बनाएँ और उन पर ध्यान दें। इससे वे गुण बच्चे के अंतर्मन तक जाएँगे और आगे जीवन में प्रकट होंगे।
- बच्चे के लिए अपेक्षित सभी गुणों का एक चित्र सहित विजन बोर्ड बनाएँ और उन्हें बार-बार देखें।

अध्याय १५

गर्भस्थ शिशु से सार्थक संवाद

वह सब सुनता है

पुराने समय में बड़े बुज़ुर्ग कहा करते थे, माँ और उसके गर्भ में पल रहा बच्चा दो जिस्म एक जान होते हैं। दोनों का एक ही पेट होता है, आँख-कान भी जोड़े से होते हैं, आँखें भी एक जोड़ी ही होती हैं यानी उनकी इंद्रियाँ, मन और बुद्धि एक ही हो जाते हैं। माँ जो खाती है, वही बच्चा खाता है। माँ जो सुनती है, वही बच्चा सुनता है। माँ जो कहती है, बच्चा उसे ही ब्रह्मवाक्य मान ग्रहण कर लेता है और आगे चलकर वही सोचता एवं कहता है।

इसलिए गर्भस्थ शिशु से स्वस्थ और सकारात्मक संवाद करना, उसे अपनी इंद्रियों के माध्यम से सार्थक और अच्छी जानकारियाँ, सद्‌गुण देना, यही गर्भसंस्कार का मूल उद्‌देश्य है। परिवार को यह बात हमेशा ध्यान में रखनी चाहिए कि वह सब सुन रहा है, जो उसे सीधा कहा जा रहा है, वह भी और जो उसके बारे में कहा जा रहा है, वह भी। मगर ये सब अदृश्य में होता है इसलिए तर्क पर खरा नहीं उतरता। इसी कारण मधु को भी कुछ संशय थे जो वह आज की कक्षा में गायत्री आँटी के सामने रख रही थी।

मधु- आँटी मैं आपकी कल की बात पर बार-बार सोच रही हूँ कि मैं जो बोल रही हूँ या घर में बातचीत जो चल रही है, वह मेरा बच्चा भी सुन रहा है। क्या ऐसा सच में होता है? क्योंकि किसी की भी बात सुनने के लिए हमें शरीर चाहिए, कान चाहिए। अगर कोई दूसरे कमरे में भी हो तो भी वह हमारी कही बात नहीं सुन सकता, फिर बच्चा तो गर्भ के अंदर है वह कैसे सुन सकता है?

गायत्री- तुमने महाभारत में वह उदाहरण नहीं पढ़ा, जिसमें अर्जुन सुभद्रा को चक्रव्यूह को भेदने का तरीका बताते हैं और उसे गर्भस्थ शिशु अभिमन्यु सुन रहा होता है। किंतु बीच में ही सुभद्रा सो जाती हैं अतः वे अर्जुन की बात सुनना बंद कर देती हैं। इस कारण अभिमन्यु चक्रव्यूह से बाहर निकलने का तरीका नहीं सुन पाता।

मधु- यह प्रसंग मैंने सुना है। उस वक्त भी मुझे यह तार्किक नहीं लगा था कि ऐसा कैसे हो सकता है? मैंने इसे कहानी का एक काल्पनिक भाग समझकर छोड़ दिया था। आप ही बताइए, शिशु जो अभी गर्भ से बाहर नहीं आया, जिसे भाषा का ज्ञान नहीं, जिसके पास अभी विकसित कान नहीं, वह कैसे हमारी बात सुन सकता है?

गायत्री- मधु शब्दों की भी अपनी एनर्जी होती है, अपने भाव होते हैं। भाषा आए न आए, भाव और ऊर्जा एक चेतना से, दूसरी चेतना तक पहुँचते हैं। शिशु का शरीर भले ही पूरी तरह विकसित न हुआ हो, वह उतनी ही पूर्ण चेतना है, जितना कि तुम और मैं। अभी पिछले क्लास में तुमने सबकॉन्शियस माइंड का कंसेप्ट तो समझा ही है न, शिशु को भाषा का ज्ञान नहीं होता लेकिन वह माता की इंद्रियों से ग्रहण की जा रही या बाहर भेजी जा रही हर जानकारी का मर्म ग्रहण कर सकता है। जिस भाव से उससे बात की जा रही है, जो बात की जा रही है, वह उसे ग्रहण कर अपनी स्मृतियों में स्टोर कर सकता है।

मधु- अच्छा! फिर मैं बच्चे से कैसे बात कर सकती हूँ, इसका कोई तरीका है क्या?

गायत्री- गर्भस्थ शिशु से बात करने का तरीका वही है, जैसे किसी और से बात की जाती है- सीधे या फोन से। समझ लो, तुम्हें अपने बच्चे को फोन मिलाना है और उससे बात शुरू कर देनी है। यह नहीं सोचना है कि वह सुन रहा है या नहीं, कोई जवाब दे रहा है या नहीं। यह यकीन रखना है कि वह सुन भी रहा है और जवाब भी दे रहा है।

मनीष– क्या मैं भी बात कर सकता हूँ अपने बच्चे से? (मनीष इस खयाल से ही बहुत उत्साहित था कि वह जो बात करेगा, उसका बच्चा सुनेगा, अपने पिता की आवाज़ को पहचानेगा।)

गायत्री– हाँ बिलकुल। तुम भी वैसे ही बात कर सकते हो जैसे मधु कर सकती है। (एक पिता की व्यग्रता देख गायत्री आँटी ने हँसते हुए कहा)

मधु– लेकिन हम उससे क्या बात करें?

गायत्री– हर वह बात कर सकते हैं, जो आप अपने बच्चे से करना चाहते हैं। उससे उसके हालचाल पूछ सकते हैं। आपका दिन कैसा रहा, उसे बता सकते हैं। उसे अपने जीवन में पाकर आप कितने खुश हैं, कितने उत्साहित हैं, आपको उसका कितना इंतज़ार है, वह आपके लिए कितना खास है... जो कुछ भी आप उसके लिए महसूस करते हैं, वह सब उसे बता सकते हैं। आप उससे अपने जीवन का कोई भी यादगार किस्सा, बचपन की बातें, अपने सपने, अपनी योजनाएँ... कुछ भी शेयर कर सकते हैं, इस यकीन के साथ कि वह आपको सुन रहा है। ठीक ऐसे ही जैसे कोई आत्मीय जन सुनता है, जो आपके सामने खड़ा हो।

आप बच्चे को प्रेरक कहानियाँ, महापुरुषों की जीवनियाँ पढ़कर सुना सकते हैं। उसे अच्छे अफरमेशन और शुभ भावनाएँ दे सकते हैं। ज्ञान से भरे वचन, दोहे, कविताएँ, भजन आदि सुनाकर आप बच्चे के भीतर आध्यात्मिकता के बीज अंकुरित कर सकते हैं।

मनीष– आँटी क्या आप हमें इसका कोई उदाहरण दे सकती हैं कि हम गर्भस्थ शिशु को कैसे शुभ भावनाएँ दें?

गायत्री– ठीक है। मैं आपको एक-दो उदाहरण बताती हूँ मगर इसे आप अपने तरीके से भी कह सकते हैं। ऐसा करने का कोई तय नियम नहीं है। आप इसमें अपने अनुसार बदलाव भी कर सकते हैं। इसके लिए माँ अपने गर्भ पर प्यार से हाथ रखकर, शिशु का स्पर्श अनुभव कर सकती है। पिता भी कर सकता है। ऐसा करने पर शिशु भी माँ और पिता का स्पर्श अनुभव करेगा। इस स्पर्श से दोनों में अच्छा संपर्क बनेगा। आप उसे कुछ अच्छे विश्वास, वचन इस प्रकार कह सकते हैं–

मेरे प्यारे बच्चे,

मैं तुम्हारी माँ तुमसे बात कर रही हूँ। मैं तुम्हें बताना चाहती हूँ

कि मैं तुमसे कितना प्यार करती हूँ। मुझे तुम्हारा बेहद खयाल है। मैं तुम्हें पाकर बहुत खुश हूँ। मैं हर पल, हर समय तुम्हारे साथ हूँ, तुम्हें महसूस कर रही हूँ, तुम्हारा ध्यान रख रही हूँ। मेरे गर्भ में तुम पूरी तरह सुरक्षित हो। तुम्हारा समुचित विकास हो रहा है। जो कुछ भी तुम्हारे विकास के लिए आवश्यक है, वह सभी तुम्हें भली प्रकार से मिल रहा है। तुम सदा आनंदित रहो, खुश रहो।'

ऐसी बातचीत बच्चे को सुरक्षा की भावना और विश्वास देगी। इसी तरह उसे कुछ ऐसे वचन कहे जा सकते हैं, जो उसमें दिव्य गुण जागृत करें–

मेरे प्यारे बच्चे,

तुम हमारे लिए हमारे जीवन में आए, इसके लिए हम तुम्हारे बहुत आभारी हैं। तुम हमारे लिए परमात्मा की ओर से दिया गया दिव्य उपहार हो। तुम ईश्वर का अंश हो, एक संत संतान हो। तुम्हारे अंदर वे सभी गुण उपस्थित हैं, जो ईश्वर में हैं और तुम उन्हीं की अभिव्यक्ति के लिए संसार में आ रहे हो। तुम्हारा जन्म ईश्वर के किसी विशेष कार्य को करने के लिए हो रहा है। तुम्हारा जीवन ईश्वरीय मार्गदर्शन से चलनेवाला है और तुम उस मार्गदर्शन को लेने में पूरी तरह समर्थ हो।

तुम्हारा हृदय सभी के लिए प्रेम और करुणा से भरा हुआ है। तुम हमेशा दूसरों की सहायता और सेवा के लिए तत्पर हो। तुम्हारी विवेक बुद्धि जागृत है इसलिए तुम जीवन में सही निर्णय लेने में हमेशा समर्थ हो और रहोगे। तुम सभी का आदर करते हो। सब तुम्हारा सम्मान करते हैं। तुम दूसरों की खुशी में खुश रहते हो इसलिए दूसरे भी तुम्हारी खुशी में खुश रहते हैं। तुम ज्ञान और भक्ति का अनूठा संगम हो। तुम्हारे भीतर विनम्रता, करुणा, साहस, संकल्प जैसे दिव्य गुण हैं। तुम्हारा पृथ्वी पर आना इस संसार को, इस समाज को अनेक प्रकार से लाभान्वित करेगा इसलिए हमें तुम पर गर्व है, मेरे प्यारे बच्चे सदा खुश रहो।

मधु– वाह! आँटी। यह तो बहुत ही अच्छा तरीका बताया आपने बच्चे से बात करने का, सचमुच मुझे लग रहा है, मैं अपने बच्चे से कितना कुछ शेयर कर सकती हूँ, कितनी बातें कर सकती हूँ। अपनी बातों से उसमें कितना विश्वास और अच्छी भावनाएँ जगा सकती हूँ।

गायत्री– हाँ ये सही बात है। आप बच्चे को जो विश्वास देंगे, वह वैसा ही बनेगा। उससे गर्भकाल से ही बातचीत कर उसमें दृढ़ विश्वास जगा सकते हैं। इस बारे में हम आगे भी बात करेंगे। कल मुझे एक हफ्ते के लिए बाहर जाना है। अगले क्लास मेरे आने के बाद होगी।

गायत्री आँटी ने आज की कक्षा समाप्त की और सब अपने घर चले गए।

मनन बिंदु :

- आपका गर्भस्थ शिशु आपको सुन सकता है इसलिए उससे स्वस्थ और सार्थक संवाद करें।
- गर्भस्थ शिशु से वैसे ही बात की जा सकती है, जैसे किसी दूसरे इंसान से करते हैं।
- अपने संवादों से आप उसे सुरक्षा, सद्गुण, जानकारियाँ, विश्वास आदि दे सकते हैं।

अध्याय १६

लिंगभेद का बच्चे पर असर

सेंस ऑफ रिजेक्शन

गायत्री आँटी सप्ताहभर के लिए अपने एक रिश्तेदार के यहाँ गई हुई थीं। उनको आज लौटना था। सलोनी ने दो दिन पहले उनको एक मैसेज डाला हुआ था कि 'आपके लिए एक सरप्राइज न्यूज है।' गायत्री आँटी के बहुत पूछने पर भी नहीं बताया था कि क्या सरप्राइज है। गायत्री आँटी कयास (अनुमान) लगा रही थीं कि ऐसी क्या बात हो सकती है, जो फोन पर नहीं बताई जा सकती। इसलिए घर आते ही वे सबसे पहले सलोनी के घर गईं।

दरवाज़ा विशाल ने खोला। वह आज ऑफिस नहीं गया था। सलोनी बेडरूम में आराम कर रही थी। संयोग से मधु भी उसके पास आई हुई थी। गायत्री आँटी को देख दोनों मुस्कुरा उठीं। शाम के समय सलोनी को बिस्तर पर लेटा देख गायत्री आँटी घबरा गईं।

गायत्री– अरे क्या हुआ तबीयत ठीक नहीं है क्या? सुनकर मधु हँस पड़ी।

मधु– तबीयत ठीक है आँटी। हम आपका कबसे इंतज़ार

कर रहे थे, आपको एक खबर सुनाने के लिए।

गायत्री- क्या खबर है, कुछ बताओगे भी? गायत्री आँटी के स्वर में सलोनी के लिए चिंता घुली हुई थी। तब तक विशाल सबके लिए चाय लेकर आ गया था।

विशाल- यही कि सलोनी पर आपके द्वारा दिए गए गर्भ संस्कार का असर हो गया। आपने इसे भरपूरता का जो मंत्र सिखाया उससे इसके मेंटल ब्लॉकेज हटे। कमी की फीलिंग दूर हुई, भविष्य की चिंता खत्म हुई और देखिए, हमारे घर में भी खुशखबरी आ गई... यानी हम मम्मी-पापा बननेवाले हैं। कहते हुए विशाल का चेहरा खुशी और गर्व से दमक रहा था।

गायत्री- अरे वाह! यह तो बहुत अच्छी खबर सुनाई। देखो, तुम्हारे बच्चे को लगा कि मम्मी कितना कुछ सीख रही है, जो मेरा छूटे जा रहा है। जल्दी से उनके गर्भ में जाता हूँ और आगे की कक्षाएँ लेता हूँ। क्या पता कुछ मेरे काम की बात मिल जाए। उनकी बात पर सभी हँस पड़े।

विशाल- आँटी उसे यह भी तो लगा होगा, चलो अब मम्मी सुधर गई तो मेरा जाना सुरक्षित है।

सलोनी- यह भी तो लग सकता है पापा भी सुधर गए, अब बेकार में डाँटेंगे नहीं।

सलोनी के पलटवार से सब हँसने लगे। तभी उसका फोन बजा। उसके सास-ससुर का फोन था। सलोनी ने सुविधा के लिए फोन स्पीकर पर रख दिया। दोनों ने उसका हालचाल पूछा।

सासू माँ- सलोनी बेटा, मैंने विशाल के फोन पर तुम्हारे लिए एक रामायण की चौपाई और एक मंत्र मैसेज में भेजे हैं। उनको सुबह-शाम २१ बार जपना। पंडित जी कह रहे थे इन मंत्रों के जाप से लड़का ही होगा।

ससुर- बेटा तुम ध्यान से मंत्र करना। मेरे वंश को आगे तुम ही लोगों को बढ़ाना है। जल्दी से पोते का मुँह देख लूँ, अब तो देवी माँ से बस यही कामना है।

सासू माँ- हमने तो देवी माँ से अरदास भी की है कि अगर हमको पोता हुआ तो हम जागरण कराएँगे।

सलोनी- और अगर पोती हुई तो पिताजी?

सासू माँ- शुभ-शुभ बोलो सलोनी। बेटी तो पराया धन है। पहले बुढ़ापे का सहारा बेटा आ जाए, उसके पीछे बेटी भी आ जाएगी।

सलोनी को आशीर्वाद देकर उन्होंने फोन रख दिया। विशाल ने फोन चेक किया और मैसेज में लिखे मंत्र, चौपाई सलोनी को फॉरवर्ड कर दिया।

विशाल- सलोनी देखो तुम्हारे लिए सुबह-शाम का होमवर्क आ गया। वह हँसते हुए बोला। गायत्री आँटी ये सब गंभीरता से सुन रही थीं।

गायत्री- विशाल बेटा, क्या तुम्हें भी ऐसा ही लगता है कि तुम्हारी संतान लड़का ही होनी चाहिए?

विशाल- नहीं आँटी। हमारे लिए तो बेटा-बेटी दोनों ही एक बराबर हैं। जो भी हो, वह स्वस्थ हो और सकुशल आ जाए, हम तो बस यही चाहते हैं।

गायत्री- तो फिर बेटे की चाह में यह मंत्र और चौपाई पढ़ने का कारण?

विशाल- बस बड़ों ने कहा है तो उनकी खुशी के लिए पढ़ लेंगे। होगा तो वही जो होना होगा।

गायत्री- यह बात सही है। होगा वही जो कुदरत ने निर्धारित किया है और वह निर्धारण गर्भाधान के समय ही हो जाता है इसलिए वह हो चुका है। मान लो, अगर गर्भ में कन्या संतान है तो जब वह यह मंत्र और चौपाई सुनेगी, जिसे लड़के की कामना के लिए पढ़ा जा रहा है तो सोचो उसे कैसा लगेगा? अब तो तुम लोग जानते ही हो गर्भस्थ शिशु माता-पिता के भाव ग्रहण करता है तो क्या उसे यह अपने लिए रिजेक्शन की फीलिंग नहीं देगा? क्या उसे यह नहीं लगेगा कि उसका लड़की होना उसके माता-पिता को स्वीकार्य नहीं हो रहा? यह भावना क्या उस मासूम के दुःख का कारण नहीं बनेगी कि उसके अपने माता-पिता ही उसे वैसा स्वीकार नहीं कर रहे जैसी वह है।

यह बात सभी पैरेंट्स को जान लेनी चाहिए अगर आप गर्भ में पल रहे शिशु को उसके लिंग के कारण अस्वीकार कर रहे हैं तो उसे सेंस ऑफ रिजेक्शन महसूस होता है। उसे बुरा लगता है। गर्भ में ही उसके भीतर हीन भावना, कुंठा या किसी और तरह के विकार जमा हो सकते हैं। क्या तुम चाहोगे कि तुम्हारे बच्चे के साथ ऐसा हो? सुनकर सलोनी और विशाल चौंक गए।

सलोनी– नहीं, कभी नहीं। आँटी, सच कहें तो इतनी गहराई से हमने कभी सोचा ही नहीं था। हमारा बच्चा जो भी है, जैसा है, वह हमें पूरी तरह स्वीकार है। लड़का या लड़की होने से उसके प्रति हमारे प्रेम पर, हमारी परवरिश पर कोई फर्क नहीं पड़ेगा।

विशाल और सलोनी की बातें सुनकर गायत्री आँटी के चेहरे पर राहत की साँस आई।

गायत्री– मुझे तुम दोनों से यही उम्मीद थी। देखो, मंत्र और चौपाई पढ़ने में कोई बुराई नहीं। कोई भी प्रार्थना करने में कोई बुराई नहीं लेकिन उसके पीछे के भाव को लेकर सावधान रहना चाहिए। प्रार्थना, मंत्र, चौपाई जो भी पढ़ें, वह बच्चे के लिंग निर्धारण के लिए नहीं, उसे शुभ भावना देने के लिए, अपना प्रेम दर्शाने के लिए और उसके कुशल मंगल के लिए पढ़ें।

उसे धन्यवाद दें कि आपके जीवन में आकर उसने आपको माता-पिता बनने का सौभाग्य दिया। वह आपकी खुशियों के लिए निमित्त बना। उसके आने से आप बहुत कुछ सीखेंगे, आपकी समझ बढ़ेगी, गुणों का विकास होगा। ये सब आप उसे सामान्य शब्दों में भी कह सकते हैं जैसे–

मेरे प्यारे बच्चे,

हमारे जीवन में आने के लिए तुम्हारा बहुत-बहुत धन्यवाद। तुम जो हो, जैसे हो, पूर्ण हो, श्रेष्ठ हो और सुरक्षित हो।

तुम शुद्ध हो, बुद्ध हो। पवित्र हो, ईश्वर का अंश हो। तुम्हारे आने से पृथ्वी की चेतना बढ़नेवाली है।

हम तुम्हें वैसे ही स्वीकार करते हैं, जैसे तुम हो। हम तुमसे प्रेम करते हैं। तुम्हारा आदर करते हैं। सदा खुश रहो। आनंदित रहो।

मधु– आँटी मेरे साथ भी ऐसा ही हो रहा है। बहुत से नाते, रिश्तेदार लड़का होने का आशीर्वाद देते हैं। वे मुझे ऐसे टोटके बताते हैं जिनसे, उनके अनुसार शर्तिया लड़का ही होगा। इसी कारण मुझे उन पर बहुत गुस्सा आता है। उन लोगों की शकल देखने का, उनसे बात करने का मन नहीं करता।

गायत्री– देखो मैंने पहले भी तुम्हें समझाया था, ना तो तुमको किसी से नफरत

नहीं करनी है, ना ही किसी के प्रति द्वेष भावना रखनी है। वे लोग ऐसा सोचते हैं क्योंकि उन्हें वैसा माहौल मिला, लड़कियों के प्रति समाज से वैसी ही समझ मिली मगर अब समय बदल रहा है। नई पीढ़ी में लोगों के सोचने का नज़रिया बदल रहा है। तुम दोनों इसकी मिसाल हो।

जिन भी रिश्तेदारों से इस कारण तुम्हें नफरत के भाव आ रहे हैं, उन सबको ध्यान क्षेत्र में लाओ और उनमें पाँच गुण देखने का प्रयास करो। उन गुणों पर फोकस करो। जैसे कि पहले समझाया था, हमें हर किसी से अपनी संतान के लिए गुणों के हीरे इकट्ठे करने हैं और उनसे शिशु के लिए माला बनानी है। जो है जैसा है होने दो, हमें खुद को सँभालना है क्योंकि यह हमारी हमारे बच्चे के प्रति ज़िम्मेदारी है।

सलोनी, अभी तुम आराम करो। जब ठीक लगे हम आगे की कक्षा रखेंगे। जिसमें माँ और बच्चे के लिए कुछ ऐसी ध्यान-प्रार्थना की तकनीकों को सीखेंगे, जिससे दोनों को मानसिक और शारीरिक लाभ होगा। सलोनी को आशीर्वाद देकर गायत्री आँटी वहाँ से आ गईं।

मनन बिंदु :

- माता-पिता को कभी भी बच्चे में लिंगभेद नहीं करना चाहिए। इससे गर्भस्थ शिशु के मानसिक और शारीरिक विकास में बाधा आ सकती है।
- यदि गर्भस्थ शिशु को उसके लिंग के आधार पर या किसी और वजह से नकारा जाता है तो इसका उस पर नकारात्मक असर पड़ता है। उसे सेंस ऑफ रिजेक्शन महसूस होता है, जो उसे पीड़ा देती है।

अध्याय १७

मन का स्वास्थ्य

ध्यान तकनीकें

आज रविवार, छुट्टी का दिन था। गायत्री आँटी सोसायटी के जार्गस पार्क में रोज़ मॉर्निंग वॉक किया करती थीं। आज से उन्होंने मधु और सलोनी को भी अपने साथ वॉक पर आने के लिए कहा था। सुबह-सुबह की ताज़ी स्वच्छ हवा, हरा-भरा वातावरण, उगते सूर्य की मध्यम किरणें, चिड़ियों की चहचहाहट, आधा घंटा टहलना... ये सभी उन दोनों के मानसिक और शारीरिक स्वास्थ्य के लिए ज़रूरी थे।

जार्गस पार्क में कुछ युवा दौड़ रहे थे। कुछ योगा, एक्सरसाइज कर रहे थे। एक तरफ कुछ लोग प्राणायाम, ध्यान आदि कर रहे थे। गार्डन के दूसरे कोने में लाफिंग क्लब के नौ-दस सदस्य हास्य व्यायाम कर रहे थे। सलोनी और मधु पहली बार इतनी सुबह-सुबह उठकर गार्डन में आए थे। वहाँ की रौनक देखकर दोनों के मन प्रफुल्लित हो उठे थे।

सलोनी- आँटी इस मेट्रो शहर की सुबह भी इतनी सुंदर हो सकती है, यह आज जाना। इसके लिए आपका बहुत-बहुत शुक्रिया।

मधु- सच में आँटी। मैं भी अब तक आँख खुलने के बाद एक-देढ़ घंटा चाय पीने और न्यूज़ पेपर पढ़ने में ही बीता दिया करती थी। फिर घर के कामों में लग जाती थी। मगर आज यहाँ आकर लग रहा है, सचमुच सुबह कितनी सुंदर होती है और मैं रोज़ उसे बेवजह खो देती हूँ।

गायत्री- हाँ, वह तो है। दरअसल सुबह का समय हमारे दिन का सबसे महत्वपूर्ण समय होता है। सोकर उठने के बाद हमारा मन शांत होता है और नई-नई जानकारियों के लिए ग्रहणशील होता है। इस समय हम उसे जानकारियों के रूप में जो इनपुट देते हैं, वह हमारा पूरा दिन वैसे ही गुज़ारता है।

समझ लो, हम दिन की शुरुआत न्यूज़ पेपर पढ़ने से करते हैं, जहाँ पर ज़्यादातर राजनीति, हिंसा और नकारात्मकता की खबरें ही रहती हैं। जिन्हें पढ़कर हमारा मन सुबह-सुबह नकारात्मक हो जाता है। हमें लगता है दुनिया में कितना बुरा हो रहा है, यह दुनिया रहने लायक नहीं। गर्भावस्था में ऐसे नकारात्मक भाव उठना बच्चे के लिए बहुत ही हानिकारक हैं क्योंकि इस दुनिया में हम एक नई चेतना को लाने जा रहे हैं। अगर हम उसे इस दुनिया के बारे में सारी भावनाएँ नकारात्मक ही देंगे तो सोचो, वह किस प्रोग्रामिंग के साथ दुनिया में आएगा। जब आएगा तो इस दुनिया के प्रति शुरू से ही मन में प्रतिरोध रखेगा, उसे नापसंद करेगा... उसका तो आने का मन ही नहीं करेगा न... इसलिए हमें ऐसी तमाम बातों से बचना चाहिए, जिससे हमारे भीतर नकारात्मकता जमा हो और वह बच्चे में ट्रान्सफर हो।

दिन की शुरुआत उगते सूरज से होती है और उगता सूरज ज्ञान का, चेतना का प्रतीक है। उसके आने के साथ हमें भी ऐसे कार्य करने चाहिए, जिनसे हमारी चेतना बढ़े, समझ बढ़े, स्वास्थ्य बढ़े। हमारे जीवन में अंधकार दूर होकर सकारात्मकता का प्रसार हो। ये सभी लोग जो इस वक्त जार्गस पार्क में हैं, वे अपने दिन की शुरुआत ऐसे ही किसी उद्‌देश्य से कर रहे हैं। कोई अपने मन को शक्ति दे रहा है, कोई तन को।

सलोनी- तो आप ही बताइए आँटी हमारी सुबह की शुरुआत कैसी हो, आप जो कहेंगी हम वही करेंगे।

गायत्री- समझो, हमारा यह शरीर एक मंदिर है। इस मंदिर रूपी शरीर में इस समय हमारे साथ गर्भस्थ शिशु के रूप में एक शुद्ध चेतना का वास है। उस शुद्ध चेतना को हमें पूजा स्वरूप कुछ फूल चढ़ाने हैं। कैसे फूल होने चाहिए ये? ऐसे

फूल जो उसके तन, मन को स्वस्थ करें, बुद्धि को निर्मल करें, चेतना बढ़ाएँ, अच्छे संस्कार दें। ऐसे सभी फूल तुम्हें सुबह के समय चुनने हैं। अगर सुबह संभव नहीं तो दिन में जब भी संभव हो, यह करना है।

सुबह की शुरुआत प्रकृति के सानिध्य में वॉक और ऐसी एक्सरसाइज से करनी चाहिए, जो डॉक्टर द्वारा बताए गई हो। इसका प्रभाव गर्भस्थ शिशु के उत्तम शारीरिक विकास पर होगा। मन, बुद्धि को स्वस्थ करने के लिए कुछ ध्यान क्रियाएँ, प्राणायाम आदि करें। अच्छी आध्यात्मिक पुस्तकें पढ़ें और उन पर चिंतन-मनन करें। श्रेष्ठ चरित्रों की जीवनी पढ़ सकते हैं। ऐसा करने से आपके अंदर शुभ विचार जगेंगे। स्मृतियों में शुभ जानकारियाँ इकट्ठी होंगी। अगर कुछ सुनना चाहते हैं तो अच्छे भजन, मंत्र, सत्य से जुड़े दोहे, प्रवचन आदि सुन सकते हैं। शब्दों और मंत्रों की अपनी तरंग होती है। हमारे पूर्वजों ने गर्भ के समय में सुने जानेवाले बहुत से मंत्र बनाए हैं, जिन्हें सुनकर शिशु को श्रेष्ठ तरंग पहुँचाई जा सकती है।

मधु- आँटी ध्यान के बारे में बहुत कुछ सुना है, यह भी सुना है कि ध्यान से मन शांत और सकारात्मक रहता है लेकिन यह क्या है, कैसे करते हैं, इसकी मुझे कुछ जानकारी नहीं। आप इसके बारे में थोड़ा विस्तार से बताइए ताकि हम यह करना शुरू कर सकें।

गायत्री- ध्यान के मायने बहुत गहरे हैं और इसके ऐसे लाभ हैं, जिनके बारे में आप सोच भी नहीं सकते। अगर ऊपरी फायदों की बात करें तो ध्यान से हमारा मन शांत और एकाग्र रहता है। उसकी संकल्प शक्ति बढ़ती है। ध्यान से हमारी कार्य क्षमता बढ़ती है। हमारा मानसिक और शारीरिक स्वास्थ्य बेहतर होता है। ध्यान करने से हमारे जीवन में सकारात्मक परिवर्तन होते हैं। अच्छी चीज़ें हमारी ओर आकर्षित होती हैं, जैसे सुख, शांति, समृद्धि, सफलता सद्गुण... ये सभी कुछ हम ध्यान की शक्ति से प्राप्त कर सकते हैं।

लेकिन यह ध्यान का मूल लाभ नहीं है। यह तो बोनस में मिलनेवाले फायदे हैं। ध्यान का मूल उद्देश्य है अपनी पहचान पाना, स्वअनुभव करना। यह वह अवस्था है जिसे बहुत से योगियों, संतों ने प्राप्त किया। फिलहाल हम इस पर इतनी विस्तार से बात नहीं करेंगे। छोटी-छोटी क्रियाओं से इसकी शुरुआत करेंगे।

सबसे पहले बेहद सरल ध्यान क्रिया समझते हैं, जो साँसों पर आधारित है। वैसे तो बहुत से प्रचलित प्राणायाम हैं, जो साँसों को नियंत्रित कर, मन को शांत

करते हैं, शरीर को स्वस्थ करते हैं, जैसे अनुलोम-विलोम, भस्त्रिका, कपालभाति आदि। लेकिन यहाँ पर मैं तुम दोनों को बेहद सरल साँसों की ध्यान तकनीक बता रही हूँ, जिसे तुम आसानी से कर सकती हो।

गायत्री आँटी, मधु और सलोनी गार्डन में एक पेड़ के नीचे साफ, स्वच्छ जगह पर बैठ गए।

गायत्री- ध्यान से पहले यह समझना ज़रूरी है कि आखिर ध्यान की शुरुआती तकनीकें साँसों के आलंबन पर ही क्यों आधारित होती हैं। दरअसल साँसें हमारे स्थूल शरीर और मन को जोड़नेवाली मुख्य कड़ी हैं। हमारा मन और साँसें एक-दूसरे से जुड़े हुए होते हैं। इसका अनुभव तो तुम दोनों ने भी कई बार किया होगा कि जब हमारा मन परेशान रहता है या हम तनाव, चिंता और गुस्से में होते हैं तब हमारी साँसें छोटी-छोटी हो जाती हैं और बड़ी तेज़ी से चलती हैं। यदि मन शांत, स्थिर और प्रसन्न हो तो साँसें धीमी, शांत और गहरी होती हैं।

सलोनी- हाँ मैंने ऐसा अनुभव किया है। कभी-कभी तो गुस्से में साँस बहुत फूल जाती है, दम सा घुटता महसूस होता है।

गायत्री- हाँ क्योंकि हमारा मन, हमारी साँसों से जुड़ा है। मन परेशान है तो साँसों की लय बिगड़ती है। यदि हम किसी तरीके से अपनी साँसों को नियंत्रण में ले आए तो इसका असर मन पर भी होता है। साँसें नियंत्रित होने से मन शांत और स्थिर हो जाता है। गर्भावस्था में हार्मोन्स में बदलाव के कारण मूड स्विंग होना आम बात है। यानी कभी बेवजह गुस्सा आएगा, कभी चिड़चिड़ाहट होगी, कभी बेवजह रोने का मन करेगा, कभी बहुत प्रफुल्लता महसूस होगी। शरीर में हो रहे इन बदलावों का असर नींद पर भी पड़ सकता है, जिससे तनाव बढ़ सकता है... ऐसा होने पर मूड के साथ बहने के बजाए यदि हम साँसों से जुड़ा ध्यान कर, मन को शांत और स्थिर कर लें तो सब ठीक हो जाएगा।

मधु- अरे वाह! यह तो बड़ी अच्छी तकनीक है, बिगड़े मूड को सुधारने की। काश मुझे पहले पता होता। मैंने गर्भावस्था के शुरुआती दो महीने बहुत मूड स्विंग और डिप्रेशन झेला है। अभी भी किसी-किसी दिन ऐसी हालत हो जाती है। जल्दी से बताइए, इसे कैसे करते हैं।

गायत्री- हाँ-हाँ बताती हूँ। देखो, मैं तुम्हें इसका सरलतम तरीका बता रही

हूँ। इसमें बस साँसों की गिनती करनी है और कुछ नहीं। ऐसा करने से मन बाकी बातों से हटकर वर्तमान में आएगा और साँसों पर केंद्रित होगा।

सबसे पहले एक निर्धारित समय के लिए आँख बंद करके बैठना है। इसके लिए टाइमर की मदद ले सकते हैं। जैसे हम सामान्य रूप से साँस लेते हैं, एक साँस अंदर खींचते हैं और फिर उसे बाहर छोड़ते हैं। इस तरह से एक पूरी साँस होती है, उसे एक नंबर दें। साँस ली और छोड़ी, उसे एक गिनें। दूसरी पूरी साँस को दो गिनें। इसी तरह कुछ समय के लिए साँसों की गिनती करें।

ऐसा करने पर तुम्हें महसूस होगा कि विचलित मन शांत होकर वर्तमान में आ गया है। साँसें संतुलित हो गई हैं। विचारों में शांति सी छा गई है और शरीर भी तनावरहित हो गया है। यह मन और तन दोनों को रिलैक्स करता है। ऐसा ज़रूरी नहीं कि ये तकनीक सुबह ही की जाए। जब-जब मन अशांत हो, इसका अभ्यास आप दिनभर में कभी भी कर सकते हैं। इसे रात को सोने से पहले करने पर नींद भी अच्छी और सहजता से आती है।

पेड़ के नीचे बैठ पंछियों की चहचहाहट के साथ मोबाइल में पंद्रह मिनट का टाइमर लगाकर गायत्री आँटी ने मधु और सलोनी दोनों के साथ साँसों की गिनती का अभ्यास किया। ऐसा करके दोनों को ही तन और मन से बहुत फ्रेश लगा। कल की मार्निंग वॉक पर कुछ और सरल ध्यान तकनीक सिखाने के वादे के साथ गायत्री आँटी ने आज विदा ली।

मनन बिंदु :

- गर्भवती स्त्री को सुबह की शुरुआत नकारात्मक खबरें पढ़ने, सुनने, देखने से नहीं करनी चाहिए बल्कि ऐसी सकारात्मक और आध्यात्मिक श्रवण, मनन, ध्यान आदि से करनी चाहिए, जो उसकी और शिशु की चेतना बढ़ाए।
- गर्भवती स्त्री को अपनी दिनचर्या में नियमित सैर, अनुमति प्राप्त व्यायाम, प्राणायाम, ध्यान आदि सम्मिलित करने चाहिए। इससे माँ और शिशु दोनों का शारीरिक और मानसिक स्वास्थ्य बढ़ता है।

अध्याय १८

सराहना और कृतज्ञता के संस्कार

संत संतान निर्माण भाग-१

'संत' इस शब्द का उच्चारण करते ही एक ऐसी छवि सामने उभरती है, जो सौम्य हो, विनम्र हो, सद्‌गुणों से भरी हो; जिसके दिल में सभी के प्रति प्रेम, करुणा, कृपा का वास हो। ये गुण उसकी दृष्टि से झलकते हैं, जो हर हाल में सबका कल्याण चाहे, किसी से द्वेष न रखे, हमेशा लोक कल्याण की भावना रखे और कर्म भी करे।

जी हाँ! ये ही हैं एक संत के संस्कार। गर्भावस्था वह मौका है जहाँ एक शिशु में संत के संस्कार रोपित किए जा सकते हैं, उसे संत संतान बनाया जा सकता है। इसके लिए ज़्यादा कुछ नहीं करना है, बस! अपनी समझ बदलनी है, अपनी नज़र बदलनी है।

आज मॉर्निंग वॉक पर गायत्री आँटी सलोनी और मधु को ऐसी ही कुछ ध्यान तकनीकों के बारे में बताने जा रही थीं।

सलोनी- आँटी कल एक बड़ी विचित्र बात हुई। बाजूवाली सोसायटी में मेरी एक फ्रेंड है, जिसकी गर्भावस्था के बारे में मुझे कल ही पता चला। मैंने उससे आपकी गर्भ संस्कार क्लास के बारे में बताया और कहा कि वह भी इस क्लास से लाभ ले सकती

है और अपनी आनेवाली संतान में संतों के सारे अच्छे गुण, संस्कार पिरो सकती है तो पता है उसने क्या जबाव दिया?

कहने लगी, 'ना भाई मुझे अपने बच्चे को संत-वंत नहीं बनाना है। ये सब किताबी बातें हैं, किताबों में ही अच्छी लगती हैं। यह दुनिया संतों के रहने लायक नहीं है। यहाँ टिकने के लिए तो इंसान को चालाकियाँ और मौकापरस्ती सीखनी चाहिए। मैं तो कहती हूँ तुम भी उस क्लास में मत जाओ, बच्चा ज़रूरत से ज़्यादा सीधा हो गया तो दुनिया उसका बड़ा फायदा उठाएगी, वह जीवन में कुछ नहीं कर पाएगा। और क्या पता किसी दिन सब कुछ छोड़-छाड़कर संन्यास ही न ले ले, तब क्या करोगी?'

सुनकर गायत्री आँटी हँसने लगीं।

गायत्री- यह एक माँ नहीं बल्कि उसके भीतर छिपा असुरक्षा का पैटर्न बोल रहा है। उसे लगता है अगर उसके बच्चे में संत के गुण आ गए तो कहीं वह उन्हें छोड़कर न चला जाए? कहीं भविष्य में वह उनकी गलत मानसिकता या गलत कामों पर ही सवाल न उठाने लगे। जैसे एक विवेकशील संतान बड़ी होकर दहेज़, रिश्वत, भ्रष्टाचार, धार्मिक पाखण्ड आदि का विरोध कर सकता है, इन मुद्दों को लेकर अपने परिवार से बगावत कर सकता है, जैसे विभीषण ने किया था। मगर माता-पिता को यदि सत्य ज्ञात नहीं है तो वे बच्चों को कैसे सत्य की समझ दे सकते हैं।

भगवान बुद्ध के साथ भी तो यही हुआ। उनके पिता ने अपनी असुरक्षाओं के चलते, उन्हें जीवन के सत्य से दूर रखने का प्रयास किया मगर क्या हुआ? अगर वे उनकी सही और संतुलित परवरिश करते तो संभव था, सिद्धार्थ गौतम, राजा जनक की तरह बनते जो आत्मसाक्षात्कारी भी थे और कुशल राजा भी। इसीलिए मैंने तुमसे कहा था गर्भाधान से पहले माता-पिता को अपनी समझ और पैटर्न पर भरपूर काम करना चाहिए ताकि उनकी गलत धारणाओं के चलते बच्चे का नुकसान न हो। खैर उसकी बात छोड़ो, तुम दोनों तो संत-संतान चाहती हो न?

मधु- जी बिलकुल। सलोनी ने भी सहमति जताई।

गायत्री- तो चलो। संत संतान निर्माण की ओर अगला कदम बढ़ाते हैं, उसे सराहना करना सिखाते हैं।

सलोनी- सराहना? किस चीज़ की?

गायत्री- हर चीज़ की। वैसे बच्चों में यह गुण पैदायशी होता है। वे हर चीज़ को आश्चर्य से देखते हैं, उसकी सराहना करते हैं। कभी छोटे बच्चे को कुछ देखते हुए देखो। वे पेड़ के पत्तों पर पड़ी एक बूँद को कैसे देखते हैं? उसे छूकर कैसे मुस्कुरा उठते हैं। चिड़ियों को, तितलियों को, फूलों को, किसी कीड़े, चींटी, जीव-जंतु को कैसे चहककर देखते हैं।

इंसान जो स्वयं को सर्वज्ञाता समझता है, वह ऐसे देखना भूल गया है। इसी कारण फूल का खिलना, सूर्य का उदय होना, चाँद-तारों का चमकना... सब कुछ इतनी खूबसूरती से रोज़ हमारे सामने घट रहा है मगर हम उसे देख ही नहीं रहे हैं। उसकी सराहना ही नहीं कर पा रहे हैं। इसीलिए बड़े लोग दुःखी रहते हैं क्योंकि वे सराहना करना भूल जाते हैं और हर चीज़ को फॉर-ग्रांटेड (लापरवाही से) लेकर उसकी ओर देखते भी नहीं।

बच्चे भी बड़ों के साथ रहते-रहते आश्चर्य प्रकट करना, सराहना करना भूल जाते हैं। मगर अब हमें यह नज़र बदलनी है। ईश्वर की रचनाओं पर ध्यान देने से आपको छोटी-छोटी चीज़ों में भी आश्चर्य नज़र आएगा... आप हर जगह, हर छोटी चीज़ में भी उसकी उपस्थिति महसूस करेंगे। ऐसा भाव इंसान को उस रचनाकार के प्रति सराहना और कृतज्ञता से भर देता है। जिससे वह भी वर्तमान में उसी भाव में डूब जाना चाहता है। इसी अवस्था से उस रचनाकार की सराहना में भजन, दोहे, धन्यवाद निकलते हैं।

सराहना करने से हमारी ईश्वरीय कृपाओं के प्रति गहणशीलता बढ़ती है। फलतः सकारात्मकता भी बढ़ती है। हमारा यही दृष्टिकोण हमारे बच्चे को भी नई दृष्टि देता है। इसलिए आज से अपने आस-पास, इस प्रकृति में, इंसानों में, जो भी अच्छा दिखे, उसकी सराहना करें।

गायत्री आँटी की बात सुनकर मधु और सलोनी ने बगीचे में वॉक करते हुए, अपने चारों ओर देखा। सच में आज की सुबह उन्हें अलग लगने लगी। पहली बार उन्होंने देखा कि बगीचे में कितने विविध प्रकार के फूल खिले हैं। अलग-अलग पक्षियों की गूँजार है। मुलायम घास पर पड़ी ओस की बूँदें कितनी सुंदर लग रही हैं। हवाओं में कितनी ताज़गीभरी खुशबू है। सूरज की सुनहरी किरणें कैसे जगमग कर रही हैं...। दोनों के चेहरे खिल उठे और उन्हें उसी वातावरण में ऐसी दिव्यता का एहसास हुआ, जो पहले कभी नहीं हुआ था।

गायत्री– कैसा लग रहा है सराहनाभरी नज़र से दुनिया देखना?

सलोनी, मधु– बहुत खूबसूरत, बिलकुल नई-नई सी लग रही है।

गायत्री– अच्छी बात है मगर अभी आधा ही काम हुआ है। सराहना के साथ धन्यवाद भी देना है।

मधु– धन्यवाद? किस बात का! सुनकर गायत्री आँटी मुस्कुरा उठीं।

गायत्री– हर उस बात का जिसके लिए धन्यवाद देना ज़रूरी था मगर फिर भी नहीं दिया।

उस संतान का जिसने तुम्हें माँ के रूप में चुना, अपने उस शरीर का, जिसने तुम्हें और तुम्हारी आनेवाली संतान को सँभाला। उस प्रकृति का जिसके सभी तत्त्वों जैसे हवा, पानी, रोशनी, मिट्टी, आकाश की वजह से तुम्हारा वजूद है। उन लोगों का जिनके होने से तुम्हारा जीवन सुचारू रूप से चल रहा है... सभी गुण, कलाओं का जो तुम्हें मिलीं, समृद्धि, स्वास्थ्य, घर... जो कुछ भी तुमने चाहा और तुम्हें वह मिल गया... नहीं भी चाहा फिर भी कृपा स्वरूप मिला... उन सभी चीज़ों के लिए ईश्वर व कुदरत को धन्यवाद देना है।

इसे कृतज्ञता का ध्यान भी कह सकते हैं। इसे करने की कोई विशेष विधि नहीं है। यह खुली आँखों से चलते-फिरते भी हो सकता है और शांति से एक जगह बैठकर भी। इसे ऐसे करना है। जब आपकी आँखें खुली हों और आप जहाँ भी हों, उन कृपाओं को देखें, जो आप पर हुई हैं। उन सभी चीज़ों पर नज़र डालें, जो आपको मिली हैं। जैसे घर, परिवार, माता-पिता, संसाधन, पानी, खाना, शिक्षा, सुरक्षा, अच्छे पड़ोसी, अच्छे सहकर्मी, सुविधा, सहायता आदि...। जो भी कृपा आपके ध्यान क्षेत्र में आए, उनके लिए ईश्वर को धन्यवाद दें। हर कृपा के लिए पूरे भाव से धन्यवाद दें, अपनी कृतज्ञता ज़ाहिर करें। आप कृपा में कुछ भी ले सकते हैं, जैसे स्वास्थ्य, करियर, रिश्ते, परिवार, दोस्त, घर, सुख-सुविधाएँ, सत्य संघ, गुरुकृपा आदि।

अब एक-एक कर उन चाहतों या कृपाओं को अपने ध्यान क्षेत्र में लाएँ, जो आप जीवन में पाना चाहते हैं। उनके होने से आपके जीवन में क्या-क्या सुखद परिवर्तन होंगे, उस एहसास को कुछ क्षण महसूस करें। सोचें, वह विशेष कृपा आप पर हो चुकी है। फिर ईश्वर को, एडवान्स में उस कृपा के लिए पूरे भाव से

धन्यवाद देकर, अपनी कृतज्ञता ज़ाहिर करें। ऐसा करने से आप उन कृपाओं के लिए ग्रहणशील बनेंगे और वे आप पर जल्दी होंगी।

कृतज्ञता महसूस करने और धन्यवाद देने की आदत डालने पर आपको ऐसी-ऐसी कृपाओं का अनुभव होगा, जिन्हें आपने कभी नोटिस भी नहीं किया। तब आपको महसूस होगा कि ईश्वर ने आपको कितना कुछ दे रखा है और उसके लिए आपने ईश्वर का कभी धन्यवाद नहीं किया। यह ध्यान आपको जीवन की तमाम निराशा और अभावों से उभारेगा। जब भी जीवन में किसी बात का अभाव नज़र आए तो धन्यवाद देना आरंभ कर दें। आप देखेंगे कि तुरंत आपकी भावना बदल जाएगी और आपको लगेगा आपके पास कितना कुछ है। यह भाव ही कृपाओं और जो 'आपको चाहिए' को चुंबक की तरह खींचकर आपके जीवन में ले आएगा।

ऐसा कोई भी ध्यान करते हुए यह भाव रखने हैं कि आपके साथ आपका गर्भस्थ शिशु भी ये सब कर रहा है। जब आप कुछ देखकर सराहना कर रहे हैं तो उसकी दृष्टि भी आपकी दृष्टि में समाहित है। वह अपनी नज़र से देखकर आपके साथ सराहना कर रहा है। जब आप किसी कृपा को महसूस कर, कृतज्ञ हो रहे हैं तो वह भी आपके साथ कृतज्ञ हो रहा है। जब आप ईश्वर को धन्यवाद दे रहे हैं तो उसकी आवाज़ भी आपकी आवाज़ में मिली है। उसके भाव आपके भाव में मिले हुए हैं।

इसके बाद गायत्री आँटी मधु और सलोनी के साथ लॉन में बैठ गईं और तीनों ने कुछ समय कृतज्ञता ध्यान किया। फिर तीनों ने असीम आनंद के साथ घर की राह ले ली।

मनन बिंदु :

- शिशु को सराहना और कृतज्ञता के संस्कार देने हैं।
- शिशु में उस दुनिया की हर अच्छी चीज़ की सराहना करने का संस्कार डालना है, जिसमें वह आ रहा है। इसके लिए माता-पिता को सराहना करना आरंभ करना है।
- सभी कृपाओं को अपने ध्यान क्षेत्र में लाकर, उनके प्रति कृतज्ञ होने और धन्यवाद प्रकट करने का संस्कार विकसित करना है।
- ऐसा करते हुए माता को यह सोचना है कि उसका शिशु भी उसके साथ सराहना कर रहा है, कृतज्ञता महसूस कर रहा है और धन्यवाद दे रहा है।

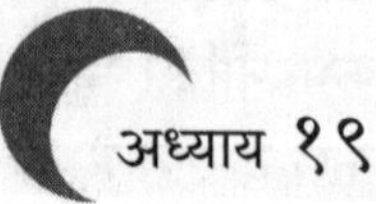

अध्याय १९

'दया'–'करुणा' सर्वमंगल संस्कार

संत संतान निर्माण भाग–२

आज शाम गायत्री आँटी के घर पर क्लास होनेवाली थी। मधु और सलोनी के साथ विशाल और मनीष भी आए थे। सलोनी कुछ परेशान लग रही थी और थोड़ा गुस्से में भी। गायत्री आँटी ने तुरंत उससे पूछताछ करना सही नहीं समझा। आज उन्हें जिन संस्कारों पर बात करनी थी, वे थे दया भाव और करुणा दृष्टि। ये ऐसे दिव्य गुण हैं, जो हर इंसान में होने ज़रूरी हैं तभी वह अपने मनुष्य होने का धर्म निभा पाता है। सबके प्रति दया भाव रखना सबको करुणाभरी दृष्टि से देखना, ऐसे संस्कार हैं, जो इंसान के मन को हमेशा पवित्र और निर्मल रखते हैं क्योंकि वह मन में किसी के लिए भी मैल जमा नहीं कर पाता। गायत्री आँटी ने यही समझाना शुरू किया।

गायत्री– क्या कभी ऐसा हो सकता है कि आपका किसी को देखना ही ध्यान बन जाए, प्रार्थना बन जाए... वह न सिर्फ आपको बदल दे बल्कि सामनेवाले को भी बदल दे।

विशाल– ऐसा कैसे हो सकता है आँटी?

गायत्री– क्यों नहीं हो सकता? वैसे क्या तुम इस बात पर

यकीन रखते हो कि तुम किसी के लिए ज़ुबान से प्रार्थना करोगे तो वह सुनी जाएगी, अपना असर दिखाएगी?

विशाल- जी हाँ बिलकुल।

गायत्री- तो फिर इस बात पर यकीन करने में क्या दिक्कत है कि तुम जिसे देखोगे, तुम्हारा वह देखना, वह नज़र एक प्रार्थना बनेगी, जो अपना असर दिखाएगी।

सभी सुनकर चुप हो गए। उन्हें कुछ समझ नहीं आ रहा था।

गायत्री- इसे यूँ समझो तुम्हारी दो आँखें हैं। जिनमें एक नज़र करुणा, दया भाव की है और एक नज़र प्रेम की है। जब तुम किसी को देखते हो तो सिर्फ उसे देखते नहीं हो, उस पर प्रेम और करुणा बरसाते हुए देखते हो। यह नज़र का फर्क ही हमारे देखने को... हमारी दृष्टि को प्रार्थना बनाता है, मंगल कामना बनाता है। इसीलिए लोग महापुरुषों, संतों की एक नज़रभर के लिए प्यासे रहते हैं। उन्हें लगता है कि उनके देखनेभर से वे ठीक हो जाएँगे, उनमें बदलाव आएगा।

ऐसा इसलिए होता है कि आपकी चेतना, आपके भाव आपकी दृष्टि के द्वारा दूसरे तक पहुँचते हैं, उस पर असर करते हैं तो आज से आप सभी को अपनी नज़र बदलनी है। उसे दया, करुणा, प्रेम की शक्ति देनी है। इसके लिए किसी को देखना है तो ऐसे देखना है-

मान लीजिए, आप कहीं जा रहे हैं, ऑफिस में या रोड पर हैं, बाज़ार में हैं या घर पर हैं... तब सामनेवाले को करुणा की नज़र से देखें, मंगल कामना की नज़र से देखें, दया और प्रेम की नज़र से देखें। भाव रखें कि आपका देखना उसे स्वस्थ कर रहा है, उसकी चेतना बढ़ा रहा है, उसका मंगल कर रहा है।

जिसके लिए मन में नकारात्मक भाव हैं, गुस्सा है, नफरत है, उसे ध्यान क्षेत्र में लाकर उस पर भी शुभ भावना, दया, करुणा की किरणें बरसाएँ। उसके लिए मन में कहें, 'आप अच्छे हो, समर्थ हो, स्वस्थ हो, सत्य के राही हो, आप शुद्ध हो, बुद्ध हो, पवित्र हो, परफेक्ट हो। आपमें गुणों का विकास हो रहा है और समस्त विकार मिट रहे हैं।' इस तरह से सभी के लिए मंगल भावना भेजें।

ऐसी नज़र आपको केवल दूसरों के लिए नहीं, अपने लिए भी रखनी है और अपने गर्भस्थ शिशु के लिए भी। खुद को और अपने शिशु का ध्यान कर उसे भी दया, करुणा, प्रेम से देखें। उससे और खुद से कहें- 'तुम शुद्ध हो, बुद्ध हो, पवित्र

हो, परफेक्ट हो, स्वस्थ हो, दिव्य गुणों के स्वामी हो...' इसे कहते हैं अपनी दृष्टि से ही हीलिंग देना।

इस तरह सिर्फ देखने का तरीका बदलने से, तीन लोगों को लाभ होगा। आपका, शिशु का और उस सामनेवाले इंसान का भी। आप पाएँगे कि वह बदलने लगा है, वह बेहतर होने लगा है।

सलोनी- लेकिन कुछ लोग ऐसे होते हैं, जिन पर दया-करुणा करने का मन नहीं करता तब क्या करें?

गायत्री- तब भी यही करना है।

सलोनी- मगर आँटी कोई लगातार गलत काम करे, हमें धोखा दे, हमें तंग करे तो फिर कैसे उसके लिए नज़रों से प्रेम और करुणा बरस सकती है? सलोनी की आँखों से गुस्सा टपक रहा था।

गायत्री- पहले तो यह बताओ, इतने गुस्से में क्यों हो, क्या समस्या है?

सलोनी- देखिए न आँटी, मेरी कामवाली बाई ने मुझे तीन दिन से परेशान किया हुआ है, जबकि उसे मेरी हालत पता है। फिर भी मुझसे झूठ बोलकर छुट्टी ली, ऊपर से कहीं दूसरी जगह ज़्यादा पैसे लेकर काम किया। मेरा उससे बहुत झगड़ा हुआ। मन कर रहा है उसे काम से निकाल दूँ... अब आप ही बताइए ऐसे झूठे इंसान पर कैसे दया दिखाऊँ?

विशाल- ऐसा मेरे साथ भी ऑफिस में होता है। कुछ लोग ऐसे होते हैं कि उन पर दया दिखा ही नहीं सकते।

गायत्री- एक बात हमेशा याद रखना। ऐसा कोई नहीं जिन्हें दया और करुणा से न देखा जा सके। वे ऐसा गलत व्यवहार कर रहे हैं, इसका मतलब है कि वे ज़्यादा बीमार हैं, शारीरिक रूप से न सही, मानसिक रूप से ही सही, उन पर तो ज़्यादा करुणा दृष्टि डालनी चाहिए ताकि वे हील हो सकें।

देखो ऐसे लोगों के साथ आपको वही करना है, जो उचित है। ये करने योग्य कर्म हैं। मानो, कोई कामचोरी कर रहा है तो उसे उसका परिणाम भुगतना होगा और आपको सही निर्णय लेना ही होगा मगर नफरत या गुस्से से नहीं। बाहर से कुछ भी चलता रहे लेकिन आपको भीतर से सबसे प्रेम भाव रखना है। विशेषकर उन सभी

लोगों के लिए दया, करुणा, प्रेम रखना है, जो आपको नकारात्मक नज़र आते हैं; जिन्हें आप पसंद नहीं करते या जिनमें कमियाँ नज़र आती हैं। उन सभी को एक-एक करके अपनी आँखों के सामने, अपने ध्यान क्षेत्र में लाना है और उन पर करुणा, प्रेम दृष्टि डालनी है। यही आदत बना लेनी है कि जिधर नज़र गई, उधर नज़रों से दया, प्रेम, करुणा की ही किरण निकलें। आपकी दृष्टि में ही सभी के लिए मंगल कामना, शुभ भावना समाहित हो जाए, जिस पर नज़र पड़ी, उसके लिए दिल से दुआएँ ही उठें तो आपकी दृष्टि ही ध्यान बन जाएगी।

सलोनी तुम अपनी मेड को उसकी गलती पर रोको, वॉर्निंग दो, ज़रूरत पड़ने पर काम से बाहर करो, ये तुम्हारा व्यवहारिक निर्णय होगा मगर भीतर से यह स्पष्टता होनी चाहिए कि वह विकारों से बीमार है इसलिए वह दया, करुणा, प्रेम की पात्र है। डाँटते हुए भी मन ही मन उसके प्रति शुभ भावना चले यानी बाहर अपने कर्तव्य के कारण आपको जो भी व्यवहार करना है, वह करें लेकिन भीतर से सामनेवाले को शुभ भावना भेजते रहें कि 'तुम पवित्र हो, तुम ईश्वर के अंश हो, तुम्हारा सदा मंगल हो, तुम्हारे भीतर ईश्वरीय गुण विकसित हों।'

इस तरह अभ्यास करने पर आप देखेंगे कि आपको किसी के ऊपर गुस्सा ही नहीं आता। आपके प्रतिसाद बदलने लगे हैं, मन की चिड़-चिड़ समाप्त होने लगी है। आप खुद भीतर ही भीतर शुद्ध, बुद्ध, पवित्र बनते जा रहे हैं और ऐसे ही संस्कार आपके बच्चे में जन्मजात होंगे।

गायत्री आँटी ने करुणा, दया, प्रेम दृष्टि का महत्त्व समझाकर चारों से कुछ देर यह ध्यान करवाया, जिसमें बारी-बारी से कुछ लोगों को, खुद को और आनेवाले शिशु को ध्यान क्षेत्र में लाकर, उन पर प्रेम और करुणाभरी दृष्टि डाली गई। सलोनी ने अपनी मेड को भी करुणा से देखा, उसके लिए अपने मन में शुभ विचार लाए, जिससे उसका गुस्सा दूर हुआ और वह बेहतर महसूस करने लगी।

मनीष- सच में बहुत अच्छा लगा आँटी। लगा जैसे मन की सारी कड़वाहट धुल गई। हम किसी स्वच्छ, सफेद दिव्य रोशनी के झरने में नहा आए।

गायत्री- हाँ, बहुत बढ़िया। अब हमें प्रार्थना के उच्चतम स्तर पर जाना है, उसे संपूर्ण बनाना है।

मधु- अरे! अभी भी कुछ बाकी रह गया क्या? मधु के साथ सभी को आश्चर्य हुआ। तो गायत्री आँटी मुस्कुराने लगीं।

गायत्री- अरे-अरे घबराओ नहीं, ज़्यादा कुछ नहीं करना है। अपनी प्रार्थनाओं में बस एक ही बात जोड़नी है लेकिन पूरे भाव से जोड़नी है। बस इतना ही करना है कि जब भी अपने लिए या अपने बच्चे के लिए कोई भी प्रार्थना करो, दुआ माँगो तो उसमें बाकी लोगों को भी शामिल करो। इससे वह प्रार्थना अपने सर्वोच्च स्तर पर पहुँचेगी, संपूर्ण होगी।

उदाहरण के लिए मानो तुमने प्रार्थना की- 'हे ईश्वर! मेरे बच्चे का स्वास्थ्य अच्छा रहे।'

तो इसे यूँ कहें- 'हे ईश्वर! मेरे बच्चे का स्वास्थ्य अच्छा रहे और सभी के बच्चों का स्वास्थ्य अच्छा रहे।'

यदि आप कह रहे हैं, 'हे ईश्वर! मुझे मान, प्रतिष्ठा और समृद्धि मिले'

तो इसे यूँ कहें- 'हे ईश्वर! मुझे मान, प्रतिष्ठा और समृद्धि मिले, साथ ही सभी को मान, प्रतिष्ठा और समृद्धि मिले।'

मानो आप कहते हैं, 'हे ईश्वर! मेरे जीवन में सत्य का प्रकाश हो, मुझे सद्बुद्धि दो।'

तो इसे यूँ कहें- 'हे ईश्वर! मेरे जीवन में सत्य का प्रकाश हो, मुझे सद्बुद्धि दो और सभी के जीवन में सत्य का प्रकाश हो, सभी को सद्बुद्धि दो।'

इस तरह अपनी प्रार्थनाओं में सभी को शामिल कर लें। सबका मंगल हो, सबको ज्ञान मिले, भक्ति मिले, समृद्धि, स्वास्थ्य मिले, सद्गुण मिले...। इससे आपकी व्यक्तिगत प्रार्थना लोककल्याण की प्रार्थना, निःस्वार्थ प्रार्थना बनेगी। सबका मंगल चाहनेवाले संस्कार शिशु में भी आरंभ से ही जाएँगे, जिससे उसका पृथ्वी पर होना चमत्कार करेगा। उसका जीवन सार्थक होगा। पूरे संसार में शांति, प्रेम, सद्भावना लाने के लिए वह निमित्त बनेगा।

सलोनी- आँटी आज की क्लास ने सच में बहुत कुछ सिखाया। मैं हमेशा से चाहती थी, दूसरों के लिए कुछ करूँ मगर समझ नहीं आता था क्या और कैसे करूँ। कभी संसाधन कम लगते थे, कभी समय, कभी मौके दिखाई नहीं दिए... मगर आज जो आपने सिखाया उससे कितना आसान हो गया सब। हम अपने देखने से, अपनी प्रार्थनाओं से ही दूसरों के जीवन में सकारात्मक परिवर्तन ला सकते हैं। हर कोई ऐसा सोचे तो यह दुनिया कितनी सुंदर हो सकती है।

गायत्री- हाँ। इसकी शुरुआत हमें खुद से ही करनी है। अपनी दृष्टि, अपना दृष्टिकोण बदलकर और इस संसार को संत संतान देकर।

सबके चेहरे पर शांति और सुकून बिखरे थे, जिसे मधु और सलोनी की गर्भस्थ संतान भी महसूस कर रही थी।

मनन बिंदु :

- शिशु में इस दुनिया के प्रत्येक जीव को प्रेम, दया, करुणा से देखने का संस्कार रोपित करना है ताकि वह एक अच्छा इंसान बने।
- इसके लिए माता-पिता को अपना देखने का तरीका बदलना है। वे जिसे देखें- प्रेम, दया, करुणा की नज़र से देखें। इस तरह उनकी दृष्टि भी ध्यान और प्रार्थना बनेगी।
- दूसरों के साथ-साथ शिशु को और स्वयं को भी ऐसी ही दृष्टि से देखकर हील करना है।
- जिन लोगों को पसंद नहीं करते या जिन पर गुस्सा आता है, उन्हें अपने ध्यान क्षेत्र में लाकर प्रेम, दया, करुणा की नज़र से देखना है।
- अपनी प्रार्थनाओं में दूसरों को शामिल कर उसकी शक्ति बढ़ानी है, उन्हें निःस्वार्थ और सर्वमंगल की प्रार्थना बनानी है, जिससे आनेवाला शिशु पूरे संसार में शांति, प्रेम, सद्‌भावना लाने हेतु निमित्त बनेगा।

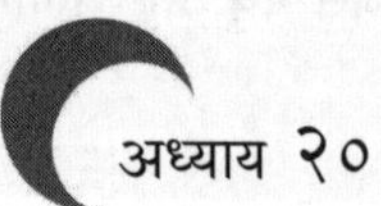

अध्याय २०

आपकी पेनड्राइव कैसी हो

खुद खाली होकर संतान को पेन फ्री करें

आज सलोनी और गायत्री की बिल्डिंग में ही रहनेवाली मिसेस सेठी के घर एक पूजा का आयोजन था। वहाँ पर गायत्री, सलोनी, मधु तीनों ही गए थे। पूजा के बाद चाय, नाश्ता चल रहा था। सलोनी ने सेठी आँटी को उत्साहित होकर गायत्री आँटी की गर्भ संस्कार क्लासेस के बारे में बताया। साथ ही यह भी कि उनकी बातों से उसके जीवन में कितना सकारात्मक परिवर्तन हुआ। दुनिया कितनी खूबसूरत दिखने लगी। पूरा दृष्टिकोण ही बदल गया और अब वह अपने आनेवाली संतान के लिए बहुत आशान्वित है कि उसे एक अच्छा जीवन और परवरिश मिलेगी।

ये बातें सुनकर सेठी आँटी की तो बिलकुल विपरीत प्रतिक्रिया हुई। वे हँसते हुए बोली, दिल बहलाने को गालिब खयाल अच्छा है।

सलोनी- क्या मतलब आँटी?

सेठी आँटी- मतलब यह है अगर कबूतर बिल्ली को देखकर आँखें बंद कर बैठ जाए तो इसका मतलब यह तो नहीं न कि बिल्ली वहाँ है नहीं! उसे खतरा नहीं! जो कुछ तुम्हें इस

दौरान सिखाया जा रहा है, यह सिर्फ आँख बंद करना ही तो है। यह सकारात्मकता की बातें, प्रेम, करुणा की बातें सब छलावा है। आजकल जो समय है वहाँ पर दूसरे तो क्या, कोई सगा भी अपना नहीं। बच्चे भी बड़े होकर माँ-बाप को छोड़ चले जाते हैं। आप उनके लिए तड़पते रहें, वे पलटकर भी नहीं देखते। मेरे बच्चों को ही देख लो दोनों बच्चे विदेश जाकर बैठ गए, सारे त्यौहार हम यहाँ अकेले मना रहे हैं।

सेठी अंकल- तुम बच्चों को गर्भ में कितने भी संस्कार दे दो। वे वही सीखेंगे, जो इस दुनिया में देखेंगे और वही करेंगे जो आजकल होता है। पीछे से सेठी अंकल आकर, उन्होंने भी आँटी की बातों में सहमति जताई।

सलोनी सुनकर चुप हो गई। वह जानती थी कि अंकल-आँटी अपने विदेश में रहनेवाले बच्चों से खफा हैं। साथ ही आँटी सभी के प्रति सशंकित रहती हैं। उसकी कामवाली बाई आँटी के घर में भी काम करती है। वह बताती है कि जितनी देर वह काम करती है, वे उसके पीछे ही घूमती रहती हैं। उन्हें यही लगता रहता है कि नौकरानी कहीं कुछ उठा न ले। किसी पर विश्वास नहीं, किसी से प्रेम नहीं, हर वक्त किसी न किसी की बुराई करती रहती हैं, सभी को कोसती रहती हैं। पूजा-पाठ में मन की शांति खोजती है लेकिन वास्तव में बहुत अशांत रहती हैं।

सलोनी ने उन्हें इस वक्त पलटकर कुछ कहना सही नहीं समझा। पूजा के बाद गायत्री, मधु और सलोनी सोसायटी के गार्डन में टहलने आ गए। सलोनी चुप थी। शायद अभी भी सेठी आँटी की बातों पर ही सोच रही थी। गायत्री आँटी उसकी मनोदशा समझ रही थीं।

गायत्री- एक कहानी सुनाती हूँ तुम्हें। पेन और पेंसिल की कहानी। एक था पेन और एक थी पेंसिल। दोनों एक लाइब्रेरी में मिले। दोनों को मिलकर, बातचीत कर लगा हममें बहुत कुछ कॉमन है। हममें पेन कॉमन है और दोनों ने इसी समानता के आधार पर आपस में शादी कर ली। ऐसा होता है न अकसर दो लोग मिलते हैं। दोनों को कुछ आदतें, पसंदगी-नापसंदगी कॉमन लगती हैं। वे सोचते हैं, 'यह मेरे जैसा है, परफेक्ट मैच है इसलिए शादी कर लेते हैं।' उन पेन-पेंसिल ने भी यही किया। उनकी शादी हो गई। अब शादी के बाद एक संभावना यह थी कि दोनों अपने पेन की दवा बनाते। जिससे उनका पेन (दर्द) ठीक होता मगर उन्होंने दवा तैयार नहीं की, उन्होंने पेनड्राइव तैयार किया। पेनड्राइव जानती हो न, जिसमें आप डेटा स्टोर कर सकते हैं। जैसे ज़रूरी टेक्स्ट फाइलें, वीडियो, ऑडियो, फोटो... कुछ भी। तो

उन्होंने एक कॉमन पेनड्राइव बनाया और उसे पूरी तरह पेन से भर दिया। अब यही पेनड्राइव उनके बच्चे में ट्रान्सफर हुई क्योंकि वे गर्भकाल में उसी पेनड्राइव में स्टोर बातों को देख, पढ़, सुन रहे थे। पेन की दवाई बनाते, पेन ठीक करते तो बच्चा कैसे मुक्त होता, उनके पेन से मगर उन्होंने उसे वह पेन दे दिया, जो वह अपने साथ लाया भी नहीं था। वह भी गर्भावस्था में ही।

मधु– मैं समझ नहीं पा रही हूँ आँटी आप क्या कहना चाह रही हैं? ये तो जानती हूँ कि पेन–पेंसिल के बहाने कुछ समझाना चाह रही हैं।

सलोनी– मैं कुछ–कुछ समझ रही हूँ, इस कहानी के पेन–पेंसिल कौन हैं। पहले मैं और विशाल भी ऐसे ही थे। पेन से भरे हुए...। कहकर सलोनी हँसने लगी।

गायत्री– देखो, शादी में दो लोग मिलते हैं। उन दोनों की अपनी–अपनी सोच, अपनी मान्यताएँ होती हैं। जीवन को देखने का, दुनिया को देखने का... अपना–अपना नज़रिया होता है। किसी का सकारात्मक तो किसी का नकारात्मक। अब मान लो दो नकारात्मक सोच रखनेवाले लोग मिल गए आपस में तो क्या होगा? वे एक सी ही बातें करेंगे... नकारात्मक, निराशाभरी... और उस पर स्टैम्पिंग करेंगे कि हाँ दुनिया ऐसी ही है...।

बजाय अपनी सोच पर काम करने के, वे अपने बिलीफ सिस्टम को और पक्का कर लेंगे कि दुनिया बुरी है, लोग बुरे हैं, सब लालची, झूठे, चालबाज़ हैं। बच्चे बड़े होकर माँ–बाप का खयाल नहीं रखते, उन्हें भूल जाते हैं। कोई रिश्तेदार समय पर काम नहीं आता, दुनिया में जीने के लिए चालाकियाँ ज़रूरी हैं। कोई शरीफ नहीं, किसी पर विश्वास मत करो...।' ऐसे ही बहुत से अविश्वास, दर्द, गलत मान्यताएँ वे इकट्ठा करके रखते हैं और अपनी संतान को भी दे देते हैं।

अगर घर में दोनों में से एक इंसान भी सकारात्मक हो तो दूसरे के सुधरने की संभावनाएँ बनी रहती हैं क्योंकि वह दूसरे को रोकेगा, उसे समझाएगा... मगर यदि दोनों की सोच एक समान हो गई तो उनकी पेनड्राइव यानी मेमोरी, बिलीफ सिस्टम वैसे ही विचारों से भर जाएगी। फलतः बच्चे को जन्म से वही माहौल मिलेगा। वह भी एक दूसरा पेन या पेंसिल बन जाएगा, उतने ही या उससे ज़्यादा पेन (दुःख, दर्द, निराशा, अविश्वास, संशय, नकारात्मकता...) से भरा। इसलिए बच्चे के आने से पहले ही बहुत ज़रूरी है अपनी पेनड्राइव खाली करना।

इस जीवन को एक पहाड़ की तरह समझो। हमें जितनी ऊँचाई चढ़नी होती है, हम कंधे, कमर पर उतना ही बोझ कम लादकर चलते हैं। जितना बोझ ज़्यादा लदा होगा, यात्रा उतनी ही कष्टप्रद होगी। हम बीच राह में ही थक जाएँगे। बेहतर है, कम से कम बोझ रखें, दिल पर, दिमाग पर, मेमोरी में... बच्चे पर हमारे बोझ का ज़रा भी असर न पड़े। उसे मुक्त अवस्था में बड़ा करना चाहिए। उसे अपने अनुभव जमा करने देना चाहिए। आपको अपनी सोच के सबूत मिले, हो सकता है उसे अपनी सोच के सबूत मिले कि दुनिया अच्छी है, लोग अच्छे हैं, जीवन सहजता से, आनंद से भी जीया जा सकता है। सिर्फ आपका बोझ उस पर न डालने से उसकी यात्रा के सहज, सरल, सुखद होने की बड़ी संभावनाएँ खुलती हैं।

सलोनी- मैं सेठी अंकल-आँटी को बहुत समय से जानती हूँ। उन्हें अपने बेटों से बड़ी शिकायतें हैं क्योंकि वे विदेश में रहते हैं। बार-बार कहते हैं, हमने बेटे के लिए इतना कुछ किया और जब हमारा समय आया तो बाहर जाकर बस गए। यह बात सुनकर गायत्री आँटी मुस्कुरा उठीं।

गायत्री- हाँ मैं भी जानती हूँ लेकिन एक बात जो तुम नहीं जानती वह सुनो, जब इनका बेटा इंजीनियरिंग कर रहा था तो उसकी इसी शहर में जॉब लग गई थी। सेठी भाईसाहब की किसी रिश्तेदार से बात हुई तो पता चला कि उनका बेटा इंजीनियरिंग के बाद अमेरिका से एम.एस. कर रहा है। बस फिर क्या था, वे अपने बेटे के पीछे पड़ गए कि उसका बेटा बाहर जा रहा है, आगे पढ़ाई कर रहा है... फिर खूब कमाई होगी... तुम उसके बेटे जैसा क्यों नहीं करते?

बेटा अपनी नौकरी से खुश था मगर इन्होंने उस रिश्तेदार की बराबरी करने के चक्कर में और अपनी महत्वाकांक्षा के कारण बेटे को ज़बरन विदेश से एम.एस. कराया। अब जब उसे बाहर अच्छी नौकरी मिल गई तो वह वहाँ रहने लगा। जहाँ तक मैं जानती हूँ बेटा इन्हें अपने पास बुलाना चाहता है मगर ये यहाँ से जाना ही नहीं चाहते क्योंकि इन्हें अपने घर से बहुत मोह है। कहते हैं इतनी मेहनत से पाई-पाई जोड़कर यह घर बनाया, इसे कैसे छोड़कर चले जाएँ? अब तुम ही बताओ इसमें किसकी गलती है?

मधु- ज़ाहिर है अंकल-आँटी की ही है। उन्हें बेटे के पास चले जाना चाहिए।

गायत्री- दरअसल इसमें गलती है मोह की। बेटे से मोह की, घर से मोह की...। मोह ऐसा विकार है जो इंसान को ज़ंजीर की तरह जकड़े रखता है और दुःखी

करता रहता है। साथ ही बच्चे से मोह को ममता का नाम देकर, इसे स्वाभाविक बना दिया गया है, जिससे यह लोगों को विकार की तरह लगता ही नहीं। जबकि यह बहुत बड़े दुःख का कारण है।

मेरा बेटा मेरी अपेक्षाएँ पूरी करे, मेरे हिसाब से चले, जब मैं कहूँ बाहर जाओ तो बाहर चला जाए। जब मैं कहूँ यहाँ आओ तो लौट आए... अरे उसका अपना जीवन है। यह मोह ही है जो मेरा, मेरी का भाव पैदा करता है और इसी भाव के साथ माता-पिता बच्चों को लेकर ताउम्र तनाव में रहते हैं। मेरा बच्चा टॉप करे, मेरा बच्चा कहना माने, मेरा बच्चा सफल हो जाए, मैं जो कहूँ वह मान ले.... माता-पिता को यह समझना चाहिए कि बच्चा अपनी यात्रा में है। जितना हो सके उसकी मदद करें, उसे अच्छी परवरिश दें, अच्छी सोच दें, अच्छे संस्कार दें... इससे ज़्यादा किसी से भी अपेक्षाएँ करना गलत है। ऐसा करने से आप बच्चे को भी ग्लानि में रखेंगे और खुद भी जीवनभर दुःखी रहेंगे।

ज़रा सोचिए, क्या आपने अपना जीवन पूरी तरह अपने माता-पिता के हिसाब से जीया? और अगर आपका बच्चा पूरी तरह आपके हिसाब से चलता है तो क्या उसके जीवन की मौलिकता समाप्त नहीं हो जाएगी? फिर वह इंसान की जगह कठपुतली नहीं हो जाएगा? बच्चों को अपनी अपेक्षाओं के बोझ से मुक्त रखना चाहिए, अपनी प्रोग्रामिंग से भी मुक्त रखना चाहिए, उन्हें अपने अनुभव इकट्ठे करने देना चाहिए, यही सार्थक पैरेंटिंग है।

मनन बिंदु :

- बच्चे को अपनी मान्यताओं के बोझ से मुक्त रखना चाहिए वरना वे सब दुःख-दर्द उसके जीवन में भी नज़र आएँगे, जो आपके जीवन में हैं।
- बेहतर है बच्चे के आने से पूर्व ही अपनी नकारात्मक सोच, गलत मान्यताओं को सही ज्ञान लेकर, दूर कर दें ताकि वे बच्चे पर गलत प्रभाव न डालें।
- बच्चों को प्रेम दें किंतु उनसे मोह न रखें। मोह और अपेक्षाएँ ऐसे विकार हैं, जो माता-पिता को भी दुःखी करती हैं और बच्चों के विकास में भी बाधा बनती हैं।
- बच्चा आपके हाथों की कठपुतली बन जीने नहीं आया है, उसका आत्मनिर्भर व्यक्तित्व है, उसकी अलग यात्रा है। उसके सहयोगी बनें, मालिक नहीं।

अध्याय २१

गर्भावस्था से जुड़े कर्मकाण्ड और मान्यताएँ

जो करें, समझ के साथ करें

आज मधु और सलोनी जब गायत्री आँटी के घर में आईं तो वे किसी काम में व्यस्त थीं। उन्होंने उन दोनों को बैठने को कहा। कमरे में वे कुछ काम निपटा रही थीं मगर उनके कानों में सलोनी और मधु के ज़ोर-ज़ोर से हँसने की आवाज़ें पड़ रही थीं। ज़ाहिर सी बात है, उनमें कोई हँसी-मज़ाक चल रही थी। वे काम निपटाकर में बाहर आ गईं।

गायत्री- क्या बात है... किस बात पर इतनी हँसी आ रही है, हमें भी तो सुनाओ?

मधु- शुक्र है आँटी आपने ऐसा नहीं कहा, इतना ज़ोर-ज़ोर से मत हँसो, बच्चे पर गलत असर पड़ेगा या समय से पहले डिलीवरी हो जाएगी! वरना आजकल तो जिसे देखो हर बात पर रोकटोक लगाने पर तुला हुआ है... कभी मान्यताओं के नाम पर, कभी टोटकों के नाम पर... जैसे प्रेग्नेंसी न हो गई कोई बहुत बड़ा मिशन हो गया, जो हमारी ज़रा सी बात से फेल हो जाएगा।

सलोनी- सचमुच आँटी, मुझे तो अभी तीन ही महीने हुए प्रेग्नेंसी के मगर मैं अभी से सबकी टोका-टाकी से तंग आ गई हूँ।

अब कल ही की बात देख लो, मैं अपनी एक सहेली के यहाँ गई। मेरी चाय पीने की इच्छा थी मगर उसकी सास ने मुझे बिलकुल चाय नहीं पीने दी यह कहते हुए कि चाय पीने से बच्चा काला होगा। फिर मेरे लिए वे नारियल की गिरी और नारियल पानी ले आईं, यह कहते हुए कि जितना नारियल खाओगी, बच्चा उतना ही गोरा होगा। यहाँ तक कि उन्होंने तो मुझे किसी भी तरह की काली चीज़ खाने को मना कर दिया। जैसे काली दाल, काला अंगूर, काली मिर्च और भी न जाने क्या-क्या...

मधु- वाकई हमारे देश में गर्भवती स्त्रियों और बच्चों को लेकर कितने टोटके हैं, जैसे यह बड़ी अनहोनी और दुर्लभ घटना हो। अब मेरी कामवाली बाई को ही देख लो, आज मेरा पेट देखकर कहती है, आपका पेट जिस तरह से बढ़ रहा है, उसे देखकर मैं आपको अभी बता देती हूँ कि आपको लड़का ही होगा। लड़की होती है तो पेट दूसरी तरह से बढ़ता है। अब बताइए, ये कोई बात हुई? पेट के आकार से लड़का या लड़की होने का क्या संबंध? सच! हमारे देश में बच्चे को लेकर कितने अंधविश्वास हैं। डॉक्टर कहते हैं ब्रिस्क वॉक करो यानी तेज चलो यह बेस्ट व्यायाम है और हमारी बाई कहती है, 'दीदी धीरे-धीरे चलो वरना बच्चा बाहर आ जाएगा...।' मधु ने सिर पीटते हुए कहा।

सलोनी- मैंने तो यह भी सुना हुआ है कि गर्भवती स्त्री को खूब घी-मक्खन खाना चाहिए, इससे उसकी डिलीवरी बहुत आराम से होगी और जितनी भूख हो, उससे दुगुना खाना चाहिए। एक अपने लिए, एक बच्चे की खुराक के लिए...। आँटी आप ही बताइए खाकर पचाना तो मुझे ही है न, दुगुना खाने लगूँगी तो अपच न हो जाएगा?

मधु- अरे मुझे तो मेरी सासू माँ ने पूरी एक लिस्ट ही दे रखी है। जैसे, शाम ढले कहीं अकेले बाहर न जाऊँ वरना मुझ पर बुरी आत्माओं का असर हो सकता है। जब भी घर से बाहर जाऊँ, मुँह में नीम की पत्ती रखकर जाऊँ। अब आप ही बताइए इससे मेरा मुँह क्या कड़वा नहीं रहेगा? चार महीने तक तो उन्होंने किसी को अपनी गर्भावस्था के बारे में बताने भी नहीं दिया। कहती थीं लोगों की बुरी नज़र लग जाएगी। मगर सब समझ तो जाते ही हैं न। कोई पूछता तो मुझे कितने बहाने बनाकर झूठ बोलना पड़ता था, वह भी अपनी ही सहेलियों से...।

गायत्री- हाँ हमारे देश में पुराने समय से ही गर्भावस्था को ऐसी ही नाज़ुक तरह से ट्रीट किया जाता है मगर बाहर के देशों में बिलकुल ऐसा नहीं होता। वहाँ

सब नॉर्मल जीवन जीते हैं। यहाँ इसका कारण अज्ञान और डर है वरना यह जीवन का सामान्य और खुशी देनेवाला प्रोसेस है। हमारे देश में सबसे बड़ी समस्या यह है कि परंपराओं के नाम पर सब कुछ लाद दिया जाता है, बिना उसके पीछे का विज्ञान समझे। अगर कोई पूछे भी तो उसे चुप करा दिया जाता है, यह बोलकर कि 'पीढ़ियों से ऐसा ही चला आ रहा है, इस बारे में सवाल नहीं किया करते।'

दरअसल गर्भावस्था से जुड़े कुछ कर्मकांड हमारे पूर्वजों ने इसलिए बनाए ताकि गर्भवती स्त्री और शिशु सुरक्षित रहें। उनका मानसिक और शारीरिक विकास भली-भाँति हो। उनका स्वास्थ्य अच्छा रहे। वे किसी भी तरह की नकारात्मकता से बचे रहें। इसलिए कुछ विधानों, कर्मकांडों को परंपरा के रूप में अगली पीढ़ी को दे दिया गया, जो उस समय के हिसाब से सही थे और माँ-बच्चे के रक्षण के लिए थे। लेकिन अब समय बदल चुका है। कुछ कर्मकांड विधान आज के समय में ज़रूरी नहीं। उनकी जगह कुछ नए होने चाहिए।

जैसे मधु की सासू माँ ने एक पुराना सुना-सुनाया नुस्खा उसे बताया कि बाहर निकलो तो नीम की पत्ती मुँह में रखकर निकलो। सभी जानते हैं नीम में कितनी खूबियाँ हैं। यह रोगाणु विनाशक वनस्पति है। आपको इंफेक्शन से बचाता है। इसके पीछे यही विज्ञान रहा होगा। लेकिन आज के समय में एक नया विधान जुड़ जाता है- जब भी घर से बाहर निकलो, मास्क पहनकर निकलो। घर में आने पर अच्छे से हाथ धोओ, कपड़े बदलो, घर को आस-पास के वातावरण को सैनिटाइज करो। यह महामारी के समय की डिमांड है इसलिए आजकल के समझदार लोग यही बात कहेंगे।

अब मान लीजिए, कल ऐसा करना ज़रूरी नहीं रहा। कोई ऐसी दवाइयाँ या तकनीक आ गई, जिससे महामारी रही ही नहीं तो फिर इस बचाव को परंपरा में ढालने का कोई मतलब नहीं बनता। क्योंकि ज़रूरत से ज़्यादा बचाव भी हमारी इम्यूनिटी को कमज़ोर करता है। इससे हमारी रोग प्रतिरोधक क्षमता कम होती है।

जब पुराने समय में गर्भवती स्त्री को शाम ढले बाहर जाने से मना किया जाता था तो इसका एक कारण यह भी था। पहले इतनी बिजली नहीं थी। प्रकाश की व्यवस्था नहीं थी। रात को अंधेरे में ठोकर खाने का, गिरने का डर हो सकता था। मगर आज के समय में ऐसी कोई दिक्कत रही नहीं। जहाँ प्रकाश की व्यवस्था है, वहाँ जाया जा सकता है। तुम्हें सहेली की सास ने चाय नहीं दी। दरअसल

चाय-कॉफी जैसे पेय हानिकारक तो होते ही हैं। साथ ही गर्भावस्था में हार्मोन्स बदलने के कारण एसिडिटी की भी समस्या बढ़ती है। ऐसे में चाय-कॉफी उसे बढ़ाते हैं। मगर मूल बात पता नहीं, बस गर्भवती को मना करने के लिए यह डर दे दिया गया कि बच्चे के रंग पर असर पड़ेगा। क्योंकि हमारे देश में बच्चे के गोरे रंग का बड़ा क्रेज है, जबकि कारण स्वास्थ्य ही है।

मेरी गर्भावस्था के दौरान मुझे क्या कहा गया था अब वह सुनो। मुझे कहा गया था, 'गर्भावस्था में अपने पति की चप्पलें पहननी चाहिए, अपनी नहीं। इससे प्रसव आराम से होता है।' मुझे यह बात बड़ी अटपटी लगी थी। फिर मैंने इस पर सोचा और मुझे समझ आया कि जिसने यह सुझाव दिया होगा, उसका अर्थ यह होगा कि जैसे पुरुष फ्लैट चप्पल पहनते हैं, गर्भावस्था में वैसी चप्पल पहननी चाहिए, स्त्रियों जैसी थोड़ी ऊँची एड़ीवाली नहीं। बात घूमते-घामते 'पति जैसी चप्पलों' के बजाय 'पति की चप्पल' बन गई। लेकिन अगर कोई इसका अंधविश्वास की तरह पालन करे और पति की चप्पलों का साइज बहुत बड़ा हो तो स्त्री के उलझकर गिरने का खतरा ज़्यादा रहेगा। उसका ही नुकसान होगा।

वह खेल खेलते हैं न, पूरी टीम होती है। एक कान में कोई कुछ बात कहता है, वही बात उसे दूसरे के कान में कहनी होती है। दूसरे को तीसरे के कान में... और इस तरह से आखिर तक आते-आते वह बात ही बदल जाती है। बस समझ लो गर्भावस्था और नवजात शिशु से जुड़े टोटके, परंपराओं के साथ भी यही हुआ है। वे समय की माँग को देखते हुए, किसी न किसी सही उद्‌देश्य को लेकर बनी थीं मगर धीरे-धीरे समय बदला और वे अपना असली अर्थ खो बैठीं।

सलोनी- आँटी मैंने सूर्यग्रहण और चंद्रग्रहण से संबंधित बहुत सी बातें सुनी हुई हैं। इंटरनेट, टी.वी., कहीं भी देख लो उस वक्त बिलकुल ऐसा माहौल हो जाता है, जैसे वह गर्भवती स्त्री के लिए कितना बुरा समय है। कोई कहता है उस समय ज़रा भी कुछ खा-पी लिया तो बच्चे के मानसिक विकास पर असर पड़ेगा। कोई कहता है, बच्चे का स्वास्थ्य बिगड़ेगा। समझ नहीं आता ग्रहण के समय इतना डर क्यों?

गायत्री- सूर्य ग्रहण हो या चंद्रग्रहण, खगोलीय घटनाएँ हैं, जो प्राकृतिक हैं। विज्ञान के अनुसार उस समय पृथ्वी पर आनेवाली किरणों में कुछ परिवर्तन होता है। किसी-किसी ग्रहण में सूर्य की किरणों को सीधा देखने पर आँखों को हानि पहुँच सकती है और पुराने समय में सबके घर-आँगन रसोई खुले हुए होते थे। खुले प्रांगण

में चूल्हा जलता था। उस समय हानिकारक किरणों से बचाने हेतु ये सब प्रावधान बनाए गए थे। किंतु अब तो बंद घर होते हैं। आप फ्लैट में रहते हैं। जैसा वैज्ञानिक कहते हैं, उतनी सावधानी बरतें मगर डर रखने की ज़रूरत नहीं है।

बल्कि मैं तो यह कहूँगी कि उस वक्त लोगों की नकारात्मक बातें और न्यूज चैनलों में चल रहे ज्योतिषि व्याख्यानों को सुनकर जो मन डरता है, वह सूरज की किरणों से भी ज़्यादा बुरा असर डालता है। वे विचार ज़्यादा नुकसानदायक होते हैं कि 'इस वक्त बड़ा अशुभ समय चल रहा है, हमारा कुछ अनर्थ न हो जाए, मेरे बच्चे को कोई समस्या न आ जाए... आदि बातें ज़्यादा नकारात्मकता पैदा करती हैं और अब भावनाओं और विचारों का गर्भ पर क्या असर होता है, ये तो तुम जानते ही हो न...!

हमारे पूर्वज बड़े दूरदर्शी थे इसलिए उन्होंने बच्चे और माँ के स्वास्थ्य के अनुसार कुछ कर्मकांड शुरू किए, कुछ रीति-रिवाज बनाए। जिससे उन्हें खुशी मिले, सकारात्मकता बढ़े। इसी बहाने कुछ सामाजिक आयोजन हो, जिससे अपनी शारीरिक दिक्कतों को भूलकर स्त्री का भी मन लगा रहे और बच्चे को भी लगे कि उसका समाज, उसके नाते-रिश्तेदार उसका स्वागत कर रहे हैं। जैसे गोद भराई की रस्म पूरे धूमधाम से मनाई जाती है। वह गर्भवती स्त्री को आशीर्वाद देने का, उपहार देने का और आनेवाले बच्चे को यह संकेत देने का अवसर है कि हम तुम्हारे स्वागत में तैयार हैं।

इसी तरह मुंडन संस्कार, नामकरण संस्कार, कर्ण छेदन संस्कार भी एक उत्सव हैं, नए शिशु के आगमन का, जो उसके परिवार, रिश्तेदार और समाज द्वारा मनाया जाता है। मुंडन संस्कार में गर्भ काल के समयवाले बाल उतारे जाते हैं। कर्ण छेदन संस्कार में कान के उस पॉइंट पर छेद किया जाता है, जो एक्यूप्रेशर तकनीक के अनुसार बुद्धि का विकास करता है। नामकरण संस्कार में एक तरह से पूरे समाज में उस बच्चे के नाम की घोषणा होती है। बिना उत्सव के जीवन में नीरसता आती है। पुराने जमाने में तो नाते-रिश्तेदारों के मिलने-जुलने के, गेट-टुगेदर और पार्टियों के यही अवसर हुआ करते थे। इन अवसरों से कोई न कोई पूजा-पाठ, हवन-यज्ञ आदि जोड़ दिया जाता था ताकि इसी बहाने भक्ति भी हो, ईश्वर को, प्रकृति को धन्यवाद भी दिए जाएँ, बच्चे के मंगल की प्रार्थनाएँ भी हों।

मैं तो बस यही कहूँगी, जो करो पूरी समझ से करो... यह जीवन का अनमोल

समय है, कुछ नया सीखने का, अनुभव करने का, इसे पूरे आनंद से बिताओ।

गायत्री आँटी की बात सुनकर दोनों के चेहरों पर सुकून आ गया।

सलोनी- सच आँटी, जितना अच्छा आपने समझाया, आज तक किसी ने नहीं समझाया। इसलिए मन हमेशा हर परंपरा के नाम पर थोपी गई बात का विरोध ही करता रहा। मगर अब मैं भी उसके पीछे का विज्ञान समझने की कोशिश करूँगी। जो करना चाहिए, वही करूँगी मगर पूरी समझ से।

गायत्री- बिलकुल ऐसा ही करना चाहिए। उन्होंने हँसते हुए कहा।

मधु- आँटी साँझ ढल रही है।

गायत्री- हाँ तो?

मधु- घर की बत्ती जला दीजिए मेरी मम्मी कहती है, साँझ ढले घर में अंधेरा रखने पर घर में बुरी बलाएँ आती हैं, दरिद्रता आती है... मधु ने जिस तरह मज़ाक के अंदाज़ में कहा, उसे सुन सब हँस पड़े।

मनन बिंदु :

- गर्भवती स्त्री और नवजात शिशु को लेकर हमारे समाज में बहुत अलग-अलग तरह के कर्मकांड, रीति-रिवाज, मान्यताएँ प्रचलित हैं।
- हर कर्मकांड, मान्यता को उस समय के हिसाब से बनाया गया था। ज़रूरी नहीं कि वह आज भी लागू होती हो।
- हर कर्मकांड, मान्यता के पीछे का विज्ञान और आधार समझकर, उसका पालन करना चाहिए।
- किसी भी तरह का डर मन में नहीं रखना चाहिए क्योंकि हर कर्मकांड या मान्यता का मूल उद्‌देश्य गर्भवती स्त्री और बच्चे की सुरक्षा, स्वास्थ्य, खुशी, सकारात्मकता को बढ़ाना है, कम करना नहीं। जो कर्मकांड या मान्यता से मन में डर आ जाए, उन्हें छोड़ देना ही बेहतर है।
- आज के समय में लागू होनेवाले परामर्शों का अवश्य पालन करना चाहिए। भले ही वे किसी मान्यता, परंपरा या कर्मकाण्ड का हिस्सा हों या नहीं।

अध्याय २२

गर्भावस्था में खान-पान का ध्यान

अपने शरीर की सुनें

गर्भावस्था का समय बहुत ही नाज़ुक होता है, जिसे अतिरिक्त सावधानी के साथ गुज़ारना चाहिए। नाज़ुक इसलिए क्योंकि गर्भ के भीतर विकसित हो रहा जीव बहुत नाज़ुक होता है। जिस तरह एक बड़ा विकसित पेड़ आँधी-तूफानों का सामना कर सकता है, हर तरह के मौसम को झेल सकता है मगर बीज से नया-नया पल्लवित हुआ पौधा बेहद नाज़ुक होता है। उसे देखभाल की, सही समय पर सही मात्रा में धूप, खाद, पानी आदि चीज़ों की ज़रूरत होती है और ज़रा सी असावधानी से वह कुम्हला सकता है, नष्ट हो सकता है। ठीक ऐसे ही एक बड़ा इंसान मौसम के दुष्कर प्रभावों को, खान-पान की लापरवाहियों को एवं अन्य विषम परिस्थितियों को झेल सकता है मगर गर्भस्थ शिशु नहीं। राह चलते किसी इंसान को ठोकर लग जाए तो वह गिरकर भी सँभल सकता है लेकिन ऐसी किसी ठोकर से गर्भस्थ शिशु की हानि हो सकती है। इसी कारण गर्भावस्था में हर तरह से अपने शरीर की अतिरिक्त सावधानी लेनी आवश्यक है ताकि गर्भस्थ शिशु सुरक्षित रहे। गायत्री आँटी ऐसी ही कुछ बातों की चर्चा मधु और सलोनी से कर रही थीं।

सलोनी– आँटी आज मेरा डॉक्टर के यहाँ मंथली चेकअप था। डॉक्टर ने मुझे कुछ सप्लीमेंट्स की गोलियाँ लेने को कहा। मगर मुझे मेरी मम्मी बोल रही है, गर्भावस्था में कोई दवाई–गोली वगैरह मत खाओ, इससे बच्चे को नुकसान होगा। खूब खाना खाओ, फल खाओ और दिन में दो बार दूध पीया करो। मगर मुझे तो दूध पीते ही उलटी आती है। समझ नहीं आता, करूँ तो क्या करूँ?

गायत्री– देखो आज के समय में जो डॉक्टर कह रहे हैं, वह तो लेना ही चाहिए। आइरन, फॉलिक ऐसिड, कैल्शियम, मल्टीविटामिन आदि की गोलियाँ लेने का कोई बुरा प्रभाव नहीं होता। ये शिशु को और गर्भवती स्त्री को शारीरिक रूप से मज़बूत बनाते हैं, उनकी विटामिन और मिनरल की कमियों को पूरी करते हैं। वे गर्भावस्था के समय की ज़रूरतें हैं तभी तो डॉक्टर बताते हैं। रही बात क्या खाऊँ, क्या नहीं, इसका फैसला तो तुम्हें अपने शरीर से पूछकर ही करना चाहिए। जो खाओ शरीर से पूछकर खाओ, उसकी डिमांड पर खाओ।

मधु– क्या मतलब आँटी?

गायत्री– देखो, लोग सामान्यतः अपनी इंद्रियों से पूछकर खाते हैं। इंद्रियाँ बोलती हैं– 'अरे खाने की कितनी अच्छी खुशबू आ रही है... समोसे कितने टेस्टी लग रहे हैं... चाइनीज खाने का क्या कलर निकलकर आया है... मुझे इसको ज़्यादा खिलाओ... पेट बरदाश्त न भी कर पाए तो कोई बात नहीं, बाद में हाजमे की गोली खा लेंगे मगर अभी ज़्यादा खिलाओ...' और लोग इंद्रियों को सुनकर खाते हैं मगर यह सही तरीका नहीं है।

शरीर की सुनकर उसकी ज़रूरत के अनुसार ही भोजन करना चाहिए वरना वह भोजन हजम नहीं होता। बिना हजम हुआ खाना पेट में पड़ा रहता है, सड़ता रहता है और दस बीमारियाँ पैदा करता है। शरीर को जब कुछ चाहिए तो वह खुद ही सिग्नल देता है। उदाहरण के लिए जब शरीर की डिमांड होती है कि उसे कैल्शियम, मिनरल्स आदि चाहिए तो बच्चा स्वतःही दीवार से कुरेदकर चूना भी खाता है। उसे ऐसा करने के लिए कोई कहता नहीं। वह ऐसी चीज़ें खाकर शरीर में आई कमियों की पूर्ति करता है। ऐसे ही जब हम सुबह उठते हैं तो प्यास लगती है। हमारा शरीर बताता है कि वह डिहाइड्रेट हुआ है, उसे पानी दो और हम पानी पीते हैं। ऐसा वह पानी का रंग–रूप या स्वाद देखकर नहीं कहता। जानवरों में भी यह प्रक्रिया सहजता से होती है, वे अपने शरीर की माँग के अनुसार खाते हैं।

कुछ लोग घड़ी को देखकर खाना खाते हैं कि चलो लंच टाइम हो गया खाना खा लो, भले ही उस समय उन्हें बिलकुल भी भूख न हो तो ऐसा नहीं करना है। जिस समय भूख लगे पौष्टिक, सुपाच्य और संतुलित भोजन करना है। जितनी भूख है, उतना ही खाना है। ऐसा नहीं कि गर्भवती है तो डबल खाना है। शरीर को दोबारा ज़रूरत लगेगी तो वह फिर माँग लेगा। तब ऐसा नहीं सोचना है कि खाने का टाइम नहीं हुआ, अभी कैसे खाऊँ? ज़रूरत पर खाना खाओगे, सही खाओगे तो वह दवा बनेगा, शरीर को स्वस्थ रखेगा वरना बीमारियों का घर बनेगा।

सलोनी- इस पॉइंट को तो नोट कर लिया आँटी और भी कुछ जानने योग्य ज़रूरी बातें हों तो बताइएगा प्लीज... क्या करें, क्या न करें।

गायत्री- जितना संभव हो सके प्रकृति के संपर्क में रहें और उसी से मार्गदर्शन लें। प्रकृति से अच्छा गाइड कोई नहीं है। चाहे हमारे बाहर की प्रकृति हो या हमारी आंतरिक प्रकृति। उदाहरण के लिए अगर तुम्हारी शारीरिक प्रकृति ऐसी है कि दूध पीने से तुम्हें उलटी आती है, दूध हजम नहीं होता तो अपनी प्रकृति के हिसाब से उसका रिप्लेसमेंट ढूँढ़ो, जो तुम्हें वैसे पौष्टिक तत्त्व दे, जो दूध में है जैसे दही, छाँछ या कुछ और।

हमारे शरीर की तीन तरह की प्रकृति हो सकती है। वात, पित्त और कफ। इन तीनों गुणों का संतुलन हो तो शरीर स्वस्थ और निरोगी रहता है। हर शरीर में एक प्रधान प्रकृति होती है। अपनी प्रधान प्रकृति (वात, पित या कफ) को पहचानकर उसी के अनुसार खान-पान तय करना चाहिए। क्योंकि जो भोजन कफ प्रकृति के लिए सही हो, ज़रूरी नहीं कि वह वात प्रकृतिवाले इंसान के लिए भी सही हो। ऐसा तुमने कितनी बार घर-परिवार में देखा भी होगा कि किसी को कोई एक फल विशेष खाने से कुछ समस्या हो जाती है, जबकि दूसरा आराम से खाता है। अतः अपने शरीर को, उसकी प्रकृति को और उसकी ज़रूरत को जानना ज़रूरी है। उसी हिसाब से अपना खान-पान तय करना चाहिए। ज़रूरत हो तो इसके लिए किसी आहार विशेषज्ञ की मदद ले सकते हैं।

एक बात और, भोजन हमेशा प्रसन्नता के साथ और कृतज्ञता की भावना के साथ करना चाहिए। हमारी संस्कृति में भोजन के समय प्रार्थना का बड़ा महत्त्व था। जिसके अंतर्गत भोजन शुरू करने से पहले सामूहिक रूप से प्रार्थना की जाती थी। उस खाने का ईश्वर को भोग लगाया जाता था। उसमें से कुछ हिस्सा जीव-जंतु जैसे

गाय, कौआ, कुत्ता, चींटी आदि के लिए निकाला जाता था।

ऐसा करने से बहुत लाभ होते थे। एक तो खाने से पहले हमारे भाव शुद्ध हो जाते थे। हमारे मन में उस खाने के प्रति सम्मान और कृतज्ञता के भाव आ जाते थे, जिससे उसकी सात्विकता बढ़ती थी। वह खाना प्रसाद बन जाता था। ऐसा भोजन स्वास्थ्यवर्धक होता था, तन के साथ मन को भी संतुष्टि देता था। हमारी बुद्धि को भी निर्मल रखता था। साथ ही हम अपने आस-पास के जीवों के प्रति दयालु और संवेदनशील बनते थे।

प्रार्थना और दान, भोजन को प्रसाद बनाते हैं, दवा बनाते हैं। तन, मन, बुद्धि तीनों को स्वस्थ और निर्मल रखते हैं। इसलिए यह आदत हमारी दिनचर्या में शुमार होनी चाहिए। ऐसा नहीं कि सिर्फ गर्भावस्था में ही इसका पालन किया, फिर छोड़ दिया। भोजन-प्रार्थना हमारे नित्य कर्म का हिस्सा होना चाहिए।

सलोनी- आँटी, अब तक तो ऐसा नहीं किया, ना ही हमें प्रार्थना या कोई मंत्र पता है, जिसे खाने से पहले बोलें, आप ही बताइए हमें क्या करना चाहिए?

गायत्री- देखो सबसे सरल और छोटी प्रार्थना है धन्यवाद देना। खाना खाने से पूर्व उन सभी को धन्यवाद दें, जिनके कारण तुम्हें वह भोजन नसीब हुआ। जैसे-

उस ईश्वर को धन्यवाद, जिसने ये प्रकृति बनाई।

उस प्रकृति को धन्यवाद, जिसने ये अन्न बनाया।

उस किसान को धन्यवाद, जिसने अपना पसीना बहाकर इस अन्न को उगाया।

उन सभी इंसानों को धन्यवाद, जिनके कारण यह राशन हमारे घर तक पहुँचा।

उस इंसान को धन्यवाद, जिसने इसे पकाया।

इसी के साथ पूरे भाव से कहें, 'मैं इस भोजन को पूरे सम्मान और कृतज्ञता से ग्रहण करती हूँ। मुझे पूरा विश्वास है कि यह मेरा और मेरी संतान का तन-मन स्वस्थ करेगा, बुद्धि निर्मल करेगा। हमें ज़रूरत के सभी पोषक तत्त्व देगा। हमें भरपूर शक्ति और ऊर्जा देगा। इन सभी गुणों को देने के लिए इस भोजन का धन्यवाद, धन्यवाद, धन्यवाद।'

इस तरह से आप अपनी भोजन प्रार्थना खुद बना सकते हैं। शब्द कोई भी हो, भाव महत्वपूर्ण है, जिनमें धन्यवाद और कृतज्ञता होनी चाहिए। साथ ही जितना संभव हो, जब संभव हो किसी सुपात्र को अन्न का दान भी करना चाहिए। दान देना उस प्रकृति को धन्यवाद देने का तरीका है, जो हमें सब कुछ भरपूर दे रही है।

मधु- ये तो आज बहुत अच्छी बात पता चली। मेरी दादी जी पहली रोटी गाय की और एक रोटी कुत्ते की बनाती थीं। जिसे वे उनके मुहल्ले में आनेवाले गाय और कुत्ते को खिला दिया करती थीं। वे मुझे भी ऐसा ही करने को कहती थीं। अब यहाँ सोसायटी में तो ऐसा कुछ संभव नहीं था इसलिए मैंने उनकी बातों पर ध्यान नहीं दिया। लेकिन अन्न दान तो किसी भी ज़रूरतमंद को किया जा सकता है और कभी भी।

गायत्री- हाँ। पुरानी परंपराएँ छोड़ने से बेहतर हैं उनका उद्‌देश्य समझकर, उन्हें समय के अनुसार ढालकर निभाई जाएँ क्योंकि वे हमारे और सभी के भले के लिए बनाई गई थीं।

सलोनी- भोजन से जुड़ी और कोई बात, जो हमें जाननी ज़रूरी हो?

गायत्री- बात तो छोटी सी है मगर है बड़ी असरदार और महत्वपूर्ण। आप जो भी खाना खाते हैं, उसके रूप-रंग, गुणों के बारे में, खूबियों के बारे में अपने गर्भस्थ शिशु से बातचीत करें। उसे कम्युनिकेट करें कि आप क्या खा रहे हैं, क्यों खा रहे हैं, उससे आपको और उसे क्या फायदे होनेवाले हैं। ऐसा करने से बाद में आश्चर्यजनक परिणाम दिखाई देंगे। बच्चा जन्म के बाद उन चीज़ों को पूरी रूचि से खाएगा, उसके खाने-पीने में नाटक नहीं होंगे। उसकी खान-पान की आदतें सही रहेंगी। मगर ऐसा तभी होगा, जब आप भी वह भोजन पूरी रूचि से, प्रेमपूर्वक खाएँगी। इससे एक और फायदा होगा। जिस खाद्य पदार्थ में आपको गुण नज़र नहीं आएँगे, जिसे खाना हानिकारक लगेगा, वह आपसे खुद ही छूट जाएगा। वरना आप उसके बारे में अपने शिशु को क्या जानकारी देंगी!

सलोनी- वाह आँटी! आज की क्लास वाकई बहुत महत्वपूर्ण थी। खाना ऐसी प्रक्रिया है, जिसे हम दिन में कम से कम तीन बार तो करते ही हैं मगर कितनी बेहोशी में... जबकि उसे कितनी सजगता से किया जाना चाहिए, यह आज समझ आया। आज से ही आपकी सिखाई बातों पर अमल होगा। सलोनी की बातों में मधु ने भी हाँ में हाँ मिलाई।

गायत्री- कुछ और भी ज़रूरी बातें हैं, जिन्हें समझना ज़रूरी है, उन पर कल बात करेंगे। कहकर गायत्री आँटी ने आज की क्लास समाप्त की।

मनन बिंदु :

- गर्भावस्था में डॉक्टर द्वारा बताई गई फूड सप्लीमेंट दवाइयाँ ज़रूर लेनी चाहिए।
- क्या खाना है, कितना खाना है, कब खाना है, यह सुनी-सुनाई बातों से नहीं बल्कि अपने शरीर से पूछकर, उसकी ज़रूरत को जानकर ही खाएँ।
- सबका शरीर एक सा नहीं होता इसलिए सबका खान-पान भी एक सा हो, यह ज़रूरी नहीं।
- खाने से पूर्व भोजन प्रार्थना करने की आदत डालें, इससे भोजन की ऊर्जा सकारात्मक और स्वास्थ्यवर्धक होगी।
- अन्न दान कर प्रकृति के प्रति कृतज्ञता ज़ाहिर करें।
- जो खा रहे हैं उसके रूप-रंग, गुणों, खूबियों के बारे में अपने गर्भस्थ शिशु को बताएँ। ऐसा करने से बच्चे की पौष्टिक खाने में रूचि बनेगी, उसकी खान-पान की आदतें अच्छी रहेंगी।

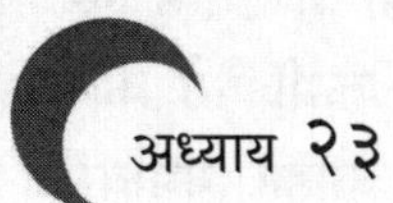

अध्याय २३

गर्भावस्था की कुछ खबरदारियाँ

क्या करें, क्या न करें

गर्भावस्था कोई बीमारी नहीं है मगर एक बदलाहट का समय अवश्य है। संपूर्ण गर्भकाल में एक स्त्री के भीतर बहुत से शारीरिक और मानसिक बदलाव होते हैं। उन बदलावों को समझते हुए, स्वीकार करते हुए, उनसे गुज़रते हुए हमें कुछ खबरदारियाँ रखनी चाहिए ताकि गर्भावस्था सकुशल पूरी हो, माँ और शिशु दोनों स्वस्थ रहें। क्या खबरदारियाँ रखनी चाहिए, क्या नहीं, यह इंसान और उसकी परिस्थिति के ऊपर निर्भर करता है। जैसे जहाँ तक संभव हो लंबा सफर टालना चाहिए मगर कभी-कभी यह मजबूरी बन जाता है तब दूसरी तरह की ज़रूरी सावधानियाँ बरतनी चाहिए। कॉमनसेंस के द्वारा हमें सब निर्णय लेने चाहिए क्योंकि ज़रूरी नहीं हर एक बात जो एक के लिए सही है, वह दूसरे के लिए भी सही हो।

आज सुबह गायत्री आँटी जब सैर के लिए गार्डन आईं तो देखा कि सलोनी क्रॉस लेग किए हुए (दोनों पैर एक-दूसरे पर मोड़कर) बैठी थी और झुककर मोबाइल पर कुछ देख रही थी। उसका बैठने का ढंग ऐसा था, जिससे उसके पेट पर दबाव पड़ रहा था। यह देखकर गायत्री आँटी तेज़ी से उसके पास गईं और

उसे पैर खोलकर, सीधा होकर बैठने को कहा है।

गायत्री- सलोनी मैं जानती हूँ तुम्हारी गर्भावस्था को अभी ज़्यादा समय नहीं हुआ है। इसलिए शायद तुम भूल जाती हो कि अब तुम्हें ऐसे पोश्चर में नहीं बैठना चाहिए, जिसमें तुम्हारे पेट पर दबाव पड़े। कभी पैरों को क्रॉस लेग नहीं करना चाहिए। बैठते हुए रीढ़ की हड्डी सीधी रहनी चाहिए। गर्भावस्था में हमें अपने शारीरिक पोश्चर का, चलने-फिरने के तरीके का ध्यान रखना चाहिए। हम जो भी करें, होश में रहकर करें, ध्यान पूर्वक करें। आँटी सलोनी को समझा ही रही थीं तभी मधु भी आ गई।

गायत्री- आओ मधु, कैसा चल रहा है सब, तीन दिन से कहाँ गायब थी?

मधु- आँटी मुझे यूरिन इंफेक्शन हुआ था। दो दिन पहले मैं बाहर गई थी। वहाँ मैंने हाइजीन के चलते बाहर का वॉशरूम प्रयोग करना मुनासिब नहीं समझा इसलिए मैंने यूरिन प्रेशर को काफी देर तक रोककर रखा। काफी समय तक पानी भी नहीं पीया था ताकि प्रेशर न बढ़े। डॉक्टर ने बताया कम पानी पीने के कारण और यूरिन प्रेशर रोकने के कारण ही मुझे यूरिन इंफेक्शन हुआ है।

गायत्री- इस समय तुम दोनों को बहुत सी खबरदारियाँ रखनी चाहिए। जैसे मल-मूत्र के दबाव को नहीं रोकना है, झटके से उठना या बैठना नहीं चाहिए। पैरों में ऐसे फुटवेयर पहनने हैं, जिससे संतुलन अच्छा बने। कपड़े जितना हो सके सूती पहनें, जो आरामदायक हों। पेट पर कुछ टाइट न बांधें। जैसे भारी साड़ियाँ, टाइट जींस आदि न पहनें। ज़्यादा शोर-शराबे, कोलाहल में न रहें, इससे शिशु को नुकसान हो सकता है।

जितना ज़्यादा हो सके शुद्ध, ताज़ी हवा में रहें, हलके-फुलके प्रायाणाम करें। इससे श्वसन तंत्र मज़बूत होगा। शरीर के हर कोश को ऑक्सीजन मिलेगा। सुबह सूर्य की किरणों को ग्रहण करें, यह विटामिन डी सबसे अच्छा स्रोत है, जो गर्भवती स्त्री और उसके शिशु की हड्डियों की मज़बूती के लिए बहुत ज़रूरी है। गर्भावस्था को कोई बीमारी मानकर बैठे न रहें। डॉक्टर से पूछकर सहज व्यायाम करें, सुबह-शाम सैर करें। सामान्य जीवन के काम करें मगर जल्दबाज़ी में नहीं, आराम से, सजगता के साथ। अपने आस-पास के वातावरण, घर को स्वच्छ रखें। घर में ताज़ी हवा, धूप का प्रवाह बना रहे।

सलोनी- आँटी आजकल मुझे बहुत मूड स्विंग हो रहे हैं यानी ज़रा-ज़रा सी बातों पर कभी झल्लाहट होती है, कभी बहुत खुशी होती है, कभी दिल बहुत उदास हो जाता है... इसे कैसे सँभालूँ?

गायत्री- गर्भावस्था के शुरुआती ३-४ महीनों में हमारे भीतर हार्मोन्स का बहुत फेरबदल होता है, जिसका असर हमारी भावनाओं पर भी पड़ता है। जैसे कभी हँसने का मन करेगा तो कभी रोने का। कभी बहुत खुशी महसूस होगी तो कभी निराशा भी हो सकती है। जो इमोशन आ रहा है उसे स्वीकार करें, उसमें अटके नहीं। ना ही उसे रोकें यानी रोने का मन करे तो रो लें, हँसने का मन करे तो हँस लें। अपनी भावनाओं को किसी आत्मीय जन से शेयर कर सकते हैं। शेयर नहीं करना चाहते तो पर्सनल डायरी में लिख सकते हैं। शेयर करने से या लिखने से उस इमोशन का पावर कम होता है, मन हलका हो जाता है। यह समझ रखें कि गर्भावस्था में हार्मोन्स के कारण मूड स्विंग होना सामान्य है। फिर भी अगर खुद को सँभाल नहीं पा रहे हैं तो डॉक्टर या काउंसलर की मदद लें।

सबसे ज़रूरी बात यह है कि शरीर के और मन के स्तर पर जो भी उथल-पुथल चल रही है, उसे देखें और जाने दें। उसमें अटके नहीं। खुद को रचनात्मक कार्यों में व्यस्त रखें। ऐसा करने से आप भी खुश रहेंगे और आपके शिशु के दिल-दिमाग का अच्छा विकास होगा। उसमें भी रचनात्मक गुण पैदा होंगे।

मधु- आँटी थोड़ा आइडिया दीजिए क्या-क्या किया जा सकता है?

गायत्री- देखो ऐसी बहुत सी हाथों की, उँगलियों की एक्सरसाइज होती हैं, जिन्हें करने से हमारे मस्तिष्क के लेफ्ट और राइट दोनों भाग ऍक्टिव होते हैं। इन्हें ब्रेन जिम एक्सरसाइज कहते हैं। इंटरनेट पर इनके बहुत से वीडियोज उपलब्ध हैं। इनका अभ्यास कर सकते हैं। इसके अलावा ब्रेन शार्प करने के लिए पहेलियाँ, क्रॉसवर्ड आदि हल कर सकते हैं। इससे बच्चे के मस्तिष्क का भी विकास होगा। पूरे परिवार के साथ बैठकर कैरम, शतरंज, लूडो खेल सकते हैं। पूरे परिवार के साथ खेलने पर बच्चा खुद को पूरे परिवार का हिस्सा महसूस करेगा।

संभव हो तो रोज़ सुबह और खासकर सोने से पहले, बच्चों की ऐसी कहानियाँ शिशु को पढ़कर सुनाएँ, जिससे कोई अच्छी शिक्षा मिल रही हो। इससे बच्चे की बुद्धि निर्मल होगी, उसमें अच्छे गुण विकसित होंगे।

जब भी निराशा घेरे, मूड खराब लगे, मनपसंद संगीत सुनें। संगीत बहुत ही अच्छी थेरेपी है, जो मन को शांत और प्रसन्न करती है। शोर-शराबेवाला संगीत न सुनें, हलका-फुलका या भजन सुनें। जिस भी कला में आपकी रुचि हो जैसे संगीत, चित्रकारी, बागवानी, अच्छी किताबें, आत्मकथाएँ पढ़ना, वह करें। अपनी रुचि अनुसार रचनात्मक कार्य करने से इंसान को प्रसन्नता के लिए किसी बाहरी कारण की ज़रूरत नहीं पड़ती। वह खुद में ही बेहद प्रसन्न रहता है और इस प्रसन्नता का सकारात्मक असर शिशु पर भी पड़ता है। इन सबके बावजूद, फिर भी कुछ करने का बिलकुल मन न करे और उदासी महसूस हो तो अपनी सबसे प्यारी सहेली को फोन कर, थोड़ा गप्पें लड़ा लें। इससे भी मन खाली होगा और आप अच्छा महसूस करोगी।

मनन बिंदु :

- गर्भावस्था के समय अपने शरीर के पोश्चर का, उठने-बैठने, चलने-फिरने के तरीके का पूरा ध्यान रखें। हर काम होश (ध्यान) में करें।
- हार्मोन्स में होनेवाले बदलाव के कारण गर्भावस्था में मूड स्विंग बहुत होते हैं। उसे बिना अटके, सहज रूप से स्वीकारें।
- जब भी लगे यह भावनात्मक उथल-पुथल हमसे नहीं सँभल रही तो डॉक्टर, काउंसलर या अपने किसी शुभचिंतक की मदद लें।
- तन और मन को खुश और संतुलित रखने के लिए मनपसंद रचनात्मक कार्य करें। परिवार के साथ शतरंज जैसे बोर्ड गेम खेलें, पहेली आदि हल करें, आत्मचरित्र पढ़ें।

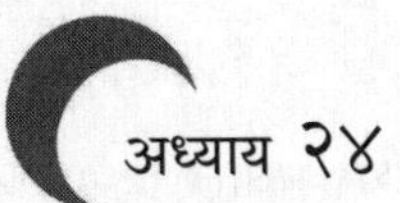

अध्याय २४

प्रसवकाल की पूर्व तैयारी

आवश्यक योजनाएँ बनाएँ

कोई भी कार्य सही तरीके से संपन्न हो, इसके लिए वह कार्य शुरू करने से पहले दो बातों का होना बहुत ज़रूरी है। पहली बात- उस कार्य को करने की सही समझ और दूसरी बात- कार्य शुरू करने से पहले उसकी पूर्व तैयारी। जो खिलाड़ी पूरी तैयारी से मैदान में उतरते हैं, उनका सक्सेस रेट उतना ही अच्छा होता है।

इसके विपरीत- 'पहले काम शुरू कर लेते हैं, फिर देखते हैं क्या होता है...' ऐसी सोच रखनेवाले लोगों को काम के दौरान जो मुख्य समस्याएँ आती हैं, वे हैं- बीच-बीच में आत्मविश्वास की कमी, घबराहट, डर, चिंता, निराशा, बेचैनी रहती है कि 'काम कैसे होगा? पूरा हो भी पाएगा या नहीं, सफल होगा या नहीं होगा?'

यही हाल प्रसव का भी है। प्रसव को लेकर बहुत सी धारणाएँ, मान्यताएँ, गर्भवती को सुनने को मिलती रहती हैं। जिससे वह प्रसव के नाम से ही डर जाती है। जैसे-जैसे प्रसव का समय निकट आता है उसकी घबराहट, चिंता बढ़नी स्वाभाविक

है। क्या होगा, कैसे होगा? कहीं अचानक से कुछ उलटा-पुलटा हो गया तो कैसे मैनेज होगा? अगर अचानक से लेबर पेन शुरू हो गया तो? आखिरी मिनट पर हॉस्पिटल जा भी पाएँगे या नहीं? अगर हॉस्पिटल पहुँचने से पहले ही प्रसव हो गया तो? सिजेरियन डिलीवरी होगी या नॉर्मल?

ऐसे न जाने कितने किंतु, परंतु, अगर, मगर भरे सवाल दिमाग में चलते रहते हैं, जो गर्भवती को परेशान करते हैं, उसके पैनिक अटैक का कारण बनते हैं। यही हाल आजकल मधु का भी था क्योंकि उसके प्रसव में अब ज़्यादा दिन शेष नहीं बचे थे। दो दिन बाद प्रसव के लिए उसकी मम्मी घर पर आ रही थीं। आज वह गायत्री आँटी की गर्भ संस्कार की कक्षा में थोड़ी घबराई हुई थी।

गायत्री- क्या बात है मधु, आज इतनी घबराई हुई क्यों लग रही हो?

मधु- आँटी पता नहीं क्यों एक-दो दिन से बार-बार प्रसव के खयाल दिमाग में आ रहे हैं। ये सोच-सोचकर बहुत घबराहट हो रही है कि सब कुछ ठीक-ठाक से हो जाएगा या नहीं? मैंने इंटरनेट पर प्रसव काल पर लिखे गए कुछ आर्टिकल्स पढ़े थे। सोचा था कुछ ज्ञान मिलेगा, समझ बढ़ेगी तो मेरा आत्मविश्वास बढ़ेगा मगर उलटा ही हो गया। उनमें प्रसव के इतने जटिल केसों के बारे में लिखा था कि दिल घबराने लगा। अब तो डर लग रहा है कहीं वह सब मेरे साथ हो गया तो?

गायत्री- अच्छा एक बात बताओ, तुम्हें अभी साँस लेने में डर लग रहा है क्या?

मधु- नहीं तो, साँस लेने में डर क्यों लगेगा भला?

गायत्री- एक बार इंटरनेट पर जाकर इस शहर की हवा में घुले प्रदूषण और उससे होनेवाले दुष्प्रभावों के बारे में पढ़ लो, साँस लेने में भी डर लगेगा, हर साँस ज़हरीली लगेगी...! गायत्री आँटी ने हँसते हुए कहा।

ऐसे ही पेरासिटामोल को सबसे सेफ मेडिसिन माना जाता है। कहा जाता है यह बुखार में, दर्द में बिना प्रिस्क्रिप्शन के भी ली जा सकती है लेकिन एक बार इंटरनेट पर जाकर इसके साइड इफेक्टस् पढ़ोगे तो लगेगा यह तो बड़ी खतरनाक दवाई है। मेरे कहने का उद्‌देश्य तुम्हें डराना नहीं, बस यह बताना है कि इंटरनेट पर जिसके जो मन में आए, वह लिखता है। ज़रूरी नहीं वह सब सही हो और पढ़ा जाए। हर जानकारी हर किसी के लिए नहीं होती। एक डॉक्टर को शरीर के बारे में

जानने की जितनी ज़रूरत है, आम इंसान को नहीं। ज़रूरत से ज़्यादा जानकारी भी हानिकारक हो सकती है।

मानती हूँ प्रसव एक कठिन समय होता है लेकिन उस हिसाब से आजकल मेडिकल सुविधाएँ भी तो कितनी हैं और फिर अपनी शरीर की भी बात होती है, तैयारी की बात होती है। तुम्हें ऐसे आर्टिकल्स नहीं पढ़ने चाहिए, जिनसे मन में किसी तरह का डर आए बल्कि यह सोचना चाहिए कि अगर हज़ार में से किसी एक को कोई समस्या आई भी तो बाकी ९९९ प्रसव सकुशल संपन्न हुए और तुम उन ९९९ से ही एक हो।

सलोनी- आँटी माना आप सही कह रही हैं मगर डिलीवरी के बारे में सोचकर तो मुझे भी डर लगता है।

गायत्री- देखो डर लगता है तो इसका अर्थ है कि प्रसव की पूर्व तैयारी नहीं है। प्रसव के समय आने से पहले ही उसकी पूर्व तैयारी कर लेनी चाहिए। वह भी तीनों तरीकों से। तन से, मन से और संसाधनों से। अगर तैयारी पूरी होगी तो डर नहीं लगेगा बल्कि आत्मविश्वास बना रहेगा।

मधु- तन, मन, संसाधन से प्रसव की तैयारी!

गायत्री- देखो, प्रसव की तन से पूर्व तैयारी का मतलब है, अपने शरीर को प्रसव के लिए फिट रखना, ऍक्टिव रखना। शरीर में सभी पोषक तत्त्व जैसे कैल्शियम, आयरन, विटामिन, मिनरल्स भरपूर हों। शरीर प्रसव के लिए पूरी तरह तैयार हो।

मन से तैयार होने का मतलब है मन में प्रसव को लेकर किसी तरह का डर, चिंता, तनाव, पूर्वाग्रह न हो बल्कि आत्मविश्वास हो, सकारात्मकता हो। उत्साह और उमंग हो क्योंकि यही वह समय है, जब आप अपनी संतान को पहली बार देखेंगे। कुछ तकनीकों, विधियों का सहारा लेकर मन को प्रसव के लिए तैयार किया जा सकता है, उसे बेकार के पैनिक अटैक से बचाया जा सकता है। इसके बारे में हम आगे बात करेंगे।

संसाधन से पूर्व तैयारी का मतलब है, प्रसव पूर्व सभी ज़रूरी संसाधनों को इकट्ठा कर लेना। प्रसव के दौरान और बाद में काम आनेवाली सभी जानकारियों को जान लेना। सभी ज़रूरी योजनाएँ बना लेना ताकि जब लेबर पेन हो तो हड़बड़ाहट में किसी तरह की टेंशन न हो। जैसे डॉक्टर ने जो डिलीवरी की डेट दी है, उससे करीब

१५ दिन पहले ही आप दो बैग तैयार करके रख लें। एक अपने लिए, एक शिशु के लिए। ये वे बैग होंगे जो आपके साथ अस्पताल जाएँगे। इनमें आपका और शिशु का वह सारा सामान होगा, जिसकी ज़रूरत अस्पताल में पड़ेगी।

पहले सभी ज़रूरी सामान की लिस्ट बनाएँ, फिर उसके अनुसार बैग को व्यवस्थित करें। जैसे बैग में गाउन, चप्पल, जुराबें, चादर, टूथब्रश, टूथपेस्ट वगैरह सभी दैनिक ज़रूरत का सामान होना चाहिए। शिशु के बैग में कपड़े, कैप, मोजे, बेबी ऑइल, बेबी नैपी क्रीम, डायपर, शाल, गद्दियाँ, चादर, कुछ मुलायम कपड़े, वाइप्स आदि सभी सामान होना चाहिए।

किस अस्पताल में प्रसव होना है, वह पहले ही देखकर रखना चाहिए। वहाँ जाकर सभी सुविधाओं आदि का मुआयना कर लेना चाहिए। बेहतर है नज़दीकी अस्पताल का चुनाव करें, डॉक्टर से पहले ही बातचीत करके रखें ताकि आपको वहाँ जाने में परेशानी न हो। अस्पताल जाते हुए क्या-क्या ज़रूरी डॉक्युमेंट, पहचान पत्र, फोटो, मेडिकल रिपोर्ट आदि लगेंगे, वे भी एक जगह पर रख लेने चाहिए।

अगर मेडिकल कवरेज प्लान है तो उसे ठीक से समझ लें। इससे आप खुद को मिलनेवाली स्वास्थ्य सुविधाओं के बारे में समझ पाएँगी। साथ ही नवजात शिशु मेडिकल कवरेज प्लान में शामिल होगा या नहीं, यह चेक कर लें। अगर नहीं तो उसे भी कवरेज में शामिल करने की प्रक्रिया के बारे में विस्तार से समझ लें। शिशु के जन्म के बाद उसका जन्म प्रमाण पत्र बनता है। इसके लिए क्या-क्या डॉक्युमेंट चाहिए, क्या औपचारिकताएँ पूरी करनी होंगी, इस प्रक्रिया के बारे में पहले से जान लें ताकि उस समय दिक्कत न हो।

प्रसव पर जाने से पूर्व घर पर भी पूरी तैयारी करके जाएँ। जैसे शिशु के सोने की जगह, उसका कॉट, मच्छरदानी, बाथ टब, नैपी, कपड़े, स्नान के सामान और अन्य चीज़ों के लिए अलग अलमारी या दराज़ रखें। शिशु का सामान एक निश्चित जगह पर होने से शिशु के साथ अस्पताल से घर आने पर सभी के लिए आसानी होगी। किसी को उसकी चीज़ें ढूँढ़नी नहीं पड़ेगी।

संभव हो तो घर में महीनेभर का राशन और बाकी ज़रूरी सामान खरीदकर रखकर जाएँ ताकि कम से कम एक महीने तक बाज़ार की भागदौड़ न करनी पड़े। इसलिए बेहतर है कि जितनी तैयारी इस समय कर सके कर लें। प्रसव के बाद जितना संभव हो सके, अपने आस-पास सहयोगियों की व्यवस्था रखें। ये सहयोगी घर के

लोग भी हो सकते हैं और बाहर से बुलाए गए वेतनबद्ध हाउस हेल्पर भी। इतना सुनिश्चित करें कि माँ या सासू माँ (बुजुर्गों) पर किसी तरह के काम का भार न आए क्योंकि वे शिशु की और तुम्हारी देखभाल में ही व्यस्त रहेंगी। इसमें उनके सोने का, जागने का रूटिन बदलेगा। वे घर सँभालने की स्थिति में नहीं होंगी।

मधु- वाह आँटी ये तो आपने बहुत काम की बातें बताईं। इन सब तैयारियों के बारे में तो मैंने सोचा ही नहीं था। आज से ही मैं और मनीष इन सभी तैयारियों पर कार्य करना शुरू कर देते हैं।

सलोनी- और मन की तैयारी का क्या आँटी?

गायत्री- अरे वह भी बताती हूँ, तुम्हारे प्रसव को तो अभी समय है न! गायत्री आँटी ने जिस मज़ाकिया अंदाज़ में कहा, तीनों हँस पड़ीं।

मनन बिंदु :

- प्रसव के बारे में ऐसे लेख, जानकारियाँ नहीं पढ़नी चाहिए, जिससे मन में प्रसव को लेकर भय और तनाव पैदा हो। यदि कोई भी संशय है तो बेहतर है डॉक्टर या जानकार इंसान से बात करें।
- प्रसव पर जाने से पूर्व बहुत सी पूर्व तैयारियों की ज़रूरत होती है ताकि उस समय हड़बड़ न मचे, घबराहट न हो।
- प्रसव का समय करीब आने से पहले की जानेवाली ज़रूरी तैयारियों में सही अस्पताल का चुनाव करें। माँ, बच्चे और घर के लिए ज़रूरी सामानों की खरीददारी और रख-रखाव करके रखें।
- प्रसव के समय और घर लौटने के बाद लगनेवाले सहयोगियों की व्यवस्था, राशन और ज़रूरी सामान का भराव आदि पहले से ही कर लें।

अध्याय २५

प्रसव के लिए मन की पूर्व तैयारी

मन की सहयोगी प्रैक्टिस

गर्भवती स्त्री और उसके परिवार सहित, प्रसव काल के लिए यदि किसी और को सबसे ज़्यादा तैयार करने की ज़रूरत है तो वह है उनके मन को। मन ही वह चिड़िया है जो हर वक्त चीं-चीं करती है। उसकी इस चीं-चीं का गर्भवती स्त्री के शरीर पर बहुत असर पड़ता है। अगर यह चीं-चीं परिवार के किसी सदस्य द्वारा की जा रही हो तो भी असर पड़ता है और अगर उसके अपने मन द्वारा की जा रही हो तो भी असर पड़ता है। वह असर सकारात्मक भी हो सकता है और नकारात्मक भी। इसलिए मन को यह सिखाना बहुत ज़रूरी है कि वह जो बोले अच्छा बोले, उसका अच्छा असर हो।

वैसे तो प्रसव पूर्व ही पिछले अध्याय में दी गई बातों का ध्यान रख लिया जाए, संसाधनों की तैयारियाँ पहले ही कर ली जाएँ, सारी ज़रूरी जानकारियाँ पहले ही इकट्ठी कर ली जाएँ तो आखिरी मिनट की चिंता (एन्झायटी) से काफी हद तक बचा जा सकता है। फिर भी मन का कोई भरोसा नहीं, किसी भी बात पर घबरा सकता है। प्रसव से पूर्व ही इस मन को कैसे तैयार करना है, यदि घबराहट और नकारात्मक विचार आएँ तो उन्हें कौन सी

विधियों द्वारा नियंत्रित करना है, गायत्री आँटी आगे इसी बात पर चर्चा करने लगीं। तब तक मनीष और विशाल भी ऑफिस से आ गए थे।

मधु- आँटी मान लीजिए मैं बहुत सकारात्मक हूँ, मेरा डिलीवरी को लेकर निगेटिव थॉट्स नहीं हैं मगर आस-पासवालों का क्या करें? वे कभी-कभी ऐसी बातें कर देते हैं, ऐसे अनुभव बताने लगते हैं कि दिल डरने लगता है।

मनीष- हाँ आँटी। अभी चार दिन पहले ही मेरी बुआ जी घर आई थीं और वे हमें ऐसे-ऐसे किस्से सुनाने लगीं कि मैं सच में घबरा गया। जैसे उसकी किसी जान-पहचान में डिलीवरी के लिए जाते हुए परिवार की कार ट्रैफिक में फँस गई और गर्भवती को सड़क पर ही बुरी तरह लेबर पेन शुरू हो गया। किसी दूसरे को ऐन वक्त पर हॉस्पिटल में रूम ही नहीं मिला, किसी की डिलीवरी कराते हुए डॉक्टर ने कुछ लापरवाही कर दी वगैरह-वगैरह... मैं पूरी रात यही सोचता रहा, ये सब हमारे साथ न हो। अब यह तो ज़रूरी नहीं, हर किसी को इतनी समझ हो कि गर्भवती स्त्री के सामने ऐसी नकारात्मक बातें नहीं करनी हैं। फिर भी ऐसे लोग संपर्क में आने के बाद उनसे कैसे निपटें?

गायत्री- आजकल यह लोगों का स्वभाव बन चुका है। सौ अच्छी चीज़ों में से एक बुरी चीज़ छाँटते हैं और उसी का गुणगान करते रहते हैं। वह यह नहीं जानते कि बुरी बातों को दोहराकर, उन्हीं पर फोकस कर, वे उन्हें और ज़्यादा आमंत्रित कर रहे हैं। अब देखो न उस समय उस शहर में और भी न जाने कितनी डिलीवरी सही सलामत हो रही होंगी, जिनके बारे में उन्हें नहीं पता या उन्होंने बात नहीं की। बेहतर है कि ऐसे लोगों से जितनी दूरी बनाकर रखें अच्छा है। किसी बहाने से उस इंसान को गर्भवती के पास से हटा दें या फिर कोई दूसरी सकारात्मक बात शुरू कर, उसकी बात का रुख बदल दें।

ऐसी किसी सुनी-सुनाई, देखी-पढ़ी बातों से यदि प्रसव काल को लेकर मन में डर, अनिश्चितता या शंकाएँ आती हैं तो कुछ प्रैक्टिस या विधियाँ हैं, जिनका सहारा लेकर उन्हें दूर किया जा सकता है। डर न भी हो तो भी प्रसव से पहले ही इन प्रैक्टिस को अपना लेना चाहिए ताकि किसी तरह का डर आए ही नहीं। मन हमेशा सकारात्मक ही रहे। मैं आपको कुछ ऐसी सहयोगी विधियों के बारे में बताती हूँ आपको जो सही लगे, सुविधाजनक लगे, समय की माँग लगे, उस हिसाब से इनकी मदद ले सकते हैं।

सभी ने स्वीकृति जताई और वे आँटी की बात ध्यान से सुनने के लिए बैठ

गए। गायत्री आँटी की स्वीकृति से मनीष ने अपने फोन में रिकॉर्डिंग भी लगा ली ताकि सभी विधियों को रिकॉर्ड किया जा सके।

गायत्री– पहली प्रैक्टिस म्यूजिक थेरेपी है, जो सबसे आसान है। मगर इसके लिए संगीत कौन सा चुनना है? ऐसा संगीत, जिसे सुनकर आपके सब डर दूर हो जाएँ, सारी अनिश्चिंतता, संशय, चिंताएँ दूर हो जाएँ। आपको खुद पर और ईश्वर पर विश्वास आ जाए कि सब ठीक ही होगा। ऐसा संगीत दिव्य संगीत होता है, भक्ति संगीत होता है, प्रार्थना संगीत होता है, जिसे सुनने मात्र से आप उस परमचेतना के साथ तालमेल में आ जाते हैं।

ईश्वर के जिस भी रूप में आपकी श्रद्धा हो, उससे जुड़ा कोई जाप, मंत्र, भजन, प्रार्थना, गुरु वचन, दोहे आदि सुनें। जिस भजन, प्रार्थना से आपके भाव ट्यून हैं, उसे सुनें और उसके साथ में गुनगुनाएँ भी। ऐसा करने से आप महसूस करेंगे कि मन शांत हो रहा है, उसकी खोई लय लौट रही है, विश्वास लौट रहा है कि 'ईश्वर है हमारे साथ, जो सब ठीक करेगा।'

दूसरी प्रैक्टिस 'वाइट लाइट रिसीविंग' है। यह बहुत ही असरदार है। इसमें हमें ईश्वर की दिव्य कृपाओं और स्वास्थ्य (हीलिंग और ब्लेसिंग्स्) को सफेद चमकदार किरणों के रूप में देखना है। जब भी मन घबराए, कुछ देर आँखें बंद कर बैठ जाएँ और कल्पना करें कि ईश्वरीय दिव्य सफेद प्रकाश आपके ऊपर पड़ रहा है। उस प्रकाश में दिव्य सुरक्षा, स्वास्थ्य और आशीर्वाद सम्मिलित हैं। उसकी किरणें आप पर बारिश की तरह बरस रही हैं। वे आपको और आपके शिशु को पूरी तरह सराबोर कर रही हैं। आपका और आपके शिशु का हर एक कोष वह दिव्य रोशनी ग्रहण कर रहा है। जैसे–जैसे वह आप पर पड़ रही है, आप दोनों की चेतना बढ़ रही है, सारी नकारात्मकता, चिंता, बेचैनी दूर हो रही है। उस रोशनी के कवच के साथ आपको ईश्वर की पूरी सुरक्षा, स्वास्थ्य, सकारात्मकता मिल रही है। आपका रोम–रोम इन कृपाओं के लिए ईश्वर को धन्यवाद कह रहा है धन्यवाद... धन्यवाद... धन्यवाद...!

समझ आया? गायत्री आँटी ने चारों से पूछा तो उन्होंने 'हाँ' में सिर हिलाया। फिर उन्होंने सभी से दस मिनट के लिए वाइट लाइट रिसीविंग प्रैक्टिस करवाई।

मधु– वाह, सचमुच बहुत अच्छा लग रहा है आँटी। मन एकदम शांत और सकारात्मक हो गया। ईश्वर के लिए धन्यवाद ही निकल रहे हैं। सभी ने मधु की बातों से सहमति जताई।

गायत्री- ईश्वर की कृपा तो हम पर बरस ही रही है हमेशा। बस हमें रिसीवर बनना है। हमारे रिसीवर बनते ही हम उन कृपाओं को ले पाते हैं, उनका असर अपने जीवन में देख पाते हैं। चलो अब तीसरी प्रैक्टिस देखते हैं।

तीसरी प्रैक्टिस ऑटो-सजेशन की है यानी अपने अंतर्मन को आत्मसूचनाएँ देना। ऑटो-सजेशन का अर्थ है हम जो चाहते हैं, उसे वाणी में लाकर स्वयं को ही सुनाना ताकि धीरे-धीरे वह वाणी, वे विचार, सीधे हमारे अंतर्मन में चले जाएँ। अंतर्मन में पहुँची सूचना विश्वासवाणी बनती है, जो जीवन में अपना असर दिखाती है। जो आत्मसूचनाएँ अंतर्मन तक पहुँचती हैं, वे हकीकत बन सामने आती हैं।

उदाहरण के लिए एक बीमार आदमी यदि बारंबार स्वयं से ज़ोर से कहे, 'दिन-प्रतिदिन मैं स्वस्थ होता जा रहा हूँ, अच्छा होता जा रहा हूँ' (day by day I am getting better and better) तो उसके अंतर्मन में यह विश्वास बैठेगा और वह हकीकत में स्वस्थ होने लगेगा। इसी तरह अगर कोई स्वस्थ इंसान बार-बार खुद को यह आत्मसूचना दे कि 'मेरी तबीयत ठीक नहीं लग रही है, कुछ गड़बड़ है' तो कुछ समय बाद सच में उसकी तबीयत खराब होने लगती है। इसीलिए बड़े-बुज़ुर्ग भी कहते हैं, 'जो बोलो सोच-समझकर बोलो और कभी बुरा मत बोलो क्योंकि जो बोलते हैं, अंतर्मन उसे पकड़ हकीकत में ले आता है।

आत्मसूचनाएँ देने का काम आप कभी भी कर सकते हैं और किसी के लिए भी। जैसे स्वास्थ्य, सफलता, समृद्धि, रिश्ते, सद्‌गुण, आदतें आदि। गर्भावस्था में आप अपने और शिशु के लिए आत्मसूचनाएँ देकर स्वास्थ्य, अच्छे गुण, अच्छी आदतें आकर्षित कर सकते हैं। प्रसव के सकुशल होने को लेकर भी आत्मसूचनाएँ दी जा सकती हैं जैसे-

- जो ईश्वर दुनिया के सभी जीवों का खयाल रख रहा है, वह मेरा और मेरी संतान का भी खयाल रख रहा है। मैं और मेरी संतान ईश्वर के सुरक्षा घेरे में हैं और बिलकुल सुरक्षित हैं।
- मैं और मेरी संतान ईश्वर की दौलत हैं। कोई बुरी घटना हमें नहीं छू सकती।
- मेरी संतान दिव्य संतान है और ईश्वर की छत्रछाया में पूरी तरह सुरक्षित है। वह संसार में प्रेम और आनंद का वरदान लेकर जन्म ले रहा/रही है। उसे वे सब सुख-सुविधाएँ मिल रही हैं, जो उसकी अभिव्यक्ति के लिए ज़रूरी हैं। उसका जन्म सहजता से, सकुशलता से होनेवाला है।

इस तरह से आप कुछ शुभ और सकारात्मक आत्मसूचनाएँ अपने और शिशु के अंतर्मन तक पहुँचाएँ। इससे प्रसव को लेकर तमाम असुरक्षाएँ, डर, आशंकाएँ दूर होंगी। जिस भी नकारात्मक भावना में मन आपको अटकाए, उसे तोड़नेवाली सकारात्मक आत्मसूचना पूरे विश्वास और दृढ़ता से दोहराएँ। इससे नकारात्मक भावना समाप्त हो जाएगी।

सलोनी– वाह आँटी। आज पता चला मेरा अपना ही मन मेरा कितना नुकसान कर रहा था। मैंने तो पक्का निश्चय कर लिया, अब तक मेरा मन जो भी उलटा–सीधा बोलकर, कुछ भी बड़बड़ कर, मुझे बहलाता–फुसलाता था, डराता था, आज से मुझे उस पर लगाम कसनी है और उसे हमेशा अच्छी बातें सोचने पर मजबूर करना है।

गायत्री– बिलकुल सलोनी। अभी से मन की लगाम अपने हाथ में ले लो, हमेशा सुखी रहोगी और तुम्हारे बच्चे का भी बहुत भला होगा। क्योंकि आज तुम जो कुछ सीख रही हो, वह सब गर्भस्थ शिशु भी तो सीख रहा है न... ये तो डबल फायदा हुआ। कहकर आँटी मुस्कुरा उठीं। उनकी बात पर सभी हँस पड़े।

कल रविवार है, मनीष और विशाल की भी छुट्टी होगी। कल मैं कुछ और बहुत अच्छी तकनीकों के बारे में बताऊँगी, जिनका उपयोग न सिर्फ प्रसव की तैयारी के लिए हो सकता है बल्कि वे आजीवन आपके काम आ सकती हैं।

सभी ने सहमति जताते हुए आज की गर्भ संस्कार क्लास से विदा ली, इस वादे के साथ कि वे आज बताई गई तकनीकों का आज से ही इस्तेमाल करना शुरू करेंगे।

मनन बिंदु :

- मन को प्रसव संबंधित नकारात्मक चिंतन से होशपूर्वक हटाकर, सकारात्मक चिंतन की ओर ले जाना है।
- मन को सकारात्मक चिंतन सिखाना इसलिए ज़रूरी है क्योंकि जो बातें मन बार–बार तीव्रता से सोचता है, वे अंतर्मन में फीड हो जाती हैं और हकीकत बनने की पूरी संभावनाएँ रखती हैं।
- मन को सही दिशा देकर न सिर्फ नकारात्मक चिंतन से हटाना है बल्कि उसे हमारे जीवन में अच्छी चीज़ें जैसे सकुशल प्रसव, स्वास्थ्य, सफलता, समृद्धि, सद्गुण आदि लाने हेतु भी निमित्त बनाना है।
- इसके लिए 'वाइट लाइट रिसीविंग, ऑटो सजेशन जैसी तकनीकों का इस्तेमाल करना है।

अध्याय २६

विज्युलाइज़ेशन और नाभि ओम ध्यान

वर्तमान में रहने की तकनीक

आज रविवार था। आज शाम चारों लोग गायत्री आँटी के साथ सोसायटी के पार्क में आकर बैठ गए ताकि मन के सहयोगी ध्यान तकनीकों को प्रकृति की मनोरम छाँव में बैठकर सीखा जा सके। सभी को कल बताई गई प्रैक्टिस से बहुत लाभ महसूस हुआ। सभी के विचार सकारात्मक हुए, मन शांत हुआ, आत्मविश्वास बढ़ा। गायत्री आँटी ने मन को साधने की चौथी प्रैक्टिस बतानी आरंभ की।

गायत्री- चौथी प्रैक्टिस विज्युलाइज़ेशन है यानी मस्तिष्क में किसी प्रोसेस की, घटना की पिक्चर देखना। जैसे हम अतीत की कोई घटना अपने आपमें किसी फिल्म की तरह दोहरा लेते हैं या भविष्य की कोई कल्पना करते हैं। इसी तरह हम उस प्रोसेस के सही तरीके से, सकुशलता और सफलता से होने की पिक्चर या कहें, कल्पना अपने मस्तिष्क में दोहरा सकते हैं। ऑटो-सजेशन में जो काम आप वाणी द्वारा करते हैं, विज्युलाइज़ेशन में वही काम तस्वीरों और चलचित्रों के माध्यम से करते हैं। अर्थात अंतर्मन को वे सूचनाएँ पहुँचाते हैं, जो आप चाहते हैं, आपके साथ हों।

आप अपने अंतर्मन को भविष्य की तस्वीर दिखाते हैं और उन्हें सत्य समझकर, वह उन्हें हकीकत में बदल देता है।

विशाल- आँटी मेरे ऑफिस में इस तकनीक के बारे में एक वर्कशॉप हुई थी, जिसमें बताया गया था कि अधिकांश सक्सेसफुल लोग जब भी कोई महत्वपूर्ण काम करने जा रहे होते हैं तो उनके मस्तिष्क में पहले उस पूरे प्रोसेस की एक पिक्चर बन जाती है। जैसे वे हँसी-खुशी काम करने जा रहे हैं, वहाँ वे समय से पहुँच रहे हैं, वहाँ पर सब काम सुनियोजित ढंग से और उनके पक्ष में हो रहा है। कहीं कोई रुकावट नहीं आई। सबने सहयोग किया। काम अच्छी तरह संपन्न हुआ और वे खुशी-खुशी अच्छे परिणाम के साथ वापस लौट रहे हैं। सभी को कहा गया हमें भी ऑफिस के किसी नए प्रोजेक्ट को शुरू करने से पहले, क्लाइंट मीटिंग पर जाने से पहले, ऐसा करना है ताकि उसकी सफलता सुनिश्चित हो।

गायत्री- हाँ बिलकुल सही बात। यही है विज्युलाइज़ेशन तकनीक। इसका उपयोग पूरे परिवार को सकुशल और नॉर्मल प्रसव को सुनिश्चित करने के लिए करना चाहिए। जैसे आप सब हँसी-खुशी हॉस्पिटल जा रहे हैं। वहाँ आपको सभी व्यवस्थाएँ समय पर उपलब्ध हो रही हैं। डॉक्टर, नर्स सभी बहुत करुणावान हैं, आपका ध्यान रख रहे हैं। सकुशल नॉर्मल डिलीवरी हुई है और आपके यहाँ स्वस्थ संत-संतान का जन्म हुआ है। माँ और बच्चा दोनों स्वस्थ हैं, खुश हैं और फिर सकुशल घर आ गए हैं।

अपने अंतर्मन को होशपूर्वक ऐसी पिक्चर दिखानी चाहिए। वरना सामान्यतः मस्तिष्क में उलटी पिक्चर बनती है, जिसमें डर होते हैं। जैसे समय पर गाड़ी ख़राब हो गई तो... हॉस्पिटल में जगह नहीं मिली तो... ट्रैफिक जाम हुआ तो... डिलीवरी में विषमताएँ आ गईं तो... आदि। इस तरह लोग अपने दिमाग में संघर्षों और उलझनों की ऐसी पिक्चर बनाते हैं, जिससे वही उनके सामने हकीकत में क्रिएट हो जाता है। फिर वे कहते हैं, 'मुझे मालूम था मेरे साथ हमेशा ऐसा ही होता है।' काश! वे समझें कि उनकी कल्पना ही उनके सामने हकीकत बनाती है। अतः आज से ही सभी ये प्रैक्टिस शुरू कर दें कि वाणी से, कल्पनाओं से अंतर्मन को सही ऑर्डर भेजें। खुद पर और ईश्वर पर भरोसा रखें। सब सही ही होनेवाला है, डर की कोई बात ही नहीं है।

इसके बाद गायत्री आँटी ने चारों को सुरक्षित, सहज प्रसव की विज्युलाइज़ेशन प्रैक्टिस करवाई, जिसे करके सभी को बहुत अच्छा लगा।

गायत्री- देखो, मन तभी भटकता है जब हम उसे अतीत में या भविष्य में विचरने का मौका देते हैं। हमारा मन वर्तमान में टिककर रहना ही नहीं चाहता। जो मन वर्तमान में रह सके, वह सबसे ज़्यादा संतुलित मन होता है क्योंकि हमारा जीवन वर्तमान में ही चल रहा है। ना हम भूत में हैं, ना भविष्य में हैं। हम जो जीवन जी रहे हैं वह इसी क्षण है, वर्तमान में है।

मन यदि वर्तमान में केंद्रित होगा तो यह आपको अपना १००% योगदान देगा। वर्तमान में रहनेवाले फोकस मन में बड़ी शक्ति है, बहुत ऊर्जा है। मन को वर्तमान में रखकर आप अपना हर काम पूरी ऊर्जा और दक्षता से कर सकते हैं। वरना आधे से ज़्यादा ऊर्जा तो अतीत की बातें याद करने में या भविष्य की चिंता करने में ही नष्ट होती है। इसलिए आज आपको एक और ऐसी ध्यान तकनीक बताऊँगी, जिससे आपका संपूर्ण जीवन ही ध्यान बन जाएगा। आप चलते-फिरते, उठते-बैठते हर वक्त ध्यान में ही रहेंगे।

इस ध्यान का प्रभाव आपके शिशु पर भी पड़ेगा। वह आपके ध्यानी बनने हेतु निमित्त बनेगा। उसमें भी ध्यान के संस्कार पड़ेंगे। इस ध्यान तकनीक द्वारा आप जितना वर्तमान में रहेंगे, उतने चिंतामुक्त रहेंगे, उतने ऊर्जा से भरपूर रहेंगे। अपना हर काम पूरी दक्षता से कर पाएँगे। साथ ही यह प्रैक्टिस आपको आगे बच्चे की परवरिश में भी काम आएगी क्योंकि उस समय संयम की, सहनशीलता की, चिंतामुक्त रहने की, बहुत ज़रूरत पड़ती है, जो ध्यान के द्वारा मिलती है।

मधु- हम वर्तमान में रहने के लिए तैयार हैं आँटी, बताइए क्या करना है।

गायत्री- ध्यानी, योगी 'ओम की ध्वनि' को ध्यान का आलंबन बनाया करते हैं। हमें इस ध्यान में नाभि को आलंबन बनाना है। क्योंकि नाभि वह हिस्सा है जहाँ से शिशु माँ से गर्भनाल के द्वारा जुड़ा हुआ है। नाभि, शिशु और आपके बीच में पॉइंट ऑफ कॉन्टॅक्ट है। वैसे भी शिशु जब गर्भ में होता है तो माँ का ध्यान बार-बार गर्भ की ओर यानी पेट पर जाता ही है। वह वहाँ पर हलचल महसूस करती रहती है। यह एहसास बना रहता है कि उसकी संतान वहाँ पर है।

अब इस ध्यान को सजगता देनी है। ध्यान नाभि पर रखना है। न भीतर, न

बाहर। जब भी हम साँस लेते हैं तो क्या होता है? पेट बाहर आता है, साँस छोड़ते हैं तो पेट अंदर जाता है। पेट के बाहर आने और अंदर जाने की क्रिया को हम नाभि पर ध्यान रखकर महसूस कर सकते हैं। इस ध्यान को आप 'ओम नाभि ध्यान' (OM= Objective of Meditation) भी कह सकते हैं। क्योंकि आप नाभि का सहारा लेकर उसका ओम की तरह ही लाभ ले रहे हैं। यह ध्यान आपको वर्तमान में रखने के लिए निमित्त बनेगा और आपके इस प्रयास का असर, नाभि से जुड़े शिशु को भी मिलेगा। तो आओ, इसे कदम-दर-कदम समझ लेते हैं, फिर आप अपने समय अनुसार कर लेना।

ओम नाभि ध्यान

१. पहले एक निश्चित समय निर्धारित कर, ध्यान के लिए बैठना है। उस वक्त शरीर में कोई हलचल नहीं करनी है। सिर्फ पेट में जो हलचल हो रही है, उसे ही अपनी साँसों के द्वारा जानना है। ऐसा सोचना है कि नाभि से ही साँस आ रही है और जा रही है। सारा ध्यान नाभि पर केंद्रित रखकर नाभि से साँस को आते-जाते हुए महसूस करना है। यह काम पूरी जागृति में करना है।

२. बीच-बीच में मन भटकेगा, कभी शरीर में कुछ संवेदनाएँ होंगी, कभी कोई विचार भटकाएगा मगर उन्हें लेकर परेशान नहीं होना है, बस एक स्माइल देकर वापस ध्यान (OM) पर लौट आना है। अगर आप ध्यान के दौरान होनेवाले व्यवधानों में उलझेंगे तो आपकी ध्यान की शक्ति कम होगी। इसलिए उनमें न उलझें। स्माइल करते हुए वापस ध्यान पर आ जाएँ। जैसे सुस्ती आई, नींद आने लगी, दिमाग में कुछ बात चलने लगी आदि।

३. जैसे ही सजगता आई कि ध्यान भटक रहा है, रिलैक्स रहकर, मुस्कुराहट के साथ वापस ध्यान (OM=नाभी) पर आ जाना है। किसी भी तरह का तनाव या दबाव नहीं रखना है। इस तरह से मन को रिलैक्स रहते हुए, धीरे-धीरे आप वर्तमान में रहना सीख जाएँगे।

४. पहले कुछ समय इसकी प्रैक्टिस बैठकर ध्यानपूर्वक करनी है। फिर जब मन को वर्तमान में रहने का अभ्यास होने लगे तो चलते-फिरते भी आप यह ध्यान कर सकते हैं। जितनी ज़्यादा सजगता होगी, उतना ज़्यादा आप वर्तमान में रहेंगे।

५. हो सकता है, अभी यह ध्यान आपको सुनने में उतना लाभकारी न लगे मगर

जब इसे करने लगेंगे तो आपको इसके चमत्कारिक परिणाम मिलेंगे। आपमें बहुत से गुणों का सहज ही विकास होगा। जैसे आप ऊर्जावान, सहनशील, शांत, स्थिर, प्रसन्नचित्त बनेंगे। आपकी निर्णायक क्षमता बेहतर होगी, आप चीज़ों को ज़्यादा स्पष्टता से समझ पाएँगे और किसी भी तरह के डर, तनाव, चिंता से दूर रहेंगे।

सलोनी- आँटी आप कह रही हैं तो यह हम ज़रूर करेंगे और इसका नाम भी कितना सुंदर है 'ओम नाभि ध्यान', इससे एक अलग ही तरंग महसूस हो रही है।

गायत्री- बिलकुल। इसे करके आपको कैसा लगा, क्या फायदे हुए, वह ज़रूर बताना। कहकर गायत्री आँटी ने आज की कक्षा समाप्त की।

मनन बिंदु :

- जिस भी काम को या प्रसव को लेकर, अगर डर या चिंता सताए तो विज्युलाइज़ेशन तकनीक अपनानी है।
- इस तकनीक में अपने मस्तिष्क में पहले उस पूरे प्रोसेस की एक पिक्चर जैसी बना लेनी है, जिसमें वह काम कुशलता से, सहजता से, सफलतापूर्वक, अपेक्षित परिणामों के साथ हो रहा है। उस पिक्चर को मस्तिष्क में बार-बार देखना है।
- जो मन वर्तमान में रहना सीख जाता है वह डर, चिंता, घबराहट जैसे विचार पैदा नहीं करता।
- मन को वर्तमान में रखने के लिए उसे ओम नाभि ध्यान की प्रैक्टिस करवानी है।

अध्याय २७

प्रसव में स्त्री के नए जन्म

माँ के नव रूप – भाग १

मधु की गर्भावस्था को नौवाँ महीना आरंभ हो चुका था। वह गायत्री आँटी द्वारा बताई गई पूर्व तैयारियों के कारण सफल प्रसव के लिए तन, मन और संसाधन से पूरी तरह तैयार थी। गायत्री आँटी उसे और सलोनी को अपनी ओर से सभी बातें समझा चुकी थीं इसलिए अब आगे क्लास नहीं होनी थी। लेकिन उन्होंने मधु और सलोनी को कह रखा था कि कभी भी कोई बात करनी हो, परामर्श लेना हो तो वे कभी भी उनके पास आ सकती हैं। आज मधु और सलोनी अचानक ही गायत्री आँटी के घर पर आ गईं क्योंकि उन्हें गायत्री आँटी को एक ज़रूरी बात बतानी थी।

मधु– आँटी, आज मेरा डॉक्टर के यहाँ चेकअप था। उन्होंने सारी रिपोर्ट देखकर मुझे सिजेरियन डिलीवरी के लिए कहा। साथ ही मुझे पूरी तरह समझाया भी कि ऐसा करना मेरे लिए क्यों ज़रूरी है। आपने भी मुझे इतना समझा दिया है कि यह बात सुनकर न कोई डर लगा, न किसी तरह की घबराहट हुई। मैं खुद को हर परिस्थिति के लिए तैयार महसूस कर रही हूँ। मेरा मन भी पूरी तरह से शांत, स्थिर और खुश है। इसीलिए आपको एक बार फिर से धन्यवाद कहने आई थी। मेरी सब तैयारी आपके कारण ही संभव हुई है।

गायत्री– मुझे बहुत खुशी हुई जानकर कि तुम तैयार हो। लेकिन थोड़ा गर्भस्थ शिशु को भी तैयार करना है। क्योंकि वह अपने समय से, अपनी योजना से नहीं आ रहा है। उसे समय पूर्व हमारे तय किए गए समय पर बाहर की दुनिया में लाया जा रहा है।

मधु– तो इसके लिए क्या करना होगा?

गायत्री– ज़्यादा कुछ नहीं, बस वही करना है, जो डॉक्टर ने तुम्हारे साथ किया। जैसे डॉक्टर ने तुमसे बातचीत कर तुम्हें समझाया कि जो हो रहा है, वह तुम्हारी बेहतरी के लिए हो रहा है, ठीक ऐसे ही तुम्हें अपने शिशु से बातचीत करके उसे समझाना है कि 'जो हो रहा है वह तुम्हारी बेहतरी के लिए है। तुम्हें किसी तरह का डर रखने या चिंता करने की ज़रूरत नहीं है। बाहर पूरा परिवार तुम्हारा इंतज़ार कर रहा है। सभी तुम्हें प्यार करते हैं और तुम्हारा भरपूर ध्यान रखेंगे। सभी डॉक्टर और नर्स तुम्हारे सकुशल आगमन को सुनिश्चित करेंगे। तुम पूरी तरह सुरक्षित हो। बाहर तुम्हें बहुत ही सुंदर वातावरण मिलेगा, जो हम दोनों के लिए एक अनोखा, अद्‌भुत और सुखद अहसास होगा। हम दोनों एक-दूसरे के पूरक हैं इसलिए इस प्रोसेस में हम दोनों एक-दूसरे के सहयोगी बनेंगे।' इस तरह रोज़ उसे यही संदेश, यही शुभभावना देनी है।

मधु– जी आँटी, ऐसा ही करूँगी। अच्छा एक बात और बताइए, बड़े बुज़ुर्गों के मुँह से ऐसा बहुत बार सुना है कि प्रसव के बाद शिशु के साथ स्त्री का भी नया जन्म होता है। यह बात मुझे हमेशा खटकती है कि स्त्री का नया जन्म क्यों? क्या ऐसा प्रसव में हो सकनेवाली मृत्यु के खतरों को देखते हुए कहा जाता है?

गायत्री– खतरा, यह शब्द ही अपने आपमें नकारात्मक विचार है। जीवन निरंतर चल ही रहा है। उसमें जो भी घट रहा है, उसके लिए कुछ लोग इसे 'पार्ट ऑफ लाइफ' यानी जीवन का हिस्सा कहते हैं और कुछ लोग कहते हैं जीवन के कदम-कदम पर खतरा है। खतरा तो ड्राइविंग, ट्रैवलिंग किसी भी चीज़ में हो सकता है। आप एक खाली मैदान में खड़े हैं तब भी खतरे में हो सकते हैं क्योंकि वहाँ आप पर आकाशीय बिजली गिर सकती है। कहने का अर्थ इन नकारात्मक बातों में नहीं उलझना चाहिए। विश्वास रखना चाहिए कि ईश्वर की छत्रछाया में हम सुरक्षित हैं। यह सृष्टि प्रसव के कारण ही आगे बढ़ रही है। हर जीव अगली पीढ़ी को प्रसव द्वारा ही संसार में ला रहा है। यह पूरी तरह प्राकृतिक क्रिया है और जो प्राकृतिक है, उसमें खतरा कैसा!

दरअसल जब पहली बार शिशु के साथ स्त्री के भी नए जन्म की बात कही

गई होगी तो उसके पीछे कुछ सही समझ होगी। जब एक स्त्री संतान पैदा करती है तो उसका नया जन्म इसलिए कहलाता है क्योंकि उस दिन वह स्त्री से माँ बन जाती है। उसने माँ का रूप लिया है। देखा जाए तो शिशु के जन्म के बाद स्त्री एक नया जन्म नहीं लेती बल्कि नौ जन्म लेती है यानी उसके नौ रूप हो जाते हैं। यदि स्त्री जागृत नहीं है तो शिशु के जन्म के बाद मदर नेचर स्वतः ही उसके भीतर नौ जन्म करवा देती है लेकिन यदि स्त्री तुम्हारी तरह जागृत है तो वह गर्भधारण के साथ ही नौ जन्म ले लेती है।

सलोनी– गर्भधारण के साथ ही नौ जन्म! वह कैसे आँटी?

गायत्री– बताती हूँ। देखो जैसे ही एक स्त्री को सूचना मिलती है कि वह गर्भवती है तो उसका नया जन्म होता है, प्रेमा यानी प्रेम + माँ के रूप में। प्रेमा का अर्थ है विशुद्ध, पवित्र, निःस्वार्थ प्रेम। उसकी अपने गर्भस्थ शिशु के प्रति ऐसी ही तो भावनाएँ पैदा हो जाती हैं न... वह स्वयं भक्ति यानी प्रेम की पराकाष्ठा हो जाती है। बिना प्रेम माँ का अवतार लिए स्त्री संतान को इतना ध्यान, इतना प्रेम नहीं दे सकती, जितना एक माँ अपनी संतान को देती है।

इसके बाद उसका दूसरा रूप होता है संकल्पनी माँ। संकल्प का मतलब होता है दृढ़ता, धारणा। इस अवतार में वह अपनी संतान को शुद्ध संकल्प और संस्कार देती है। यह जो तुम दोनों इतने दिनों से गर्भ संस्कार ले रही हो और शिशु के प्रेम में उन संस्कारों को खुद भी ग्रहण कर रही हो, यह तुम्हारा भक्ति और संकल्प का ही रूप है। भक्ति और संकल्प शक्ति ये किसी भी संतान के सही पालन-पोषण के लिए बेहद आवश्यक गुण हैं। जिन्हें एक समझदार स्त्री माँ बनते ही स्वयं अपना लेती है।

माँ का तीसरा रूप है माँ श्रावणी। श्रावणी यानी श्रवण करनेवाली। माँ बनने की प्रक्रिया में वह बहुत सी बातों को सुनकर सीखती है, समझती है ताकि अपनी संतान को अच्छी परवरिश दे सके। उसका बेस्ट तरीके से खयाल रख सके। जैसे तुम दोनों गर्भ संस्कार ले रही हो या डॉक्टर, विशेषज्ञों से बातचीत कर बच्चे के लिए सभी ज़रूरी जानकारियाँ ले रही हो। इस तरह से गर्भधारण के साथ ही एक स्त्री श्रावणी माँ का रूप भी धरती है।

श्रवण क्रिया बहुत शक्तिशाली है जो किसी भी सूचना को आपके अंतर्मन तक पहुँचाती है। इसकी शक्ति को समझते हुए हमारे पूर्वजों ने अगली पीढ़ी को उच्च संस्कार देने के लिए बहुत ही सुंदर-सुंदर कहानियाँ गढ़ीं, मंत्र रचे। हमारे पुराणों का, पौराणिक कथाओं, ग्रंथों का उद्देश्य यही तो है कि उन्हें सुनते-सुनते लोगों को

संस्कार मिले, उनकी विवेक बुद्धि जागृत हो, वे सही-गलत की पहचान कर, दिव्य गुणों से परिपूर्ण हो। उनमें संयम, मर्यादा, ईमानदारी, नैतिकता, करुणा, निःस्वार्थता, प्रेम आए। श्रवण करते-करते एक पीढ़ी से दूसरी पीढ़ी तक संस्कार खुद से, सहजता से ही पहुँच जाएँ और ऐसा पीढ़ियों से हो ही रहा है।

बालक ध्रुव, भक्त प्रल्हाद, आरुणि, श्रीराम और श्रीकृष्ण की कथाएँ आज भी नई पीढ़ी में संस्कार ला रही हैं। पहले माँ श्रवण करती है और माँ के माध्यम से उसका गर्भस्थ शिशु श्रवण करता है। तुम तो जानती ही हो कि बार-बार सुनी गई बातें हमारा विश्वास बनती हैं, हमारे अंतर्मन में स्थापित हो जाती हैं।

श्रवण ऐसा संगीत है जो आपके अंदर बस जाता है इसलिए श्रावणी रूप माँ का बहुत ही महत्वपूर्ण रूप है। माँ को अपने कान हमेशा खुले रखने चाहिए और जो भी अच्छा, सकारात्मक सुनने को मिले, उसे ग्रहण कर लेना चाहिए, अपने लिए भी और शिशु के लिए भी। सार्थक श्रवण में हमें यह भी सीखना है कि हमें किन चीज़ों का श्रवण नहीं करना है। आजकल के दौर में जहाँ टी.वी., रेडियो, इंटरनेट पर हर जगह बस नकारात्मक खबरों की ही प्रमुखता है। ऐसे में इस बात की खबरदारी रखनी बहुत ज़रूरी है कि श्रावणी माँ को किन बातों का श्रवण नहीं करना है। वैसे मुझे तुम दोनों पर पूरा विश्वास है कि अब तुम दोनों न सुने जाने योग्य बातों का श्रवण नहीं करोगी।

सलोनी- बिलकुल आँटी। हमारे द्वारा हमारे बच्चे को सिर्फ अच्छी-अच्छी बातें ही सीखने को मिल रही हैं। सलोनी की बात सुन सभी हँस पड़े।

मनन बिंदु :

- यदि प्रसव समय पूर्व यानी सर्जरी द्वारा हो रहा है तो गर्भस्थ शिशु से बातचीत कर उसे समय से पूर्व आने के लिए तैयार करना है। उसे शुभ संदेश और शुभ भावनाएँ भेजनी हैं, जो उसे सुरक्षित महसूस करवाएगी।
- प्रसव के बाद स्त्री का दूसरा जन्म नहीं होता बल्कि वह नौ रूपों में जन्म लेती है। ये नौ रूप वह गर्भाधान के बाद कभी भी ले सकती है।
- माँ के इन नौ रूपों में से पहले तीन रूप हैं- प्रेमा माँ- प्रेम की पराकाष्ठा, संकल्पनी माँ- बच्चे को शुद्ध संस्कार देने का संकल्प रखनेवाली माँ और श्रावणी माँ- श्रवण द्वारा खुद में और बच्चे में शुभ परिवर्तन करनेवाली माँ।

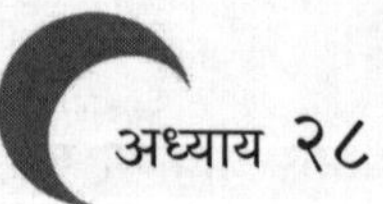

अध्याय २८

माँ! तेरे कितने रूप

माँ के नव रूप – भाग २

गायत्री आँटी ने मधु और सलोनी को गर्भावस्था में एक स्त्री द्वारा लिए जानेवाले विभिन्न अवतार यानी रूपों के बारे में बताना जारी रखा।

गायत्री– माँ का चौथा रूप होता है मननी माँ। मननी माँ यानी जो माँ मनन कर सके। मनन करना बेहद महत्वपूर्ण क्रिया है। आप जो भी जानकारी ले रहे हैं, चाहे श्रवण के माध्यम से, चाहे दर्शन के माध्यम से, जब तक उस पर मनन नहीं होता, तब तक वह जीवन में नहीं उतरता। वह आपके व्यवहार में, आपके कर्मों में नज़र नहीं आता। बिना मनन के हीरे भी कोयले हैं। जो कर्म कर रहे हैं उस पर भी मनन होना ज़रूरी है तभी जीवन में परिवर्तन होना शुरू होता है, उसे सही दिशा मिलती है।

उदाहरण के लिए कोई व्यक्ति दिनभर टी.वी. के आगे बैठा रहा, उसने भरपूर टाइम पास किया। उस वक्त तो उसे अच्छा लग रहा था मगर टी.वी. बंद करने के बाद उसने खुद से सवाल पूछने शुरू किए, 'आज मैंने क्या किया? पूरा दिन मैंने कोई भी ढंग का कार्य नहीं किया। अगर मैं आज टी.वी. नहीं देखता तो

क्या मेरा कुछ नुकसान हो जाता? और अगर मैं टी.वी. नहीं देखता तो क्या-क्या कर सकता था?' इस तरह से उसने अपने दिनभर की क्रिया पर मनन किया और उसे उसकी व्यर्थता मालूम पड़ने लगी।

फिर उसका मनन इस दिशा में चलने लगा कि मैं अपना समय व्यर्थ करने के बजाय और क्या-क्या अच्छा काम कर सकता हूँ, जो मेरे फायदे का हो। इस तरह से मनन करके, उसने अपने जीवन को एक नई दिशा दे डाली। जैसे तुम लोगों ने मनन किया कि गर्भावस्था को मौका बनाना है कुछ नया सीखने का, संतान को संस्कार देने का वरना कितनी माँ हैं, जिन्हें यह विचार ही नहीं आता।

मधु- जी आँटी, मेरे साथ ऐसा ही हुआ था। मनीष के ऑफिस जाने के बाद थोड़ा-बहुत काम निपटाकर, मैं मोबाइल लेकर बैठ जाती थी। सोशल मीडिया पर इतना समय बीत जाता था कि पता ही नहीं चलता था। फिर जब मैंने गर्भधारण किया तो मुझे ऐसे खयाल आने लगे कि मैं फोन पर कितना समय बेकार कर रही हूँ। मैं ऐसा करूँगी तो मेरा बच्चा भी मुझे देखकर ऐसा ही बन जाएगा। मैं कहाँ-कहाँ फालतू टाइम पास कर रही हूँ, इस पर मनन हुआ तो लगने लगा, मैं दैनिक ज़िम्मेदारियों के अलावा और कुछ भी अच्छा नहीं कर रही हूँ। मेरे इसी मनन ने मुझे आपकी गर्भ संस्कार कक्षा में पहुँचाया, जिससे मुझे इतना कुछ सीखने को मिला। न सिर्फ मुझे बल्कि मेरे परिवार को, आनेवाली संतान को भी जो हमेशा हमारे काम आएगा।

गायत्री- बिलकुल जिस दिन तुमने वह सार्थक मनन किया, समझ लो उस दिन तुम्हारा मननी माँ के रूप में जन्म हुआ। गायत्री आँटी हँसते हुए बोलीं।

माँ का पाँचवाँ जन्म होता है सेवानी माँ के रूप में। एक स्त्री जब माँ बनती है तो उसकी संतान के आगे उसका अपना जीवन गौण हो जाता है। वह अपने व्यक्तिगत स्वार्थों को पीछे रखकर, हर वक्त संतान की सेवाभाव में रहती है। बिना किसी स्वार्थ के, लालसा के हर वह काम करती है, जिससे उसके शिशु को लाभ पहुँचे। माँ के सेवा भाव के कारण ही माँ के प्रेम को निःस्वार्थता और भक्ति का पर्याय कहा जाता है। जितनी सेवा एक बच्चे की, उसकी माँ कर सकती है, उतनी और कोई नहीं कर सकता। इसके साथ ही उसमें सहनशीलता आती है। वह बच्चे के कारण हर दुःख, हर तकलीफ भी हँसकर सह जाती है। खुद पर कुछ भी बीते मगर बच्चे की परवरिश में वह कोई कमी नहीं छोड़ती। धीरे-धीरे यह सेवा भाव उसके स्वभाव का हिस्सा बन जाता है, जो हमेशा उसके साथ रहता है।

माँ का छठा रूप होता है संतोषी माँ। यह लगभग सभी स्त्रियों का अनुभव है कि गर्भधारण से पूर्व उनकी बहुत सी महत्वाकांक्षाएँ होती हैं। व्यक्तिगत जीवन में, करियर में बहुत सी अपेक्षाएँ होती हैं, सपने होते हैं। लेकिन जैसे ही वे गर्भाधान करती हैं, उनका सारा फोकस सिमटकर सिर्फ उनकी संतान पर आ जाता है। वे अपने व्यक्तिगत जीवन में सहजता से बहुत समझौते कर लेती हैं किंतु बच्चे की परवरिश में थोड़ी भी कमी नहीं आने देतीं। इस तरह बच्चे का आना उनके जीवन में संतोष लाता है, उन्हें संतोषी बनाता है। बच्चा निमित्त बनता है, उन्हें ये समझाने में कि सच्चा सुख महत्वाकांक्षाओं की पूर्ति में नहीं, संतोष में, सेवा में है। यह जान लेने के बाद माँ के भाव, विचार, वाणी, क्रिया सब एकमत हो जाते हैं और क्रिया में उतरते हैं। उससे सेवा कराते हैं और जीवन में संतुष्टि लाते हैं।

संतोषी के बाद माँ का सातवाँ जन्म होता है साक्षी माँ के रूप में। साक्षी का अर्थ है बस उपस्थित रहना, बिना जजमेंटल हुए मात्र होते हुए देखना। माँ बनने के बाद एक स्त्री वर्तमान में रहकर जीवन को देखना सीखती है, जैसे तुम लोगों ने सीखा। उसके गर्भ के अंदर जो अनुभव होता है, वह अनुभव क्या है, उसे महसूस करती है, समझती है, उस अनुभव के साथ रहती है, चलती-फिरती है, जागती-सोती है।

उस अनुभव को लगातार महसूस करना, उसे साक्षी भाव से देखना और उसके अनुसार अपनी चाल-ढाल, अपने कर्म, अपनी सोच सब बदल लेना... यह एक माँ कर पाती है साक्षी रूप में। उसे पता है गर्भ नौ महीने का है। इस अवधि को न कम किया जा सकता है, न बढ़ाया जा सकता है। जो चल रहा है, जैसा चल रहा है, उसे बस देखना है। उस समय को वह पूरे साक्षी भाव से निकालती है। ऐसे ही जब बच्चा पैदा होता है, वह धीरे-धीरे बढ़ता है तो उसके साथ माँ का जीवन, बच्चे को साक्षी भाव से देखते हुए चलता है। यह भाव नींद में भी जागृत रहता है। नींद में भी उसे अपनी संतान का अनुभव बना रहता है। चाहे वह गर्भ के भीतर हो या गर्भ के बाहर। इसीलिए बच्चा ज़रा सा रोया नहीं, माँ कहकर आवाज़ नहीं लगाई कि माँ गहरी नींद से भी तुरंत जाग जाती है। एक माँ की प्रज्ञा हमेशा जागृत रहती है। यह जागृति का भाव ही उसका साक्षी भाव है।

एक माँ जो साक्षी भाव अपनी संतान के साथ प्राप्त करती है, वही साक्षी भाव एक योगी, ध्यानी या भक्त ईश्वरीय अनुभव को जानकर प्राप्त करता है। जैसे माँ की

चेतना, संतान की चेतना से जुड़ जाती है, ऐसे ही एक योगी या भक्त की चेतना उस परमचेतना से जुड़ जाती है, हर समय उसकी जागृति, उसका अनुभव बना रहता है। यह समझ लो, जो अनुभव माँ बच्चे के साथ कर रही है, यदि वही परमचेतना के साथ कर ले तो उसकी गर्भावस्था उसके लिए ईश्वर से जुड़ने का मार्ग बन सकती है।

स्त्री का आठवाँ रूप होता है, मोक्षमा माँ। एक स्त्री माँ बनकर क्षमा करना सीख जाती है। जब वह छोटी-छोटी बातों को दिल से नहीं लगाती, हँसकर टालना, माफ करना सीख जाती है तब वह मोक्षमा माँ कहलाती है। शिशु का आगमन माँ को करुणामयी बनाता है, माफ करना सिखाता है। माँ के इस रूप में क्षमा के साथ मोक्ष भी जुड़ा है। मोक्ष यानी मुक्ति। जैसे गर्भ संस्कार में हमने सीखा था क्षमा करने से, क्षमा माँगने से हम अपने वे सारे बंधन खोल देते हैं, जो हमने दूसरों के साथ बनाए हुए होते हैं। बंधन नफरत, पछतावे, क्रोध, ईर्ष्या, जलन, शिकायतों के... या फिर आसक्ति, मोह, अनुराग के... बंधनों से मुक्ति ही मोक्ष है। क्षमा साधना माँ के बंधन खोलती है, उसे मुक्त करती है, उसे मोक्ष की सही समझ देती है।

स्त्री का नौवाँ रूप है धर्मा माँ। यह वह अवतार है जिसमें संतान को निमित्त बनाकर, माँ अपने मूल स्वभाव पर पहुँचती है। वह अपने भीतर के स्रोत के साथ जुड़ती है। वह स्त्रोत जो हमारे भीतर भी है और बाहर भी। जिसे परमचैतन्य, ईश्वर, अल्लाह, ब्रह्म... आदि नामों से भी पुकारा जाता है। उस स्रोत पर प्रेम है, शांति है, आनंद है, मौन है। जो-जो बातें तुमने गर्भ संस्कार में सीखी हैं, अगर उन्हें व्यवहार में उतार लिया जाए तो एक स्त्री धर्मा माँ बनती है यानी धर्म पर चलनेवाली, सभी अच्छी बातों को व्यवहार में उतारनेवाली। जैसे यशोदा माँ थीं, बाल भक्त ध्रुव की माँ सुमती रानी थीं, रानी कौशल्या थीं।

सलोनी- वाह आँटी। सचमुच यह कितनी सही बात है। हमें लगता है हम संतान को पैदा कर रहे हैं, उसे सीखा रहे हैं, उसका डेवलपमेंट कर रहे हैं मगर ठीक उलटा हो रहा है, वास्तव में वह हमें नए रूपों में जन्म दे रहा है, हमें कितना कुछ सीखा रहा है, हमारा विकास कर रहा है।

गायत्री- बिलकुल ठीक समझा। यही तो हो रहा है। मुझे खुशी है कि तुमने अपने सभी गर्भ संस्कारों को पूरे दिल से सुना माँ श्रावणी बनकर। उन पर मनन किया माँ मननी बनकर। लोगों को माफ करना सीखा मोक्षमा बनकर। सेवा और संतोष को अपनाकर नए रूप लिए।

अब मुझे पूरा विश्वास है प्रसव के बाद आजीवन धर्मा माँ बनकर, अपने और अपने परिवार की आध्यात्मिक उन्नति भी करोगी। इस संसार को आज धर्मा माँ की बहुत ज़रूरत है ताकि ज़्यादा से ज़्यादा संतानें संत संतान बनें। संसार में हर जगह प्रेम, शांति, सद्‌भावना, करुणा जैसे सद्‌गुणों का वास हो। किसी इंसान में स्वर्ग की लालसा न रहे, यह धरती ही स्वर्ग हो जाए। यह काम माँ को ही करना है, सही गर्भ संस्कार लेकर।

इसी के साथ गायत्री आँटी ने आज आखिरी गर्भ संस्कार कक्षा समाप्त की। दो संत संतानें जल्द ही पृथ्वी पर आनेवाली थीं। जिनके स्वागत की पूरी तैयारी थी।

मनन बिंदु :

– माँ के नौ रूपों में से छः रूप इस प्रकार हैं

१: मननी माँ– हर बात पर मनन कर उसमें से सही बात सीखनेवाली और उसे व्यवहार में उतारनेवाली माँ।

२. सेवानी माँ– बच्चे की निःस्वार्थ सेवा कर सेवाभाव जागृत रखनेवाली माँ।

३. संतोषी माँ– व्यक्तिगत स्वार्थों को छोड़, संतोष का गुण धारण करनेवाली माँ।

४. साक्षी माँ– वर्तमान में रहकर हर अनुभव को साक्षी भाव से देखनेवाली माँ।

५. मोक्षमा माँ– सबको क्षमा कर, सबसे क्षमा माँग अपनी और संतान की मुक्ति का मार्ग खोलनेवाली माँ।

६. धर्मा माँ– गर्भावस्था को निमित्त बनाकर आत्मसाक्षात्कार की ओर जानेवाली माँ।

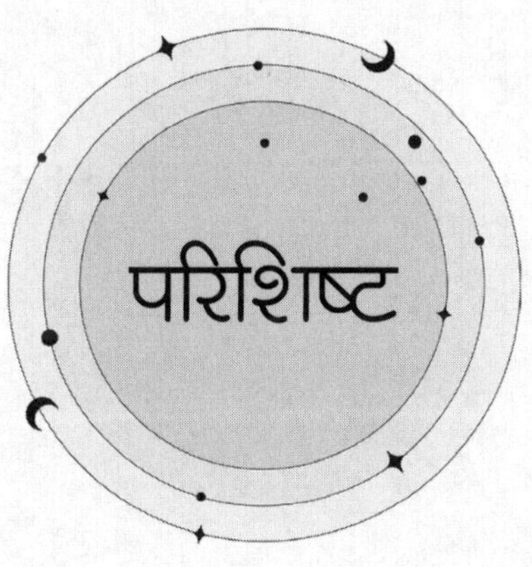
परिशिष्ट

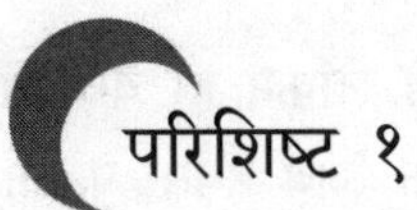

परिशिष्ट १

सवाल-जवाब

१ : हम तीन भाई और एक बहन हैं। सभी के संस्कार और स्वभाव बिलकुल अलग हैं। एक ही परिवार और एक ही माता-पिता होने के बावजूद ऐसा कैसे होता है? क्या ये अलग-अलग संस्कार माता-पिता से ही आते हैं या पृथ्वी पर आने के बाद विकसित होते हैं?

जवाब : एक ही माँ के होने के बावजूद भी सभी बच्चे एक ही माहौल में या एक ही परिस्थिति में पैदा नहीं होते। सबका समय अलग-अलग होता है और माँ की अवस्था भी हर बार अलग होती है। आइए, इसे एक कहानी से समझें।

एक मदालसा नामक रानी थी। उसे तीन बच्चे हुए। उसने तीनों को संत संस्कार दिए। इस बात से राजा परेशान हो गया क्योंकि संत संस्कार मिलने के बाद तीनों बच्चों में से कोई भी राजा बनने के लिए तैयार नहीं था। राजा ने रानी को अपनी चिंता बताई, 'अगर हमारा कोई भी बच्चा राजा नहीं बनेगा तो बड़ी समस्या हो जाएगी। कम से कम एक बेटा तो ऐसा होना चाहिए जो राजगद्दी पर बैठे।'

अगली बार जब रानी गर्भवती हुई तो उसने तय किया कि इस बच्चे की राजनीति में दिलचस्पी होनी चाहिए। इसलिए रानी ने गर्भावस्था के दौरान स्वयं राज्य की राजनीति में सक्रिय रूप से भाग लेना शुरू किया।

इससे आप समझ सकते हैं माँ एक ही थी लेकिन हर बच्चे की परिस्थिति अलग थी। जैसे आम तौर पर लोग बताते हैं कि 'जब हमारा पहला बच्चा हुआ तब कुछ आर्थिक समस्याएँ थीं, दूसरे बच्चे के समय फलाँ समस्याएँ थीं, तीसरे के समय फलाँ दिक्कतें थीं।' यानी हर बच्चे के जन्म के समय परिवार की आर्थिक स्थिति, माता-पिता की मानसिक अवस्था, स्वास्थ्य सब अलग-अलग थे। इसी के साथ यह भी मायने रखता है कि गर्भावस्था के दौरान माँ के आस-पास के लोग किस तरह के थे। अगर उस समय कोई गलत इंसान साथ हो और किसी बात पर ताने वगैरह देता हो तो उसके कारण माँ के वे नौ महीने नर्क की तरह बीतते हैं। यदि आस-पास के लोगों का गर्भवती माँ के साथ व्यवहार बदल जाता है तो परिस्थितियाँ भी बदल जाती हैं क्योंकि उस समय जो भाव होते हैं, उनका गहरा असर होता है।

इसके अलावा माता-पिता के अपने पैटर्नस् और उनकी अपनी ख्वाहिशें भी मायने रखती हैं। जैसे किसी के दो बच्चे हों और माँ-बाप किसी कारणवश उनमें से किसी एक पर ज़्यादा ध्यान दें तो दूसरा यही सोचता है कि 'मुझ पर कम ध्यान दिया गया।' फिर उसका यही विचार आगे भी काम करने लगता है। फलतः उस पर से लोगों का ध्यान और कम हो जाता है।

जैसे अगर एक भाई बीमार हुआ और माता-पिता उसकी देखभाल में व्यस्त होने के कारण दूसरे भाई पर ज़्यादा ध्यान नहीं दे पाए तो वह मान लेता है कि माँ-बाप भाई को ज़्यादा प्यार कर रहे हैं। वह इस बात पर गौर नहीं कर पाता कि भाई की बीमारी के कारण उस पर ज़्यादा ध्यान दिया जा रहा है। इस तरह की कई घटनाओं के चलते हर बच्चे के अंदर अलग-अलग तरह के विचार आते हैं, जिसका असर उसके स्वभाव या उसके सोचने के तरीके पर पड़ता है।

जब इंसान ज्ञान प्राप्त कर, सत्य जानने लगता है तब उसे पता चलता है कि वह तो गलत सोच रहा था क्योंकि सत्संग में उसे अपने विचारों पर खोज करना सिखाया जाता है। खोज करके उसे समझ में आता है कि 'मैं तो अपनी मान्यकथा में उलझा हुआ था। असल में मेरे माँ-बाप मुझे भी उतना ही प्यार करते हैं, जितना कि मेरे भाई से।' जब ये मान्यकथाएँ मिट जाती हैं तब लोग इस तरह की सारी बातों से मुक्त हो जाते हैं।

२ : क्या एक शरीर के तैयार होने का अपना कोई तय समय होता है या फिर हमारे पास यह विकल्प है कि हमें उस शरीर को गर्भ में तैयार करना है या नहीं?

जवाब : आपके पास हमेशा सर्वश्रेष्ठ का चुनाव करने का विकल्प होता है। अलग-अलग मौसम, घर की अलग-अलग परिस्थितियों और पति-पत्नी की अलग-अलग मानसिक अवस्थाओं में से सर्वश्रेष्ठ का चुनाव किया जाना चाहिए। अपनी ओर से आप गर्भाधान संस्कार की तैयारी करें और सही वातावरण बनाए रखें। जैसे अगर पति-पत्नी को किसी महत्वपूर्ण मसले पर बातचीत करनी है तो इसके लिए उन्हें सर्वश्रेष्ठ माहौल का चुनाव करना चाहिए।

अकसर लोग शादी की तारीख निकालने से पहले बाहरी बातों पर पूरा ध्यान देते हैं लेकिन आंतरिक बातों को नज़रअंदाज़ कर देते हैं। लोग कोशिश करते हैं कि शादी की तारीख ऐसी हो, जब बच्चों की स्कूल की छुट्टियाँ हों, बड़ों को अपने कार्यालयों से छुट्टी मिल सके और मौसम अच्छा हो ताकि शादी के समारोह में बारिश जैसा कोई विघ्न न पड़े। ये सब बाहरी बातें हैं। भीतरी बातों का अर्थ है, शादी के समय उस स्त्री या पुरुष की मानसिक स्थिति क्या है, उन्हें कहीं कोई आर्थिक भावनात्मक समस्या तो नहीं है, यह जानना। परंतु इन बातों को ज़्यादा महत्त्व नहीं दिया जाता।

३ : बच्चे के जन्म के समय माँ और बच्चे के बीच की एम्बिलिकल कॉर्ड काट दी जाती है। परंतु बच्चे के अवचेतन मन में वह कॉर्ड जीवनभर माँ से जुड़ी रहती है, जिससे माँ और बच्चे के बीच हमेशा ऊर्जा का आदान-प्रदान होता रहता है। ज़्यादातर समय माँ की ओर से ही ऊर्जा बच्चे में जाती है। बच्चा माँ से बहुत दूर हो तब भी अगर माँ को कोई नकारात्मक भाव महसूस हो तो बच्चे को पता चल जाता है। अगर माँ और बच्चे के रिश्ते अच्छे न हों तो बिना कुछ कहे भी बच्चे को खीझ महसूस होती है। तो क्या उस कॉर्ड को अवचेतन मन में तोड़ा जा सकता है?

जवाब : यह माता-पिता से आई वृत्तियों से मुक्ति का विषय है। दरअसल जब बच्चा ज्ञान प्राप्त करता है तो उस पर माता-पिता की प्रवृत्तियों का असर खत्म होने लग जाता है। माँ और बच्चे के बीच इस अदृश्य बंधन पर तो आज विज्ञान भी काम कर रहा है। वैज्ञानिक एम्बिलिकल कॉर्ड को सँभालकर रखते हैं क्योंकि उससे आगे उपचार करने में मदद मिल सकती है। इसे स्टेमसेल तकनीक कहते हैं, जिसमें कोशिकाओं को रेफ्रिजरेट करके रखा जाता है ताकि अगर आनेवाले समय में बच्चे

को कोई तकलीफ हो तो स्टेमसेल की मदद से उसका उपचार किया जा सके। कहा जाता है कि स्टेमसेल से बहुत सी जानलेवा बीमारियों का उपचार संभव है।

विज्ञान उस कॉर्ड को सँभालकर रखने के प्रयोग इसलिए कर रहा है क्योंकि वह माँ और बच्चे के बीच की कड़ी है। चूँकि वह कॉर्ड बच्चे के केंद्र से जुड़ी होती है इसलिए उसकी भूमिका बहुत महत्वपूर्ण है।

४ : कुछ बच्चे बहुत गुस्सैल और हिंसक प्रवृत्ति के होते हैं। उन्हें कितना भी अच्छा माहौल दिया जाए, उनकी हिंसक प्रवृत्ति वैसी की वैसी ही रहती है। ऐसे बच्चों को कैसे सँभाला जाए? क्या बच्चे के पैदा होने के पहले भी इस पर काम किया जा सकता है?

जवाब : हाँ बिलकुल, इसीलिए तो आपको ये बातें बताई जा रही हैं। अगर माँ के अंदर धीरज विकसित होगा तो बच्चे पर उसका असर होना तय है। हालाँकि हर माँ को धीरज विकसित करने लायक माहौल नहीं मिलता और न ही उसे इसका ज्ञान होता है। दरअसल हर घर की परिस्थितियाँ अलग-अलग होती हैं। जब घरों में सास-बहू के बीच मतभेद होते हैं तो उसका असर माँ पर ज़रूर होता है और फिर वही असर बच्चे पर भी होता है। इसलिए अगर पूरा परिवार मिलकर यह तय करे कि आनेवाला बच्चा कैसा होना चाहिए तो इस पर आसानी से काम हो सकता है। इससे बच्चे को बहुत फायदा होगा।

५ : कुछ विशिष्ट मंत्रों के उच्चारण से गर्भस्थ शिशु पर क्या असर होता है? ये मंत्र असल में क्या करते हैं? इनसे किस किस्म की तरंग उठती है?

जवाब : मंत्र, संगीत, कविता, भजन आदि सकारात्मक तरंगें हैं और इन्हें पढ़ते, गाते या बोलते समय माँ के शब्दों, कथनों, संकेतों और कल्पनाओं का गर्भस्थ शिशु पर बहुत गहरा असर होता है क्योंकि शब्दों में बहुत शक्ति होती है। जब वयस्कों पर शब्दों का गहरा असर होता है तो शिशु पर कैसा असर होगा, आप स्वयं समझ सकते हैं। इसीलिए माँ की सुविधा के लिए ऐसे मंत्रों को चुना गया है, जिनसे सकारात्मक तरंग उठती है। वैसे तरंग सभी शब्दों में उठती है। आप कोई भी पंक्ति कहें, उसकी अपनी एक तरंग ज़रूर होती है। परंतु सामान्यत: हम उसे उतनी प्रबलता से महसूस नहीं कर पाते।

उदाहरण के लिए एक साधारण सी पंक्ति है, 'फलाँ इंसान ने मुझसे कहा था

कि मैं कल आपसे मिलने आऊँगा लेकिन वह नहीं आया।' इस पंक्ति की तरंग नकारात्मक है लेकिन बहुत हल्की है। यदि इस पंक्ति को इस तरह कहा जाए कि 'फलाँ इंसान ने मुझसे कहा था कि मैं कल आपसे मिलने आऊँगा लेकिन उसने मुझे धोखा दिया, वह आया ही नहीं' तो आप स्वयं महसूस कर पाएँगे कि शब्दों के थोड़े से बदलाव से इस पंक्ति से कितनी ऊँची नकारात्मक तरंग उठी।

आम तौर पर लोग अनजाने में इस तरह के शब्द बोलते रहते हैं और सामान्य से तथ्यों में नकारात्मकता जोड़ देते हैं। वह इंसान नहीं आया, यह एक तथ्य है परंतु उसने न आकर धोखा दिया, यह कहना इंसान का अज्ञान है, मान्यकथा है, जो नकारात्मक भाव से उपजी है। इसे 'धोखा' शब्द देकर इंसान खुद ही उस तरंग में फँस जाता है। इसी पंक्ति को यदि इस तरह कहा जाए कि 'फलाँ इंसान ने मुझसे कहा था कि मैं कल आपसे मिलने आऊँगा लेकिन वह नहीं आया। ऐसा करके उसने मेरी पीठ में छुरा भोंका है।' ज़रा गौर कीजिए, अब इस पंक्ति की नकारात्मक तरंग और बढ़ गई। कहने का अर्थ, एक साधारण से शब्द में भी कोई न कोई तरंग होती है और जब उस शब्द का इस्तेमाल किसी कथन या पंक्ति में किया जाता है तो पंक्ति की तरंग भी उसी के हिसाब से बदलती है।

शब्दों की ऐसी तरंगों को आप थोड़े अनुभव के बाद अधिक तीव्रता से महसूस कर पाएँगे। जब आपकी मान्यकथा बदलती है तो नकारात्मक भाव का असर भी खत्म हो जाता है। इसीलिए हरेक को सही शब्दों का चयन करना आवश्यक है। फिर चाहे वह सामान्य बातचीत हो या मंत्र। अगर हम अपनी रोज़मर्रा की ज़िंदगी में सजगता के साथ सही शब्दों का चुनाव करें तो हमारा हर शब्द मंत्र बन सकता है।

६ : गर्भस्थ अवस्था में स्त्रियाँ मंत्रों की कैसेट लगाकर सुनती हैं या कुछ सुनते-सुनते सो जाती हैं। ऐसा करने से असल में क्या होता है?

जवाब : मंत्रों को सुनने से बच्चे को सकारात्मक तरंगें मिलती हैं, जिससे बच्चा अधिक सहजता और सुकून महसूस करता है और बच्चा जितना सुकून महसूस करेगा, उतना ही स्वस्थ पैदा होगा, उस पर नकारात्मक बातों का असर काफी कम होगा। इसलिए जब बच्चा गर्भ में हो तो उसे सुकूनभरा वातावरण देना ज़रूरी है क्योंकि गर्भ में उसे कोई बाहरी सहारा नहीं मिलता। हालाँकि रेकी और बाहरी स्पर्श भी दिया जाता है, जिससे उसे थोड़ा बहुत सहारा मिलता है। सबसे अधिक सहारा उसे गर्भ से बाहर आकर ही मिलता है क्योंकि बाहर उसे सभी का सीधा

स्पर्श मिलता है। जब लोग उसे गोद में उठाते हैं, खाना खिलाते हैं तो वह उनके ज़्यादा करीब होता है। जबकि गर्भ में उसे सीमित सहारा ही दिया जा सकता है। ऐसे में सकारात्मक तरंगें काम आती हैं। अगर बच्चे को गर्भ में रहते हुए अचानक किसी नकारात्मक शब्द या भाव का झटका लगे तो वह सिकुड़ जाता है। जबकि सकारात्मक तरंगें उसे खोलती हैं, उसका विकास करती हैं।

आपने स्वयं महसूस किया होगा कि जब कहीं आरती चल रही होती है तो भले ही आपको उसका अर्थ समझ में न आए लेकिन फिर भी वह आपको अच्छी लगती है। क्योंकि उसमें एक लय-ताल और तरंग होती है। कई बार मंत्रों का उपयोग भी इसी तरह होता है। भले ही लोगों को उनका अर्थ समझ में न आए मगर उनका असर लोगों के अवचेतन मन पर होता है। जब इंसान को कोई शब्द या बात समझ में नहीं आती तो चेतन मन उसे लेकर सचेत नहीं रहता परंतु अवचेतन मन उसे ग्रहण कर रहा होता है। इसीलिए मंत्रों की कैसेट चलाकर सुनने का प्रयोग किया जाता है, इससे इंसान को मदद मिलती है।

७ : जब हम ध्यान करते हैं तो क्या इसका असर हमारे बच्चों पर भी पड़ता है?

जवाब : हाँ बिलकुल। ध्यान करने से माँ स्वयं को और सहज महसूस करेगी और उसके शरीर को विश्राम मिलेगा। इसका फायदा बच्चे को भी होगा। ध्यान करने से माँ को यह पता चलता है कि 'मैं शरीर नहीं हूँ।' इससे उसकी दृढ़ता बढ़ती है। यह दृढ़ता बच्चे में भी स्थानांतरित हो जाती है, जो किसी भी क्षण जागृत हो सकती है। बचपन से जो बातें बच्चे के अंदर इकट्ठा हो रही होती हैं, बड़े होने के बाद वे बाहर आने लगती हैं और खुलती हैं। इससे आगे चलकर उसे संत संतान बनने में मदद मिलती है।

८ : मैंने इंटरनेट पर डॉक्टर एमोटो की रिपोर्ट पढ़ी थी। उन्होंने पानी पर एक प्रयोग किया था और बताया था कि अलग-अलग भावनाएँ पानी के क्रिस्टलाइजेशन को कैसे बदल देती हैं। गर्भस्थ शिशु भी पानी के अंदर ही होता है तो क्या शिशु तक भावनाओं को पहुँचाने का माध्यम भी वह पानी ही बनता है?

जवाब : वह पानी माध्यम नहीं है लेकिन उसका प्रभाव गर्भस्थ शिशु पर ज़रूर पड़ता है। दरअसल उस पर कई चीज़ों का प्रभाव एक साथ पड़ रहा होता है और वह पानी उनमें से एक है। जैसे आप रोज़ जो पानी पीते हैं, वह आपके स्वास्थ्य के लिए ज़रूरी है लेकिन सिर्फ पानी पीकर स्वस्थ नहीं रहा जा सकता। वह सिर्फ

आपके सारे पोषक पदार्थों का एक हिस्सा मात्र है। अगर आप पानी के मटके पर कोई सकारात्मक पंक्ति लिख दें तो वह पानी अधिक सकारात्मक प्रभाव डालेगा। भले ही सिर्फ इतना लिख दें कि 'यह पानी ठंढा, शुद्ध और स्वास्थ्यवर्धक है।' आप देखेंगे कि इसके बाद उस पानी का सकारात्मक प्रभाव बढ़ जाएगा, वह शरीर के लिए ज़्यादा शुद्ध होगा। गर्भ के अंदर बच्चा पानी में होता है और अगर माँ पेट पर हाथ रखकर उसे प्यार दे तो उस पानी में भी सकारात्मक बदलाव होता है।

९ : मैंने पढ़ा था कि बच्चों के अपने संस्कार होते हैं, जो २८ साल की उम्र तक उनके जीवन में पूरी तरह प्रकट नहीं होते। परंतु इसके बीच यदि कोई ऐसी स्थिति उत्पन्न हो, जो उन संस्कारों को सक्रिय कर दे तो वे प्रकट हो जाते हैं और परिपक्वता न होने के कारण बच्चे उन्हें सँभाल नहीं पाते। चूँकि वह संस्कार बच्चे के नियंत्रण में नहीं होता इसलिए ऐसी स्थिति में वह और दृढ़ हो जाता है, जो आगे के जीवन में दोबारा प्रकट होता है। क्या यह सच है?

जवाब : ऐसी कोई अवधि तय नहीं की जा सकती और निश्चित तौर पर यह नहीं कहा जा सकता कि 'फलाँ अवधि में या फलाँ उम्र तक ऐसा कुछ होगा या नहीं होगा।' हाँ, यह सच है कि इंसान का स्वास्थ्य, उसकी बीमारियाँ, उसके गुण, अवगुण, पैटर्न वगैरह सब उसके अंदर ही होते हैं। अगर बच्चे में अच्छे गुण ज़्यादा होंगे तो वे ही ज़्यादा प्रकट होंगे। गर्भ संस्कार को इतना महत्त्व इसीलिए दिया गया है ताकि बच्चों के गुणों को प्रकट होने का मौका मिले।

जैसे कुछ लोगों में डर को ज़्यादा प्रकट होने का मौका मिलता है। उनके सामने ऐसी स्थितियाँ ज़्यादा आती हैं, जहाँ उनका डर प्रकट होता है। इसका अर्थ उनके अंदर वैसे ही गर्भ संस्कार हैं। इसी तरह कुछ लोग ज़रा-ज़रा सी बात पर चिढ़ जाते हैं, कुछ लोग बहुत जल्दी गुस्सा हो जाते हैं। ये सब उनके संस्कारों का प्रकट होना ही है यानी शरीर के माध्यम से उनके संस्कारों को बाहर आने का मौका मिल रहा है।

उदाहरण के लिए मान लीजिए एक कमरा है, जिसमें पानी भरा हुआ है और कमरे में चारों तरफ दरवाज़े हैं। अब यह आप पर निर्भर है कि आप कौन सा दरवाज़ा खोलेंगे। यानी उपलब्ध तो सब कुछ है, बस मौका मिलने की देर है। जैसे जब बीमारियों को अनुकूल वातावरण मिलता है तो वे बाहर आ जाती हैं और इंसान को अपनी गिरफ्त में ले लेती हैं। परंतु यदि अनुकूल वातावरण न मिले

तो वे सुप्त अवस्था में बनी रहती हैं। बच्चे के स्वभाव के लिए आम तौर पर लोग उसकी परवरिश को ज़िम्मेदार ठहराते हैं क्योंकि बच्चे का व्यक्तित्व विकसित करने में गर्भ संस्कार के बाद परवरिश की भूमिका ही सबसे महत्वपूर्ण होती है। परवरिश में जिन चीज़ों को बाहर आने का मौका मिलता है, भले ही वे नकारात्मक हों या सकारात्मक, आगे का जीवन उन्हीं से तय होता है।

१० : फिल्मों में दिखाया जाता है कि जब कोई नायिका गर्भवती होती है तो अपने बच्चे से बातचीत करती है। कुछ अपने गर्भस्थ शिशु से नकारात्मक बातें भी करती हैं। क्या असल जीवन में ऐसा करना सही है? क्या अपने गर्भस्थ शिशु को अपनी तकलीफें बतानी चाहिए?

जवाब : नहीं! इससे बच्चे पर नकारात्मक असर पड़ सकता है। अगर माँ को अपनी कोई बात बच्चे से शेयर करनी ही है तो अलग ढंग से करनी चाहिए। जैसे 'तुम्हारी दादी ने आज मुझे फलाँ बात कही, जो मुझे बुरी लगी। हालाँकि बुरा लगने का कोई कारण नहीं है, उन्होंने तो मेरी भलाई के लिए ही कहा था लेकिन फिर भी मुझे अच्छा नहीं लगा।' इसके बाद बच्चे को उस घटना की पूरी तसवीर दिखाएँ यानी पूरा ब्यौरा दें और सारे तथ्य बताएँ, न कि सिर्फ अपनी दुःखद कथा सुनाएँ। यह तरीका अपनाने से बच्चे पर कोई नकारात्मक असर नहीं पड़ेगा। दरअसल गर्भस्थ शिशु के साथ बात करना अच्छा है क्योंकि इससे माँ अपने भाव उस तक पहुँचा सकती है। बस यह ध्यान रखें कि माँ के भाव सकारात्मक हों ताकि बच्चे पर भी सकारात्मक असर पड़े।

११ : गर्भ संस्कार में बच्चे को जो भाव दिए जाते हैं, आगे चलकर वही उसका आधार बनते हैं। ऐसे में यदि किसी बच्चे को नकारात्मक भाव मिले हैं तो क्या आगे चलकर उनमें सुधार किया जा सकता है?

जवाब : हाँ बिलकुल, सुधार के कई मौके होते हैं। जैसे बच्चे की परवरिश करने के दौरान सुधार का मौका मिलता है। जैसा कि आप जानते हैं, कच्चे घड़े में कोई भी बदलाव किया जा सकता है लेकिन जब वह पक्का हो जाता है तब बदलाव करने के लिए ज़्यादा कोशिश करनी पड़ती है।

१२ : इस समझ को और गहराई से कैसे आत्मसात किया जाए कि बच्चे ईश्वर की अभिव्यक्ति के लिए आए हैं? जिससे हम अपने बच्चों के प्रति मोह में फँसे बिना उनके साथ बढ़िया जुड़ाव रख सकें।

जवाब : इस बात पर भी संत संतान या दिव्य संतान की अवधारणा लागू होती है। बच्चे को इस ढंग से तैयार किया जाना चाहिए कि उसमें ईश्वर जागृत हो सके। इसके लिए स्वयं को तैयार करना होता है। जब माँ अव्यक्तिगत ढंग से सोचेगी तभी वह बच्चे को वैसे संस्कार दे पाएगी। अगर उसका इरादा यह है कि 'मेरा लाभ तो तभी है, जब बेटा मुझे बहू लाकर दे और वह घर के कामकाज में मुझे सहयोग करे' तो वह बच्चे को वैसे संस्कार नहीं दे पाएगी। यह तभी संभव है, जब माँ ईश्वर की अभिव्यक्ति के लिए स्वयं बच्चे को तैयार करे।

१३ : अगर मैं एक ऐसा बच्चा तैयार करना चाहूँ, जिसके माध्यम से बहुत सारे लोगों के जीवन में सकारात्मक बदलाव आए तो क्या यह संभव है?

जवाब : हाँ, बिलकुल संभव है। जितने ज़्यादा लोगों में यह समझ विकसित की जाएगी, उतने ज़्यादा लोग आपकी इस कोशिश में आपकी मदद करेंगे। इसके लिए आपको परिवारवालों को बताना होगा कि 'हम एक अव्यक्तिगत कार्य करने जा रहे हैं। विश्व की सेवा करने जा रहे हैं और विश्व के लिए ऐसा परिवार तैयार करने जा रहे हैं, जिसके माध्यम से लोगों के जीवन में सकारात्मक बदलाव हो।' फिर आपको उनसे पूछना होगा कि क्या उनका भी यही इरादा है और क्या वे आपका सहयोग करेंगे? दरअसल उन्हें यह कार्य करना अच्छा लगना चाहिए। चूँकि आपने एक समझ विकसित कर ली है इसलिए आपको यह कार्य करना अच्छा लगेगा। परिवार के अन्य लोगों को भी ठीक ऐसा ही लगना चाहिए तभी यह संभव हो पाएगा। फिलहाल यदि आपके पास कोई सहयोग न हो तो आपको खुद को रोकने की ज़रूरत नहीं है। आप इसकी शुरुआत स्वयं से कर सकते हैं। इसके लिए सबसे पहले आप अपनी संभावना खोलें।

१४ : वासना और कामना के बारे में कृपया समझ दें।

जवाब : कामना का अर्थ यह सोचना कि शादी के बाद हमारा जीवन खुशियों से भरा होगा... हमारा एक परिवार होगा... हमारे घर के सारे काम आसानी से हो जाएँगे...हमें मानसिक, सामाजिक, आर्थिक मदद मिलेगी...' आदि।

दरअसल वासना इंसान की सिर्फ जैविक ज़रूरत को पूरा करने के लिए होती है लेकिन लोग शादी करते समय उससे आगे सोच ही नहीं पाते। अगर सिर्फ इन्हीं ज़रूरतों को पूरा करने के लिए बच्चे पैदा किए जा रहे हैं तो इसका अर्थ है कि गर्भाधान का पहला संस्कार ही गलत जा रहा है। हाँ, अगर कोई चाहे तो इसमें

सुधार और विकास ज़रूर कर सकता है।

१५ : यह सुधार लाने के लिए क्या करना होगा?

जवाब : सुधार के लिए गर्भधारण के बारे में सारी स्थितियों की विस्तार से जाँच करनी चाहिए। आप जैसी संतान चाहते हों, उसके उद्‌देश्य की पवित्रता को मन में स्थान देना होगा। जब शुद्ध मन के साथ आगे कदम बढ़ाए जाएँगे तो परिणाम भी वैसा ही मिलेगा। आजकल विज्ञान के क्षेत्र में इतनी प्रगति हो चुकी है कि ये सब बहुत आसान हो गया है। यदि किसी दंपति को यह उद्‌देश्य पूरा करने के लिए संयम रखने की ज़रूरत पड़े और वह संयम रखने में सफल हो जाए तो इसका अर्थ है कि पहला संस्कार सही पड़ा है।

१६ : अगर कोई महिला फुलटाइम वर्किंग है, चाहकर भी वह गर्भ संस्कार फॉलो नहीं कर पा रही क्योंकि ऑफिस का टेंशन, घर की जिम्मेदारी, टाइम मैनेजमेंट... इन सबके बीच वह फँसी रहती है। ये सब न चाहकर भी स्ट्रेस देते हैं। कभी-कभी जॉब छोड़ने का मन करता है पर घर की आर्थिक स्थिति के कारण जॉब छोड़ नही सकती। पार्टनर भी बहुत सपोर्टिव नहीं है। ऐसी स्थिति में क्या किया जाए?

जवाब : सूक्ष्मता से देखा जाए तो गर्भ संस्कार का सारा ज्ञान, सारी समझ आपके विचारों और भावनाओं पर ही काम करती है। इसके लिए आपको रूकने, बैठकर कुछ क्रिया या कर्मकाण्ड करने की जरूरत नहीं है। केवल आपका दृष्टिकोण बदल गया तो व्यस्तता के बीच में, चलते-फिरते भी गर्भ को और स्वयं को संस्कारित किया जा सकता है। रही बात जीवन में स्ट्रेस महसूस करने की तो इसका अर्थ है कि भावना के स्तर पर या वैचारिक स्तर पर कहीं ना कहीं कुछ गलत मान्यताएँ हैं, जो जीवन में तनाव पैदा कर रही हैं। एक गलत विचार भी आपको जीवनभर तनाव में रख सकता है।

जैसे किसी के मन में यह गलत विचार बैठ गया कि 'मैं खूबसूरत नहीं हूँ' तो केवल एक विचार उसे जीवनभर संकुचित रख सकता है। उसमें तरह-तरह की कुंठाएँ, तनाव पैदा कर सकता है, जो उसके रिश्तों को भी प्रभावित कर सकती है। कहने का तात्पर्य मूल समस्या पर काम करना ज़रूरी है, जो है सही समझ की कमी। इसके लिए परमज्ञान (महाआसमानी शिविर) का लाभ लिया जाए और मूल समस्या को ही विलीन कर दिया जाए। फिर बाहर कैसी भी परिस्थिति हो, भीतर आनंदित अवस्था ही रहेगी।

१७ : प्रेग्नेंसी के दौरान शारीरिक इच्छाओं को कैसे हैंडल किया जाए? अगर गर्भावस्था में वासना के विचार उठते हैं तो संतान संत कैसे बनेगी? वासना और कामना में अंतर स्पष्ट करें?

जवाब : पहली बात तो यह समझना ज़रूरी है कि यौनेच्छा एक प्राकृतिक इच्छा है। यह सभी जीवों में होती है और इंसान भी इसके लिए अपवाद नहीं है। जो प्राकृतिक है वह गलत कैसे हो सकता है। इसलिए यौनेच्छा को तुच्छता की दृष्टि से नहीं देखना चाहिए। यौनेच्छा आपकी संतान के संत बनने में, उसके विकास में किसी तरह की बाधा नहीं बनेगी और न ही आपके विकास में बल्कि यदि आप संतुष्ट हैं, सुखी हैं तो उसका सकारात्मक प्रभाव आपके शिशु पर भी पड़ेगा।

एक सामान्य सहज यौनेच्छा समस्या तब बनती है, जब वह वासना का रूप लेकर, आपके विचारों को जकड़ ले, आपके दिमाग पर हावी हो जाए। ऐसा होने पर आपकी विवेक शक्ति क्षीण होगी और आपसे मर्यादाओं का उल्लंघन होगा। जिसके परिणामस्वरुप आपके चरित्र का, मानसिक और शारीरिक स्वास्थ्य का पतन होगा, जिसका नकारात्मक प्रभाव शिशु पर भी पड़ेगा।

जैसे अति भोजन, अति निद्रा, अति काम या सुस्ती नुकसानदायक है, ऐसे ही अतिमैथुन क्रिया भी नुकसानदायक हो सकती है। इसलिए अति से बचें, आवश्यक खबरदारी रखें, अपने डॉक्टर से इस विषय में मार्गदर्शन लें और सहज रहकर, जीवन के हर पहलू का आनंद लें लेकिन इसे लेकर चिंता न करें।

इस भाग में सत्य साधकों द्वारा 'गर्भ संस्कार' इस विषय पर सरश्री से पूछे गए सवालों को संकलित किया गया है। इन पर प्राप्त मार्गदर्शन से विषय की गहराई समझने में अधिक लाभ होगा।

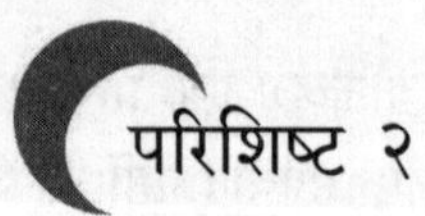

परिशिष्ट २

गर्भावस्था और योग

गर्भावस्था में हलन-चलन का खयाल रखना महत्वपूर्ण है। गलत आदतें गभर्वती स्त्री और गर्भ के लिए हानिकारक हो सकती हैं। मगर सावधानी रखते हुए इस अवस्था में भी कुछ हलके व्यायाम किए जा सकते हैं।

साधारणतः गर्भावस्था का काल नौ महीने का होता है। इसे तीन भागों में विभाजित किया जा सकता है। शुरुआत के तीन महीने, मध्य के तीन व अंत के तीन महीने। पहले तीन भागों में गर्भ की अवस्था और उसका विकास विशेष रूप से होता है। गर्भवती स्त्री के शरीर में भी बदलाहट होती है। ऐसे में कुछ व्यायाम प्रकार किए जा सकते हैं और कुछ व्यायाम पूरे नौ महीने किए जा सकते हैं। जैसे :

चलना (Walking exercise) : चलना सबसे आसान और गर्भावस्था की हर स्थिति में किया जानेवाला व्यायाम है। इसमें जाँघ और कूल्हे की मांसपेशी मज़बूत होकर, उसमें लचीलापन आता है साथ ही प्रसूति नॉर्मल होने में मदद होती है।

सुबह चलना ज़्यादा फायदेमंद होता है। अगर उस समय

कोई दिक्कत हो तो दिन में कभी भी (दोपहर खाने के बाद का समय छोड़कर) चलने का व्यायाम कर सकते हैं। चलने की गति न ज़्यादा हो, न बहुत कम। गर्भ का वजन ध्यान में रखते हुए गति निश्चित करें। शुरुआत के तीन महीने कम से कम १५ मिनट, बीच के तीन महीने ३० मिनट और अंत के तीन महीने ४५ मिनट चलने का व्यायाम कर सकते हैं।

सुखासन, पद्मासन, वज्रासन

ये बैठक स्थिति में किए जानेवाले व्यायाम प्रकार हैं। इससे हिप जॉइंट में लचीलापन आता है। कॉन्ट्रॅक्शन व रिलैक्सेशन की क्षमता बढ़ने में मदद होती है। प्राणायाम करते समय सुखासन या पद्मासन का लाभ मिलता है मगर सब्ज़ी काटना, चपाती बेलना, लिखना आदि काम भी कुर्सी में बैठकर या खड़े होकर करने बजाय सुखासन या पद्मासन में बैठकर करना फायदेमंद है।

वज्रासन करने से पैर, जाँघ और कमर की म ांसपेशी को व्यायाम मिलता है। खाना खाने के बाद वज्रासन में बैठने से पाचन क्रिया में सुधार आता है। दिनभर में बीच-बीच में वज्रासन में बैठना गर्भावस्था में फायदेमंद होता है।

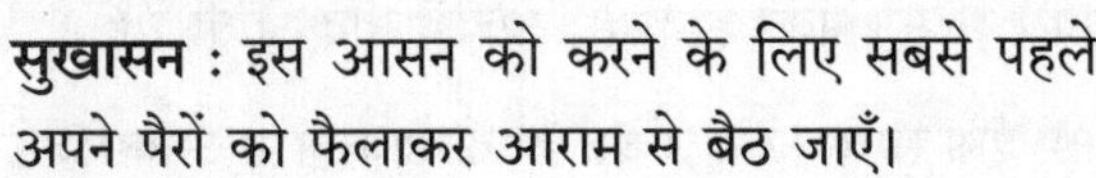

सुखासन : इस आसन को करने के लिए सबसे पहले अपने पैरों को फैलाकर आराम से बैठ जाएँ।

अब दाएँ पैर को मोड़कर बायीं जांघ के नीचे रखें और बाएँ पैर को मोड़कर दायीं जांघ के नीचे रखें। (पलती मारकर बैठना)

* अपने कंधे और पीठ को बिना कोई तनाव दिए सीधा रखें।

* अब आँखों को बंद कर लें और एक केंद्र बिंदु पर अपना ध्यान टिकाएँ।

* शरीर को ढीला छोड़ दें और आराम से साँस लें। इस अवस्था में दस मिनट तक रहें।

सुखासन के फायदे और सावधानी–

* इस आसन को करने से शरीर में रक्त का प्रवाह अच्छा होता है।
* ये मानसिक तनाव को दूर करता है, साथ ही अनिद्रा से भी राहत मिलती है मगर इसे अपनी क्षमता अनुसार ही करें।
* सुखासन करते समय घुटनों को जमीन पर टिकाकर रखने से आसानी होगी।

दीर्घश्वसन : सामान्यतः इंसान ऊपरी–ऊपरी साँस लेता है। गर्भावस्था में पेट का वजन ज़्यादा होने से गर्भवती महिला दीर्घ साँस नहीं ले पाती। मगर पेट की मांसपेशियों को व्यायाम देने के लिए गर्भवती महिला का दीर्घश्वसन करना बेहद ज़रूरी है। सुबह उठते ही बिस्तर पर बैठकर कम से कम पाँच मिनट दीर्घश्वसन करके दिन की शुरुआत की जा सकती है।

प्राणायाम : गर्भवती महिला को ज़्यादा ऑक्सीजन की ज़रूरत होती है। उचित मात्रा में ऑक्सीजन मिलने से गर्भ की ग्रोथ अच्छी होती है और गर्भवती महिला को थकावट महसूस नहीं होती। उसका मन शांत रहता है और डिप्रेशन, क्रोध जैसे विकारों से मन मुक्त होता है, अच्छी नींद आती है।

दीर्घश्वसन और प्राणायाम एक साथ करना उचित है। दीर्घश्वसन से ऑक्सीजन की मात्रा बढ़ती है और प्राणायाम से प्राणवायु और अपानवायु दोनों का कार्य नॉर्मल तरीके से होता है। परिणामस्वरूप शुरुआत के तीन महीनों में होनेवाली तकलीफें जैसे उलटी, एसिडिटी कम होने लगती है। प्राणायाम करने से युरीनरी सिस्टीम के कार्य में नियंत्रण रहता है और प्रसूती नॉर्मल होने में सहायता मिलती है। प्राणायाम करना ज़रूरी है मगर गलत तरीके से करने से उसके दुष्परिणाम भी आ सकते हैं। इसलिए प्राणायाम करते वक्त किसी तज्ञ के मार्गदर्शन में करना आवश्यक है।

जहाँ प्राणायाम किया जाता है वह जगह स्वच्छ, शांत और खुली होना हो। इससे मन प्रसन्न रहता है और साँस की तरफ ध्यान देना सुलभ होता है।

दीर्घश्वसन और प्राणायाम से प्रसूती के समय गर्भवती महिला को थकान महसूस नहीं होती और वेदना सहन करने की शक्ति बढ़ जाती है। प्राणायाम में साँस छोड़ने की क्रिया (रेचक) से मांसपेशियों का लचीलापन बढ़ता है और प्रसूती नॉर्मल होने में सहायता मिलती है।

ॐकार गुंजन : यह प्राणायाम का सर्वोत्तम उपाय है। नियमित रूप से ॐकार का जाप करने से प्राणायाम के सभी लाभ तो मिलते ही हैं, साथ-साथ गर्भ पर भी अच्छे संस्कार होते हैं। इससे बच्चा प्रज्ञावान और बुद्धिसंपन्न होने में सहायता मिलती है।

शवासन और योगनिद्रा : गर्भावस्था में नौ महीने तक किया जा सकनेवाला व्यायाम है शवासन और योगनिद्रा। गर्भावस्था में सतत होनेवाली बदलाहट के कारण गभर्वती

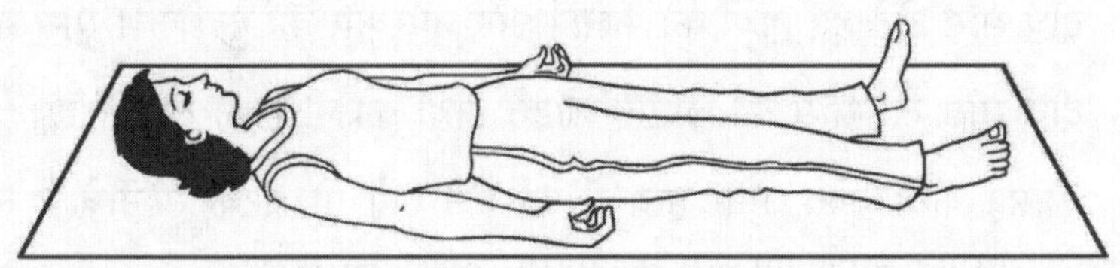

का मानसिक और शारीरिक संतुलन बिगड़ सकता है। मन शांत रखने और हार्मोन संतुलन के लिए शवासन एवं योगनिद्रा महत्वपूर्ण भूमिका निभाते हैं। गर्भ जब बड़ा होता है तब गर्भवती का हलन-चलन कम होने लगता है। कमर में, गर्दन में दर्द महसूस होता है। ऐसे में शवासन और योगनिद्रा के अभ्यास से प्राणशक्ति और रक्त संचारण बेहतर होता है। गर्भ को रक्त और प्राणशक्ति ठीक से पहुँचती है। सबसे महत्वपूर्ण गर्भावस्था के अंत के तीन महीने में रक्तचाप कंट्रोल होता है।

गर्भावस्था में चलना, प्राणायाम आदि के साथ-साथ ये आसन प्रकार भी किए जा सकते हैं।

आसन करने के पहले कुछ बातों का खयाल रखना अति आवश्यक है। जैसे-

१. प्रार्थना करना।

२. ज़्यादा तेज हवा का बहाव न होना।

३. पेट ज़्यादा भरा हुआ न होना और पेट साफ होना आवश्यक है ।

५. ढीले कपड़े पहनना।

ये आसन तज्ञ मार्गदर्शक के मार्गदर्शन में ही करें।

शक्तिसंचारण : अ. सुखासन में बैठें और दोनों हाथ जाँघों पर रखें।

ब. साँस लेते हुए दोनों हाथ शरीर से १३५ डिग्री का ऐंगल बनाते हुए ऊपर की तरफ ले जाएँ। हाथों के अंगूठे ऊपर की दिशा में हों और मुट्ठी ढीली हो।

क. दीर्घ साँस लें। २० से ३० सेकंड तक दीर्घश्वसन चलता रहे।

ड. दीर्घ साँस लेते हुए हाथों को फैलाएँ और नमस्कार की मुद्रा करें। साँस छोड़ें।

इ. दीर्घ साँस लें। साँस को छोड़ते-छोड़ते हाथों को नीचे की तरफ लाएँ।

आसन करते वक्त अगर हाथ में दर्द होने लगे तो झटके से नीचे न लाएँ, धीरे-धीरे उपरोक्त बताए गए क्रम के अनुसार हाथ नीचे करें।

फायदे- गर्दन, बाँहें और पीठ की मांसपेशी मज़बूत होती है। शरीर में प्राणवायु और ऊर्जा का संचार होता है।

संतुलन क्रिया (बटरफ्लाय) : गर्भावस्था के शुरुआत के तीन महीने में यह आसन करें।

अ. सुखासन में बैठें।

ब. दोनों कदम एक-दूसरे के नज़दीक लाएँ। दोनों हाथ घुटनों पर रखें।

क. इस अवस्था में स्थिर रहकर ३० सेकंड तक धीमी गति से साँस लें। धीरे-धीरे दोनों पैर सीधे करें।

गर्भावस्था के चौथे महीने से ये आसन प्रकार में थोड़ा बदल करें।

अ. सुखासन में बैठें।

ब. दोनों कदम एक साथ जोड़ें।

क. दोनों हाथों से पैरों को पकड़ें।

ड. धीमी गति से घुटने और पैर बटरफ्लाय की तरह ऊपर-नीचे करें। घुटने नीचे

लेते समय साँस छोड़ें और ऊपर लेते समय साँस लें। घुटने ऊपर-नीचे करते समय झटका न दें और जल्दबाज़ी न करें।

एक से डेढ़ मिनट तक यह आसन क्रिया करें। अभ्यास से यह क्रिया सहजता से होने लगेगी और घुटने ज़मीन तक लाना संभव होगा।

फायदे- कूल्हे की मांसपेशी का आकुंचन-प्रसारण सहजता से होने लगेगा। जाँघें, कूल्हे और पैरों की मांसपेशी मज़बूत होगी। प्रसूति सहजता से होने में सहायता मिलेगी।

हृदयचक्र उम्मीलन : इस प्रकार के क्रिया से हृदय चक्र क्रियाशील रहता है। छाती के मांसपेशी की आकुंचन-प्रसारण क्षमता बढ़ने से फेफड़ों की कार्यक्षमता में बढ़ोत्तरी होती है, मांसपेशी मज़बूत होती है।

अ. सुखासन या वज्रासन में बैठें।

ब. चेहरे के सामने दोनों बाहें नमस्कार की स्थिति में जोड़ें। दोनों कोहनी (एल्बो) ज़मीन के समांतर रखें। साँस छोड़ें।

क. साँस लेते हुए हाथ सीधे कान की तरफ ले जाएँ।

ड. साँस छोड़ते हुए पूर्व स्थिति में आएँ।

यह क्रिया दस बार करें। अंत में साँस लेकर धीरे से छोड़ते-छोड़ते हाथ घुटनों पर रखें।

काकबैठक : इस आसन से कमर की मांसपेशी मज़बूत होती है। साथ-साथ कूल्हे, जाँघ, घुटने, पिंडरी की मांसपेशियों को शक्ति मिलती है। नॉर्मल प्रसूति होने में इसका लाभ होता है। गर्भावस्था के पहले तीन महीनों में यह आसन कर सकते हैं। इसे इस तरह करें।

अ. सुखासन में बैठें और दोनों पैर सीधे रखकर उसमें ४ सें.मी. का फासला रखें।

ब. हाथ के पंजे जमीन पर रखकर धीरे-धीरे घुटनों में मुड़कर बैठें।

क. हाथ 'नमस्ते' की पोजिशन में रखकर धीमी गति से साँस लें।

ड. फिर धीरे-धीरे उलटे क्रम से सुखासन में आएँ।

चौथे महिने से यह आसन इस प्रकार करें:

अ. किसी आधार के साथ खड़े रहें।

ब. दोनों पैरों में २२ से २५ सें.मी. का फासला रखें।

क. साँस छोड़ते-छोड़ते फिर से खड़े जा जाएँ।

मेरूतरंग : इस क्रिया से प्रसूति के समय रीढ़ की हड्डी पर आनेवाला तनाव सहन करने की क्षमता बढ़ती है, मांसपेशी का आकुंचन-प्रसारण ठीक तरह से होता है और रक्त संचारण बढ़ता है। यह क्रिया चौथे महीने से कर सकते हैं।

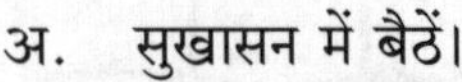

अ. सुखासन में बैठें।

ब. दोनों पैरों के ऐंकल्स (टखनों) को दोनों हाथों से टाइट पकड़ें।

क. हाथों के दोनों अंगूठे ऊपर की दिशा में रखें और बाकी उँगलियाँ नीचे की तरफ रखें।

ड. रीढ़ के नीचे के हिस्से को ध्यान में रखकर साँस लें। साँस छोड़ते वक्त रीढ़ का नीचे का हिस्सा (सॅक्रल) ढीला छोड़ें। (इस आसन में पीठ को थोड़ा बेंड करें।) साँस लेते हुए पीठ सीधी करें। हाथों से टखनों को टाइट पकड़ने से और गर्दन सीधी रखने से कमर की मांसपेशी आकुंचन-प्रसारण करते समय सिर्फ सॅक्रल हिस्से को व्यायाम मिलता है।

मंजरासन (कैट एंड काउ) : फर्श से सटी सपाट हथेलियों और पैरों की तनी हुई उँगलियों के साथ बिल्लीवाली मुद्रा बनाएँ।

- दोनों हाथों और पैरों पर स्थिर होते हुए, अपने सिर को पीछे की ओर झुकाएँ।
- साँस लेते हुए अपनी पीठ को तिरछा करें ताकि आपकी रीढ़ घुमावदार हो सके।

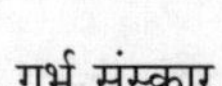

- साँस छोड़ते हुए ठुड्डी को छाती के नज़दीक लाकर, रीढ़ की हड्डी को ऊपर की ओर घुमावदार बनाएँ।

- इसी मुद्रा में थोड़ी देर रहें, फिर प्रारंभिक स्थिति में वापस धीरे-धीरे जाएँ और प्रक्रिया को फिर से दोहराएँ।
- आराम करें और फिर दोहराएँ।

यह व्यायाम श्रोणि को मज़बूत करता है, गर्भावस्था के दौरान पीठ के दर्द में आराम देता है, प्रसव में मदद करता है और बच्चा जनने की प्रक्रिया को आसान बनाता है।

हलका व्यायाम- स्ट्रेचिंग : पीठ के बल लेट जाएँ।

क्रिया- १ साँस लेकर पाँव बाहरी बाजू में ज़मीन की ओर खींचें। साँस छोड़कर पाँव सीधे रखें।

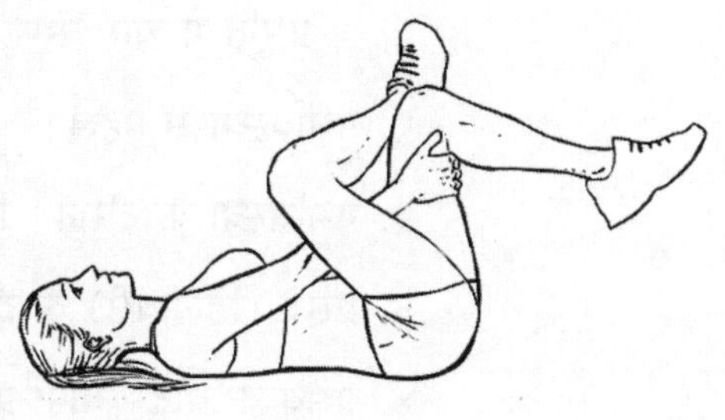

क्रिया- २ दोनों पाँव (टखनी) ऐंकल से क्लॉकवाइज और एँटिक्लॉकवाइज घुमाएँ। साथ-साथ हाथ के पंजे भी कलाई से क्लॉकवाइज और एँटिक्लॉकवाइज घुमाएँ।

क्रिया- ३ हाथ ऊपर की तरफ और पैर नीचे की तरफ, जैसे कोई दोनों तरफ से आपको खींच रहा हो, ऐसे खींचें। साँस छोड़कर आराम से लेटें।

क्रिया- ४ एक घुटना पेट की तरफ लाएँ। साँस छोड़कर सीधे रखें।

क्रिया- ५ दोनों घुटनें मोड़कर पेट की तरफ लाएँ। साँस छोड़कर सीधे रखें।

क्रिया- ६ यह क्रिया खड़े होकर करें। दोनों टाँगों के बीच १०-१२ सें.मी. का फासला रखें। दोनों हाथों की उँगलियाँ पीठ की बाजू से मिलाएँ। साँस छोड़कर पीछे की तरफ हाथों को खींचें। साँस लेकर फिर से नॉर्मल पोजिशन में आएँ। स्ट्रेचिंग से रक्त संचारण बढ़ता है और मांसपेशी मज़बूत होती है।

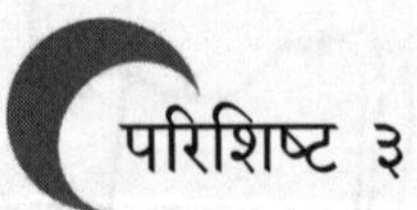

परिशिष्ट ३

गर्भ संस्कार–चिकित्सा पहलू

प्रसूति में चार चरण होते हैं।

१. गर्भावस्था से पहले

२. गर्भावस्था के दौरान– जिसे प्रसवपूर्व काल भी कहा जाता है

३. प्रसव (डिलीवरी) के दौरान तथा

४. प्रसव के बाद– यानी प्रसवोत्तर अवधि

१. गर्भधारण से पहले

जो स्त्री बच्चे को जन्म देने की योजना बना रही है, वह इसके बारे में डॉक्टर या स्त्री विशेषज्ञ अर्थात गाइनेकॉलोजिस्ट से सलाह ले सकती है।

डॉक्टर द्वारा निम्नलिखित कदम उठाए जाते हैं:

a - अगर गर्भवती स्त्री को कोई बीमारी है तो उसका इतिहास जानना, सारी जानकारी इकट्ठा करना, जो गर्भावस्था को प्रभावित कर सकती है।

b - उसके मासिक धर्म चक्र के पैटर्न को समझना।

c - उसकी शारीरिक जाँच, वजन-बी.पी. आदि प्रणालीगत (सिस्टमैटिक) जाँच करना।

d - पूरी जाँच पड़ताल, जिसके तहत हिमोग्लोबिन, रक्त शर्करा और कैल्शियम का स्तर देखा जाता है।

यदि आवश्यक हो तो उपचार किया जाता है।

२. **गर्भावस्था के दौरान-प्रसव पूर्व अवधि**

इस अवधि को ३ तिमाही (ट्राइमेस्टर) कहा जाता है। इसे (तीन-तीन महीनों) में बाँटा गया है।

a - पहली तिमाही ०-३ महीने- ० से १२ सप्ताह की गर्भावस्था।

- जैसे ही स्त्री की माहवारी रुक जाती है, उसके १० दिनों के उपरांत, उसे स्लाइड गर्भावस्था परीक्षण की सलाह दी जाती है।
- गर्भावस्था के ६ सप्ताह बाद, उसे अल्ट्रा सोनोग्राफी द्वारा गर्भधारण की पुष्टि के लिए डॉ. के पास जाना चाहिए।
- गर्भवती स्त्री को डॉ. द्वारा तीन महीनों के लिए फोलिक एसिड की गोलियाँ दी जाती हैं और अगर उसे मतली (उबकाई) या उलटियाँ होती हैं तो उसके लिए भी उसे औषधि दी जाती है।

b - दूसरी तिमाही (सेकंड ट्राइमेस्टर) ३-६ महीने- १३ से १८ सप्ताह तक है। इस अवधि के दौरान गर्भवती माता को प्रणालीगत (सिस्टमैटिक) जाँच, वजन और बी.पी. की जाँच करवाने हेतु महीने में एक बार डॉ. के पास जाना चाहिए।

१८ से २० सप्ताह के बीच, भ्रूण (फीटस/ foetus) सामान्य है, इसके लिए सोनोग्राफी करानी चाहिए।

साथ ही आयरन, कैल्शियम, प्रोटीन पाउडर लेना चाहिए।

c - तीसरी तिमाही ७-९ महीने- २९ से ४० सप्ताह तक है। ७ वें और ८ वें महीने में गर्भवती स्त्री को हर १५ दिन में और ९ वें महीने में हर हफ्ते डॉ. के पास जाना चाहिए ताकि उसका सिस्टमैटिक परीक्षण, वज़न, बी.पी., भ्रूण (शिशु) के हृदय की गतिविधि की निगरानी (मॉनिटरिंग) आदि हो सके।

साथ ही गर्भवती स्त्री को गर्भ में पल रहे शिशु की गतिविधियों पर कड़ी नज़र रखने की सलाह दी जाती है।

सभी तरह की जाँच दोहराई जाती है- यू.एस.जी. गर्भावस्था के ३६ सप्ताह के आस-पास।

गर्भावस्था के दौरान गर्भवती को सलाह दी जाती है -

१) प्रसवपूर्व व्यायाम कक्षाओं में भाग लें।

२) संतुलित आहार लेना शुरू करें।

३) टहलने जाएँ।

४) ढीले-ढाले, आरामदायक कपड़े पहनें।

५) खुद को खुश रखें और यदि संभव हो तो ध्यान करें।

३. डिलीवरी के दौरान वह डॉक्टर से कब-कब संपर्क कर सकती है, यह सबसे महत्वपूर्ण है

a) लगातार बढ़ रहा प्रसव दर्द

b) यदि (पानी की थैली) फट जाती है/water breaking.

c) यदि कोई स्पॉटिंग या रक्तस्राव देखा जाए

d) यदि भ्रूण (गर्भ में पल रहे शिशु) की गतिविधि कम हो जाती है

अस्पताल में भर्ती होने पर सिर्फ डॉक्टरों के निर्देशों का पालन करें।

४. प्रसव के बाद

इस अवस्था को प्रसव के बाद ४ से ६ सप्ताह तक प्रसवोत्तर अवधि कहा जाता है।

निर्देश :

a - बच्चे को उचित स्तनपान कराना।

b - जब भी आवश्यक हो बाल रोग विशेषज्ञ से संपर्क करना।

c - एक महीने के लिए आयरन और कैल्शियम लेना।

निष्कर्ष- इन ४ चरणों के दौरान गर्भवती माता का ध्यान अपने, बच्चे और डॉक्टर के निर्देशों पर होना चाहिए। दूसरों की सलाह और इंटरनेट की जानकारी से बचें क्योंकि ये बातें उसे भ्रमित कर सकती हैं।

प्रसव के दौरान पति का योगदान

यदि पति प्रसव के समय पत्नी के साथ रहना चाहता है तो उसे गर्भावस्था के दौरान Antenatal Exercise Class (एंटिनेटल एक्सरसाइज़ क्लास) प्रसूति–पूर्व व्यायाम कक्षा में प्रवेश पाकर, वहाँ से कुछ बातें सीखनी और समझनी होंगी।

१. प्रसवपूर्व व्यायाम कक्षा – पति को प्रसव के दौरान पत्नी को सहारा देना होता है। इसी के चलते, वह कक्षा में थियरी यानी सैद्धांतिक भाग, जिसके अंतर्गत कुछ नियम सीखता है। साथ ही कक्षा में उसे प्रसव हेतु थोड़ी–बहुत एनाटॉमी (शरीर रचना विज्ञान) और फिजियोलॉजी (शरीर क्रिया विज्ञान) के ज्ञान से भी अवगत कराया जाता है।

२. प्रसव के दौरान – यदि पति ने एंटिनेटल एक्सरसाइज क्लास /प्रसवपूर्व कक्षा में भाग लिया है तो ही प्रसव के दौरान उसे पत्नी के साथ रहने की अनुमति दी जाती है।

३. टाइम फैक्टर– प्रसव पीड़ा की शुरुआत और वास्तविक डिलिवरी के अंतराल का समय २ घंटे होगा या २० घंटे का होगा, यह कोई निर्धारित नहीं कर सकता। उस दौरान पति अपनी पत्नी के साथ रहकर, उसे मानसिक तौर पर पूर्ण सहयोग दे सकता है।

४. प्रसव पीड़ा– प्रसव के दर्द के दौरान पेशंट को आरामदायक स्थिति में रहने और कहीं दूसरी ओर ध्यान लगाने की सलाह दी जाती है। ऐसे में पति उसे हर बार होनेवाले दर्द के साथ आराम (रिलैक्स) करने में सहयोग देता रहे। इसके अलावा बार–बार उठनेवाले दर्द के अंतराल में वह पत्नी का ध्यान बँटाने में भी मदद कर सकता है।

५. प्रसव पीड़ा में – पति शारीरिक रूप से पत्नी की पीठ को सहारा देने या पीठ की मालिश करने आदि का कार्य कर सकता है। हकीकत में ऐसे समय में पति की उपस्थिति ही पत्नी के लिए बहुत बड़ा सहारा होती है।

परिशिष्ट ४

गर्भावस्था में आहार

गर्भावस्था, महिला के जीवन का एक अनोखा दौर होता है। गर्भावस्था से पहले और उसके दौरान माँ और बच्चे के लिए पर्याप्त पोषण बहुत आवश्यक है। इसका दोनों के स्वास्थ्य पर बहुत गहरा प्रभाव पड़ता है।

गर्भ में पलनेवाले बच्चे के विकास के लिए अनेक पोषक तत्त्व ज़रूरी होते हैं। जिन्हें वह अपनी माँ से प्राप्त करता है। इस कारण यह बहुत महत्वपूर्ण है कि गर्भवती महिला का भोजन सभी पोषक तत्वों से भरपूर और संतुलित हो।

संतुलित आहार एक ऐसा आहार है, जिसमें पर्याप्त मात्रा में अनाज दालें, दूध और उसके उत्पाद, हरी और लाल-पीली सब्ज़ियाँ, फल इत्यादि का समावेश हो।

गर्भावस्था के दौरान एक महिला के शरीर में बहुत से बदलाव होते हैं। इसलिए ज़रूरी है कि वह अपने आहार का खास खयाल रखे। ऐसे में अकसर महिलाओं को समस्या रहती है कि वे अपने भोजन में क्या खाएँ और कितना खाएँ! आज हम इसी समस्या को दूर करने की कोशिश करनेवाले हैं।

सबसे पहले यह जान लेना ज़रूरी है कि गर्भावस्था के दौरान पोषक तत्त्वों की आवश्यकता पहले की अपेक्षा बढ़ जाती है और गर्भावस्था के हर चरण में यह भिन्न-भिन्न होती है। जैसे-जैसे गर्भावस्था के महीने बढ़ते हैं, वैसे-वैसे आहार में ऊर्जा की ज़रूरत बढ़ने लगती है। गर्भवती महिला को एक दिन में ३०० अतिरिक्त कैलोरीज खाना चाहिए। अपने आहार में दो रोटी और एक कटोरी दाल बढ़ाकर इस अतिरिक्त कैलोरीज की माँग को पूरा किया जा सकता है।

गर्भावस्था में हर तरह के पोषक तत्त्व जैसे प्रोटीन, विटामिन, खनिज, लौह और अन्य तत्त्व शिशु के स्वास्थ्य व विकास को बढ़ावा देने में अहम भूमिका निभाते हैं। आइए, इनके कार्य व स्रोत के बारे में जानेंगे।

१. **प्रोटीन** : गर्भावस्था में प्रोटीन की आवश्यकता बढ़ती है। प्रोटीन शरीर को ऊर्जा देने के साथ ही हड्डियों, माँसपेशियों और त्वचा के निर्माण के लिए ज़रूरी होता है। यह शरीर के विकास और रखरखाव के लिए भी आवश्यक होता है। प्रोटीन गर्भावस्था को स्वस्थ रखने के साथ ही भ्रूण के विकास को सुनिश्चित करता है। महिलाओं को लगभग २२ ग्राम अधिक प्रोटीन की ज़रूरत होती है। यह अधिक मात्रा वे अपने आहार में दूध और दूध के उत्पाद जैसे दही, पनीर को शामिल कर, पूरा कर सकती हैं। यदि आप मांसाहारी हैं तो इसमें अंडे, मछली और चिकन का सेवन किया जा सकता है।

२. **फॉलिक एसिड** : फॉलिक एसिड रक्त के बनने और कोशिकाओं की बढ़ोतरी के लिए ज़रूरी है। यह शिशु के सामान्य विकास के लिए और कुछ जन्मजात दोषों को रोकने के लिए गर्भावस्था के पहले सप्ताह के दौरान ज़रूरी है। महिलाओं को सलाह दी जाती है कि पहले तीन महीनों के दौरान फॉलिक एसिड की पूरक खुराक ली जाए। जो महिलाएँ गर्भधारण करने की कोशिश कर रही हैं, उन्हें भी फॉलिक एसिड की पूरक खुराक लेने की सलाह दी जाती है।

३. **आयोडिन** : भ्रूण के मस्तिष्क की सामान्य बढ़ोतरी और विकास के लिए आयोडिन की पर्याप्त मात्रा का सेवन किया जाना ज़रूरी है। हालाँकि फिश, सी फूड और दूध आयोडिन प्रदान करते हैं लेकिन ये गर्भावस्था के दौरान बढ़ी हुई माँग को पूरा नहीं कर पाते। प्रसव से पहले विटामिन और मिनरल की पूरक खुराक लेना चाहिए या फिर पोषक तत्वों की खुराक बढ़ा देनी चाहिए।

४. **विटामिन डी** : शरीर द्वारा कैलशियम को सोखने और हड्डियों का निर्माण करने

के लिए विटामिन डी की आवश्यकता होती है। तेलयुक्त मछलियाँ, अंडे और दूध केवल सीमित मात्रा में विटामिन डी प्रदान कर सकते हैं। धूप में त्वचा विटामिन डी का निर्माण करती है। ऐसी महिलाएँ, जो अपने शरीर के अधिकतम हिस्से को कपड़ों से ढके रहती हैं अथवा जो अधिकतर समय घर के अंदर रहती हैं, उनमें विटामिन डी की कमी होने का खतरा रहता है और इससे उनके शिशु की हड्डियाँ प्रभावित हो सकती हैं। उन्हें पूरक खुराक लेने के लिए अपने डॉक्टर से सलाह लेनी चाहिए।

५. **लौह (आयरन)** : महिलाओं के लिए आयरन बहुत ज़रूरी होता है और गर्भवती महिलाओं में तो इसकी जरूरत दोगुनी हो जाती है। आयरन की ज़रूरत बढ़ने का मतलब है लाल रक्त कोशिकाओं का उत्पादन बढ़ना। इसीलिए आयरन की ज़रूरत बढ़ जाती है। शरीर में आयरन की कमी हो जाने पर एनीमिया का खतरा रहता है, जो कि गर्भावस्था में माँ और बच्चे दोनों के लिए खतरनाक साबित हो सकता है।

६. **कैल्शियम** : गर्भ में पल रहे शिशु के विकसित हो रहे दाँतों और हड्डियों को मज़बूती देने के लिए कैल्शियम अत्यावश्यक है। साथ ही यह माँसपेशियों, दिल और नसों के स्वास्थ्य के लिए भी ज़रूरी है। अगर महिला अपनी गर्भावस्था में आहार से पर्याप्त मात्रा में कैल्शियम न ले तो माँ के शरीर में पहले से जमा कैल्शियम बच्चे को मिलने लगता है और माँ आगे चलकर कमज़ोर हो जाती है।

७. **ओमेगा ३ फैटी एसिड** : गर्भावस्था के दौरान ओमेगा ३ फैटी एसिड का ज्यादा मात्रा में सेवन समयपूर्व प्रसव के जोखिम को घटाता है। गर्भावस्था की अवधि ३८ से ४२ हफ्ते होती है। समय से जितना पहले बच्चे का जन्म हो जाता है, उतना ही उसके स्वास्थ्य का खतरा बढ़ जाता है। ओमेगा ३ फैटी एसिड बच्चे के मस्तिष्क और आँखों के विकास के लिए बहुत ज़रूरी है। साथ ही यह माँ और बच्चे की प्रतिरक्षा प्रणाली को मजबूत करता है। प्रेगनेंसी में इसके सेवन से गर्भपात का खतरा कम होता है। अलसी के बीज, अखरोट और राई का तेल ओमेगा ३ फैटी एसिड के स्रोत हैं।

आइए, अब जानते हैं दिन-प्रतिदिन के जीवन में विभिन्न भोजन समूहों को अपने आहार में कैसे शामिल किया जाए तथा कौन सी सावधानियाँ बरती जाएँ-

१. थोड़ा-थोड़ा मगर दिन में कई बार भोजन लें। उपवास तथा भूखे रहने से बचना चाहिए। गर्भावस्था के दौरान पर्याप्त मात्रा में कैलोरीज का सेवन करें

और सुनिश्चित करें कि शरीर में पर्याप्त मात्रा में ये कैलोरीज जमा हो रही हैं, जो स्तनपान के दौरान उपयोग में आनेवाली हैं।

२. अनाज समूह : अतिरिक्त ऊर्जा की आवश्यकता की पूर्ति करने हेतु प्रतिदिन अनाज की लगभग २ सर्विंग्स में बढ़ोत्तरी करें।

३. प्रोटीनयुक्त आहार: दूध और दूध के उत्पादन लें। जैसे दही, पनीर, चीज़ इत्यादि की मात्रा बढ़ाएँ। साथ ही अलग-अलग किस्मों की बीन्स, चने, मूँगफली, सूखे मेवे जैसे बादाम, अखरोट, मखाना को रोजाना आहार में समाविष्ट करें। अनाज़ और दालों का मिश्रण प्रोटीन की बढ़ती आवश्यकता को पूरा करने में मदद करता है। दिन में कम से कम २ बार अपने आहार में दालों का समावेश करें। सोयाबीन में भी प्रचुर मात्रा में प्रोटीन होता है। इससे बना दूध और पनीर प्रोटीन के रिच सोर्स हैं।

   माँसाहार से अच्छी गुणवत्ता को प्रोटीन मिलता है। चिकन, अंडे, मटन, मछली प्रोटीन के अच्छे स्रोत हैं।

४. आपका आहार कैल्शियम से भरपूर होना चाहिए। गर्भावस्था के दौरान हड्डियों में आई कमज़ोरी (osteomalacia) से बचने हेतु, दिन में कम से कम तीन गिलास दूध पीना आवश्यक है। शरीर की रोज़ाना कैल्शियम की आवश्यकता को इन खाद्य पदार्थों से पूरा किया जा सकता है। दूध, चीज़, दही, ब्रोकोली, सोयाबीन, हरी पत्तेवाली सब्जियाँ, तिल, किशमिश, टोफू आदि।

५. गर्भावस्था के दौरान खून की कमी से बचने के लिए लौह यानी आयरनयुक्त आहार का भरपूर सेवन करें ताकि शिशु के शरीर में पर्याप्त मात्रा में आयरन जमा हो जाए। हरी पत्तेदार सब्ज़ियों, विभिन्न प्रकार की फलियों और सूखे मेवों में भी आयरन पाया जाता है। वैसे आयरन मांस, मछली और अंडे में प्रचुर मात्रा में होता है। पौधों और शाक-सब्ज़ियों में आयरन की उपलब्धता निम्न होती है। लेकिन मांसाहार द्वारा यह कमी पूरी की जा सकती है क्योंकि उससे हमें अधिक आयरन प्राप्त होता है। विटामिन-सी युक्त फल- जैसे आँवला, अमरूद, संत्रा, मोसंबी, अनार आदि फल लौह तत्त्व का अवशोषण करने में मदद करते हैं। हरी शाक-सब्ज़ियों में भी लौह तत्त्व काफी मात्रा में पाया जाता है। भोजन के दौरान या तुरंत बाद चाय-कॉफी न पीएँ क्योंकि इस तरह के पेय भोजन से लौह के अवशोषण में रुकावट बनते हैं। गर्भावस्था के दौरान

आपको आयरन और कैल्शियम के सप्लीमेंट्स की आवश्यकता पड़ सकती है लेकिन इन्हें डॉक्टर के परामर्श अनुसार ही लेना चाहिए।

६. अपने आहार में रेशे यानी फाइबर का अधिक समावेश करें। यह कब्ज़ को दूर करता है, जो कि गर्भावस्था के दौरान एक आम समस्या होती है। इसलिए हर दिन अपने भोजन में ५-६ सब्ज़ियों और ताजे फलों को भी शामिल करें।

७. आपके आहार में पर्याप्त मात्रा में नमक (सोडियम) होना चाहिए। यदि शरीर पर सूजन हो या उच्च रक्तचाप की शिकायत हो तो नमक का सेवन नियंत्रित मात्रा में करना चाहिए।

८. दिनभर में पानी का सेवन भरपूर मात्रा में करें ताकि आंतों का कार्य सुचारू रूप से चलता रहे। पानी तथा अन्य तरल पदार्थ भोजन के पहले या बाद में लें, भोजन के साथ नहीं।

९. चाय-कॉफी की अधिकता से बचें। कोल्ड ड्रिंक आदि जैसे पेयों से दूर रहें।

१०. अगर आपको मतली/उबकाई (नौशिया) या गैस की तकलीफ हो तो घी-तेल से भरपूर तले-भुने, तीखे, अधिक मिर्च-मसालेदार खाने से परहेज़ करना चाहिए।

११. गर्भावस्था के दौरान वज़न कम करने की सलाह नहीं दी जाती क्योंकि यह शिशु के विकास को प्रभावित कर सकता है।

गर्भवती महिला अपने पूरे दिन आहार में क्या ले, इसके कुछ विकल्प नीचे दिए गए हैं।

नाश्ता - पोहे, उपमा, दाल पराठा, मेथी थेपला, ओट्स, दलिया, इडली, डोसा, उत्तपा, ब्रेड सैंडविच, पनीर पराठा, वीट फ्लेक्स+दूध+ड्राय फ्रूट्स, रागी (नाचणी) पैनकेक, मिश्रित आटे का थालीपीठ इत्यादि।

दोपहर और रात का भोजन- फुलका, रोटी, चपाती, जवार-बाजरे की रोटी/भाकरी, नाचणी/रागी की रोटी, चावल, पुलाव, खिचड़ी, बिर्यानी अंकुरित अनाज़ सहित, दलिया, खिचड़ी के साथ अंकुरित अनाज़ इत्यादि।

शाम का हलका नाश्ता- १ कप दूध + खाकरा/मुरमुरा/चिवड़ा/चणा आदि।

रात का खाना दोपहर के खाने जैसा हो और सोते समय एक कप दूध लें।

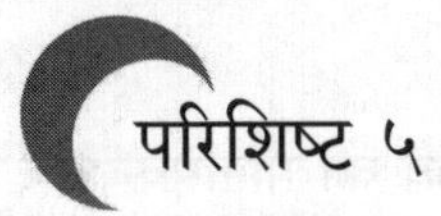

परिशिष्ट ५

गर्भसंस्कार- रिसर्च गेट.सर्वे

१०० नामांकित गर्भवती महिलाओं में से ३९% ने बताया कि उन्हें गर्भ संस्कार के बारे में थोड़ी-बहुत जानकारी है। इन गर्भवती माताओं को ४०% जानकारी या तो परिवार के वरिष्ठ सदस्यों से या किताबों से मिली है। बाकी ६१% गर्भवती स्त्रियों के लिए यह बिलकुल नई अवधारणा थी।

लगभग ३५% माताओं ने गर्भ संस्कार पर अपना विश्वास व्यक्त किया है और वे इसके अभ्यास के सकारात्मक परिणामों से सहमत हैं। उनकी मान्यता के अनुसार गर्भ संस्कार के विभिन्न तरीके जैसे जप (९%), दिव्य संगीत/भजन-कीर्तन (२२%), मंत्र जाप, (८%) होम-हवन और पूजा करना आदि (२%) का समावेश है।

हालाँकि ये विधियाँ गर्भ संस्कार में मात्र एक छोटा सा हिस्साभर हैं, जो इतना प्रभावशाली भी नहीं है क्योंकि इसके अभ्यास के दौरान गर्भ में पल रहे भ्रूण को मद्देनज़र नहीं रखा गया था।

लगभग ६०% माताओं ने इस तरह की कोई भी गतिविधि नहीं की है। इसका कारण आधुनिक शिक्षा या व्यवसाय की वजह से हो रही समय की कमी हो सकता है।

गर्भ संस्कार की विधियों का अजन्मे बच्चे पर प्रभाव होता है। वैज्ञानिक इसके प्रमाण का समर्थन करते हैं। आधुनिक अध्ययनों ने साबित कर दिया है कि

भ्रूण, बाहर से आनेवाली उत्तेजना (stimulus) पर अपनी प्रतिक्रिया (response) दिखा सकता है।

वास्तव में माँ के विचारों से सक्रिय होनेवाले हॉर्मोनल स्राव गर्भ में पल रहे बच्चे को भी प्रभावित कर सकते हैं।

पारंपरिक रूप से यह माना जाता है कि बच्चे का मानसिक और व्यावहारिक विकास गर्भ में ही शुरू हो जाता है क्योंकि गर्भ काल के दौरान बच्चा संभवतः माँ की भावनात्मक स्थिति से प्रभावित हो सकता है। गर्भ संस्कार का अभ्यास यह सुनिश्चित करता है कि माँ शारीरिक रूप से स्वस्थ और मानसिक तौर पर सकारात्मक रहे।

कई सारी आधुनिक प्रसव पूर्व (modern pre-natal) प्रथाएँ हैं, उनमें से कुछ नीचे दी गई हैं–

आत्म–सुझाव और सम्मोहनः

ये ध्यान की ऐसी विधियाँ हैं, जिनके तहत मन को एक सकारात्मक विचार दिया जाता है, जिसे बार–बार दोहराए जाने से वह वास्तविकता का रूप ले सकता है।

रंग चिकित्साः

इसमें मन को संतुलित करने के लिए रंग और प्रकाश का उपयोग किया जाता है। कुछ रंग मूड को बेहतर बना सकते हैं और मन पर सकारात्मक प्रभाव डालते हैं।

अरोमा थेरेपीः

यह चिकित्सा घ्राणशक्ति अर्थात सूँघने की शक्ति का उपयोग करती है, जिससे इंद्रियों की शक्ति तीव्र हो जाती है। साथ ही शरीर और मस्तिष्क भी शांत होते हैं। इसेंशियल ऑइल्स और अन्य सुगंधित पदार्थों के उपयोग से गर्भवती माँ को डी–स्ट्रेस (तनाव मुक्त) करने के लिए इसका उपयोग किया जा सकता है।

गर्भ संस्कार के दिशा निर्देशः

आयुर्वेद के अनुसार गर्भ संस्कार स्वस्थ बच्चे को जन्म देने के सर्वोत्तम तरीकों में से एक है। ये विशेषतः गर्भवती माँ के लिए है ताकि वह खुद को शारीरिक और मानसिक रूप से स्वस्थ बनाकर रखे।

स्वास्थ्य प्रदान करनेवाले आहार की आदतें

आहार व्यवस्था, गर्भावस्था का एक अनिवार्य पहलू है क्योंकि भ्रूण की वृद्धि

माँ के स्वास्थ्य और पोषण पर निर्भर करती है। आयुर्वेद के अनुसार, गर्भावस्था के दौरान विटामिनों और खनिजों से भरपूर 'संतुलित आहार' लेने की सलाह दी जाती है। गर्भावस्था में खाद्य पदार्थों में कैल्शियम, फोलिक ऐसिड और आयरन की संतुलित मात्रा होनी चाहिए। सात्विक भोजन, जो ताज़ा तैयार किया गया हो और जो सभी पोषक तत्त्वों से भरपूर हो। गर्भवती स्त्री के लिए ऐसा भोजन होना चाहिए, जिसमें सभी पाँचों स्वाद- मीठे, नमकीन, तीखे, कड़वे और खट्टे का समावेश हो।

प्राणायाम और ध्यान के साथ हलके-फुलके व्यायाम का अभ्यास

हलके-फुलके व्यायाम से लचीलापन बढ़ता है, रक्त संचरण में सुधार होता है और गर्भावस्था के दौरान होनेवाला पीठ दर्द कम होता है।

प्राणायाम या साँस लेने के व्यायाम शरीर को शांत और आराम देने में मदद करते हैं।

साथ ही साथ गर्भवती माताओं को बच्चे के जन्म (labour) के दौरान अपनी साँसों को नियंत्रित करने हेतु तैयार करते हैं।

विशिष्ट गर्भ संस्कार योग आसन, कम से कम प्रसव पीड़ा के साथ, पूर्ण अवधि में सामान्य प्रसव होने की संभावना को बढ़ाते हैं।

ध्यान, गर्भ संस्कार का एक महत्वपूर्ण पहलू है और शरीर के लिए फायदेमंद है क्योंकि यह मन को तनावमुक्त करता है। यह 'मन को शून्य अवस्था' में लेकर आता है, जो असीम शांति लाने में मदद कर सकता है। साथ ही एकाग्रता को बढ़ाने में सहायक होता है। ध्यान करते समय अपने आनेवाले बच्चे के बारे में सुंदर कल्पना करने और सकारात्मक सोच रखने से आप अपने बच्चे से अधिक जुड़ाव महसूस करेंगे। यह एक शानदार तरीका है, जो आपकी और आपके बच्चे दोनों की मदद कर सकता है।

इन दो मुख्य प्रथाओं के साथ कुछ अन्य गतिविधियों को भी किया जा सकता है, जिनमें प्रार्थना करना, मन को प्रसन्न तथा शांत करनेवाला संगीत सुनना, आध्यात्मिक किताबें पढ़ना आदि।

मन को शांत और खुश रखना तथा खुद को गतिशील रखना, ये सभी बातें माँ की गर्भावस्था की यात्रा के दौरान, उसके लिए फायदेमंद होती हैं।

यह पुस्तक पढ़ने के बाद आप अपना अभिप्राय (विचार सेवा) books.feedback@tejgyan.org इस पर भेज सकते हैं।

सरश्री - अल्प परिचय

स्वीकार मुद्रा

सरश्री की आध्यात्मिक खोज का सफर उनके बचपन से प्रारंभ हो गया था। इस खोज के दौरान उन्होंने अनेक प्रकार की पुस्तकों का अध्ययन किया। अपने आध्यात्मिक अनुसंधान के दौरान उन्होंने लगभग सभी ध्यान पद्धतियों का भी अभ्यास किया। उनकी इसी खोज ने उन्हें कई वैचारिक और शैक्षणिक संस्थानों की ओर बढ़ाया। जीवन का रहस्य समझने के लिए उन्होंने **एक लंबी अवधि तक मनन करते हुए अपनी खोज जारी रखी, जिसके अंत में उन्हें आत्मबोध प्राप्त हुआ। आत्मसाक्षात्कार के बाद उन्होंने जाना कि अध्यात्म का हर मार्ग जिस कड़ी से जुड़ा है वह है– समझ (अंडरस्टैण्डिंग)।** उसके बाद उन्होंने अपने तत्कालीन अध्यापन कार्य को विराम लगाते हुए, लगभग दो दशकों से भी अधिक समय अपना समस्त जीवन मानवजाति के कल्याण और उसके आध्यात्मिक विकास हेतु अर्पण किया है।

सरश्री कहते हैं, 'सत्य के सभी मार्गों की शुरुआत अलग-अलग प्रकार से होती है लेकिन सभी के अंत में एक ही समझ प्राप्त होती है। **'समझ' ही सब कुछ है और यह 'समझ' अपने आपमें पूर्ण है।** आध्यात्मिक ज्ञान प्राप्ति के लिए इस 'समझ' का श्रवण ही पर्याप्त है।' इसी समझ को उजागर करने के लिए उन्होंने आज तक **चार हज़ार से अधिक आध्यात्मिक विषयों पर प्रवचन दिए हैं,** जिनके द्वारा वे अध्यात्म की गहरी संकल्पनाएँ सीधे और व्यावहारिक रूप में समझाते हैं। समाज के हर स्तर का इंसान सरश्री द्वारा बताई जा रही समझ का लाभ ले सकता है, इसके लिए किसी भी धर्म, जाति, उपजाति, वर्ण, पंथ, रंग या लिंग का बंधन नहीं है। विश्व के हर कोने में बसे लोग आज तेजज्ञान का लाभ ले रहे हैं। इस व्यवस्था के एक हिस्से के रूप में लाखों लोग रोज़ सुबह और रात को ९ बजकर ९ मिनट पर विश्व शांति के लिए प्रार्थना करते हैं।

सरश्री – अल्प परिचय

सरश्री तेजज्ञान यूट्यूब चैनल

तेजज्ञान फाउण्डेशन - परिचय

तेजज्ञान फाउण्डेशन आत्मविकास से आत्मसाक्षात्कार प्राप्त करने का एक रास्ता है। इसके लिए सरश्री द्वारा एक अनूठी बोध पद्धति (System for Wisdom) का सृजन हुआ है। इस पद्धति को अंतर्राष्ट्रीय मानक ISO 9001:2015 के आवश्यकताओं एवं निर्देशों के अनुरूप ढालकर सरल, व्यावहारिक एवं प्रभावी बनाया गया है। इस संस्था की बोध पद्धति के विभिन्न पहलुओं (शिक्षण, निरीक्षण व गुणवत्ता) को स्वतंत्र गुणवत्ता परीक्षकों (Quality Auditors) द्वारा क्रमबद्ध तरीके से जाँचा गया। जिसके बाद इन पहलुओं को ISO 9001:2015 के अनुरूप पाकर, इस बोध पद्धति को प्रमाणित किया गया है। फाउण्डेशन का लक्ष्य आपको नकारात्मक विचार से सकारात्मक विचार की ओर बढ़ाना है।

तेजज्ञान फाउण्डेशन परिचय

हैपी थॉट्स तेजज्ञान यूट्यूब चैनल

महाआसमानी - अल्प परिचय

Self Delelopment to Self Realization Towords Self Stabilizaion

क्या आपको उच्चतम आनंद पाने की इच्छा है? ऐसा आनंद, जो किसी कारण पर निर्भर नहीं है, जिसमें समय के साथ केवल बढ़ोतरी ही होती है? क्या आप इसी जीवन में प्रेम, विश्वास, शांति, समृद्धि और परमसंतुष्टि पाना चाहते हैं? क्या आप शारीरिक, मानसिक, सामाजिक, आर्थिक और आध्यात्मिक इन सभी स्तरों पर सफलता हासिल करना चाहते हैं? क्या आप 'मैं कौन हूँ' इस सवाल का जवाब अनुभव से जानना चाहते हैं? यदि आपके अंदर इन सवालों के जवाब जानने और 'अंतिम सत्य' पाने की प्यास जगी है तो तेजज्ञान फाउण्डेशन द्वारा आयोजित 'महाआसमानी परम ज्ञान शिविर' में आपका स्वागत है। यह शिविर पूर्णतः सरश्री की शिक्षाओं पर आधारित है।

महाआसमानी अल्प परिचय

हैपी थॉट्स सरश्री (इंग्लिश) यूट्यूब चैनल

सरश्री द्वारा रचित पुस्तकों की जानकारी

सरश्री ने विविध विषयों पर १५० से अधिक पुस्तकों का लेखन किया है, जिनमें से 'विचार नियम', 'विश्वास नियम' 'स्वसंवाद का जादू', 'स्वयं का सामना', 'स्वीकार का जादू', 'निर्णय और ज़िम्मेदारी', 'निःशब्द संवाद का जादू', 'संपूर्ण ध्यान' आदि पुस्तकें बेस्टसेलर बन चुकी हैं। ये पुस्तकें दस से अधिक भाषाओं में अनुवादित की जा चुकी हैं और प्रमुख प्रकाशकों द्वारा प्रकाशित की गई हैं, जैसे पेंगुइन बुक्स, जैको बुक्स, मंजुल पब्लिशिंग हाऊस, प्रभात प्रकाशन, राजपाल एँण्ड सन्स, पेंटागॉन प्रेस, सकाळ प्रकाशन इत्यादि।

विचार नियम
आपकी कामयाबी का रहस्य

विश्वास नियम
सर्वोच्च शक्ति के सात नियम

पुस्तकें ऑर्डर करने के लिए लॉग इन करें

– www.gethappythoughts.org

पुस्तकों की अधिक जानकारी के लिए संपर्क करें–

फोन नं.: 09011013210

तेजज्ञान फाउण्डेशन द्वारा प्रस्तुत सोशल मीडिया ऐक्टिविटिज

तेजज्ञान इंटरनेट रेडियो

२४ घंटे और ३६५ दिन सरश्री के प्रवचन और भजनों का लाभ लें, तेजज्ञान इंटरनेट रेडियो द्वारा। देखें लिंक

http://www.tejgyan.org internetradio.aspx

Tejgyan Internet Radio on all platforms like Android, iPhone, iPad and Amazon

यू ट्यूब द्वारा प्रार्थना में शामिल हो सकते हैं

गुड मॉर्निंग प्रेयर हर रोज़ सुबह 6.15am-6.25am

ध्यान प्रार्थना बीज :

3.30pm-3.45pm & 9pm -9.15pm

शिविर – Train & Boost Your Immunity

जितनी हमारी इम्यूनिटी स्ट्राँगर, उतना हमारा स्वास्थ्य बेहतर

शिविर – श्राद्ध और पितृदोष युक्ति

पूर्वजों के लिए मुक्ति प्रार्थना कैसे करें

Liberation from Ancestral Karmic Bondage

शिविर – हॅपीवाले रिश्ते

जीवित रिश्तों का लक्ष्य

– जितृ पक्ष

यू ट्यूब पर सरश्री के प्रवचनों का लाभ लेने के लिए आज ही यू ट्यूब चैनल को सबस्क्राइब करें।

channels

Happy Thoughts - Tejgyan

Sirshree - Tejgyan

Happy Thoughts - Parma Gyan

*****Voice of Happy Thoughts App**

Registration link : https://happythoughts.co/

Contact No. : 7447797317

• Follow Us •

तेजज्ञान फाउण्डेशन - मुख्य शाखाएँ

पुणे (रजिस्टर्ड ऑफिस) – विक्रांत कॉम्प्लेक्स, तपोवन मंदिर के नज़दीक, पिंपरी, पुणे–४११ ०१७. फोन : 020-27411240, 27412576

मनन आश्रम – सर्वे नं. ४३, सनस नगर, नांदोशी गाँव, किरकटवाडी फाटा, तहसील- हवेली, जिला- पुणे - ४११ ०२४. फोन : 09921008060

- विश्व शांति प्रार्थना -

'पृथ्वी पर सफेद रोशनी (दिव्य शक्ति) आ रही है।
पृथ्वी से सुनहरी रोशनी (चेतना) उभर रही है।
विश्व से सारी नकारात्मकता दूर हो रही है।
सभी प्रेम, आनंद और शांति के लिए
खुल रहे हैं, खिल रहे हैं।'

यह 'सामूहिक अव्यक्तिगत प्रार्थना' तेजज्ञान फाउण्डेशन के सदस्य पिछले कई सालों से निरंतरता से कर रहे हैं। खुश लोग यह प्रार्थना कर सकते हैं और बीमार, दुःखी लोग उस वक्त एक जगह बैठकर इस प्रार्थना को ग्रहण कर स्वास्थ्य लाभ पा सकते हैं।

यदि इस वक्त आप परेशान या बीमार हैं तो रोज़ सुबह या रात 9:09 को केवल ग्रहणशील होकर इस भाव से बैठें कि 'स्वास्थ्य और शांति की सफेद रोशनी जो इस वक्त प्रार्थना में बैठे कई लोगों द्वारा नीचे पृथ्वी पर उतर रही है, वह मुझमें भी अपना कार्य कर रही है। मैं स्वस्थ और शांत हो रहा हूँ।' कुछ देर इस भाव में रहकर आप सबको धन्यवाद देकर उठें।

✻ नम्र निवेदन ✻

विश्व शांति के लिए लाखों लोग हर दिन सुबह और रात ९ बजकर ९ मिनट पर ऊपर दी गई प्रार्थना करते हैं। साथ ही भारतीय समय अनुसार हर दिन सुबह ६.१५, दोपहर ३.३० और रात ९.०० बजे भी यूटयूब के ज़रिए 'ध्यान प्रार्थना बीज' प्रसारित होती है। कृपया आप भी इनमें शामिल हो जाएँ।

हॅपी थॉट्स परम ज्ञान
यूट्यूब चैनल